한국의 국가안보정책 결정체계

National Security Policy Decision-Making Framework of Republic of Korea

늘품플러스

책을 쓰면서

국가안보정책 결정과정에서의 경험과 연구결과를 책으로 남긴다는 것은 개인적으로 긍정적인 도전이자 매우 행복한 과정이었다. 대한민국 역대정부는 당시 불확실한 국내외 안보상황에서 최선의 정책결정을 위해 대통령을 중심으로 하는 국가안보정책 결정체계를 발전시켜 왔다. 그럼에도 한국의 국가안보정책 결정체계의 변천과정과 발전방향을 제시하는 학술 자료가 부족하다는 점을 인식하게 되었고 그 점이 책을 쓰게 된 가장 큰 동기다.

2016년 말 전역 후 2018년 5월경 국가안보전략연구원 자문연구위원 재직 시 '한국의 안보정책 결정체계'라는 제목으로 연구논문을 작성한 것이 최초의 계기였다. 2018년 8월경 1차 초고를 완성했고 이를 기초로 국방연구원, 국립외교원, 국방과학연구소, 육군본부, 합동군사대학교 등에서 '한국의 국가안보정책 결정체계 이해'를 주제로 강의를 하였다. 마지막으로 2018년 9월부터 국방대학교 안보대학원 초빙교수로 재직하면서 '한국의 안보정책' 강좌를 개설하여 만 2년간 석사과정 학생들과 함께 토의하고 검증하는 시간을 가졌다.

역대 정부가 당시 대통령의 국정철학을 기반으로 어떻게 국가안보정책 결정체계를 변화시켜 나갔는지를 연구하는 것은 단순한 역사적 기록 이상의 의미가 있다. 향후 헌법에서 규정하고 있는 대통령의 국가보위 임무를 보좌하는 국가안보정책 결정 관련기관의 조직을 설계하거나 관련법규의 발전에도 이바지할 수 있기 때문이다. 1948년 대한민국 정부 수립 이후 제1공화국인 이승만 정부부터 2021년 현재 진행 중인 문재인 정부에 이르기까지의 국가안보정책 결정체계의 변천과정에 대해 사실에 입각하여 요약·정리하고 발전방향을 제시하고자 하였다.

노무현 정부 대통령비서실 국정상황실과 박근혜 정부 대통령비서실 외교안보수석실 근무를 통해 대통령 중심의 국가안보정책 결정과정을 이해할 수 있었다. 청와대와 국방부·합동참모본부·육군본부에서 한국방공식별구역(KADIZ) 확대, 조건에 기초한 전시작전통제권 전환, 한강하구 불법조업 중국어선 차단을 위한 해양민정경찰 운용, 주한미군 THAAD 배치, 육군동원전력사령부 창설 등 주요정책을 직접 기획하고 시행했던 경험도 큰 도움이 되었다.

이 책이 완성되기까지 특별히 도움을 주신 분들이 있다. 냉정한 지적을 해 준 국가안보전략연구원 박병광 박사와 꼼꼼하게 감수해준 아내 김연옥에게 깊은 감사의 마음을 전한다. 또한 연구에 참고할 수 있는 기록을 남기거나 인터뷰에 응해주신 분들과 격려의 마음을 보내준 선후배와 친구들에게도 감사의 뜻을 표한다. 어려운 여건 속에서도 출판을 결정해 주신 늘품플러스 출판사 관계자분들께도 감사하다. 끝으로 이 책이 국가안보정책 결정체계에 대한 이해의 폭을 넓히고 대한민국의 국가이익을 증대시켜나가는 데 기여할 수 있기를 기대한다. 가능하면 현재 진행 중인 문재인 정부를 포함하여 이후 정부의 국가안보정책 결정체계에 대해서도 연구할 기회를 갖고자 한다.

2021년 8월

한국안보정책연구소에서

장혁

프롤로그

정책기획과 현장의 실무능력이 연계되어야 합목적적인 정책효과를 기대할 수 있다. 이러한 관점에서 국가의 안보위기 상황에 대비하여 정책을 수립하고 발생 가능한 시나리오를 구상하여 실전적 대응조치를 준비하는 것은 모든 국가에게 요구되는 기본적인 책무다. 이를 위해 위기대응 매뉴얼 등을 사전에 준비한다. 그러나 실제 상황이 발생하면 이를 참고할 수 있는 시간적 여유가 없고, 매뉴얼에 맞추어서 상황이 발생하지도 않는다. 더구나 매뉴얼대로 조치했는데 결과적으로 잘못되었다고 매뉴얼에 책임을 물을 수도 없다. 오죽하면 군에서는 최초의 총성 한 발이 모든 작전계획을 무용지물로 만들어 버린다는 말이 있을 정도이다.

국가안보를 책임지는 대통령과 참모의 입장에서 국내외 안보상황 발생 시에 대비하여 어떻게 의사결정체계를 구축하고 어떠한 조치능력을 구비하느냐 하는 것은 국가이익 차원에서 중요한 문제이다. 유관부처 간의 긴밀한 소통과 협업은 물론 주변국과의 이해관계 조정 또한 국가이익 달성에 꼭 필요한 과정이다. 사활적 국가이익이 침해를 받을 때에는 외교적 노력과 함께 군사적 수단 사용을 결심해야 한다. 이러한 의미에서 저자의 실무경험을 바탕으로 두 가지 정책 결정사례를 소개하고자 한다. 국방백서 등 공개자료와 저자의 기억을 근거로 작성하였다는 점을 알린다.

첫 번째: 주변국 반발 최소화, 한국방공식별구역(KADIZ) 확대·조정

2013년 11월 23일 토요일, 중국이 아침 일찍 우리 정부 등과 사전 공지나 협의 없이 인터넷 홈페이지를 통해 일방적으로 '동중국해 방공식별구역'(CADIZ)을 선포하였다. 게다가 주변국의 준비기간 없이 23일 당일 오전 10시부터 적용하여 공식 시행한다고 밝혔다. 이 규정에 따라 방공식별구역을 지나는 항공기는 사전에 중국 외교부나 민간항공국에 비행 계획을 통보해야 하고 응하지 않을 경우 무력을 동원해 '방어적 긴급조치'를 취하겠다고 압박하였다. 이러한 중국의 발표에 대해 일본은 '일본 고유영토인 센카쿠 영공이 포함된 것은 결코 수용할 수 없다'고 항의하였고, 미국은 '지역 긴장을 고조시키는 행위'라고 비판했다. 국내 언론도 동중국해 방공식별구역이 당시 일본과 영유권 분쟁을 벌이는 센카쿠(중국명 댜오위다오) 지역뿐 아니라 기존의 한국방공식별구역과 일부 중첩되고 한국 입장에서 민감한 이어도 수역 상공을 포함하고 있다는 점을 강조해 보도했다. 국민들은 박근혜 정부가 출범 1년차에 어떠한 조치를 할 것인지에 대해 주목하기 시작했다. 청와대와 국방부 등 관련부처에서는 정확한 사실을 파악하면서 대응책을 검토하기 시작했다.

2013년 12월 15일 이전 한국방공식별구역[1]

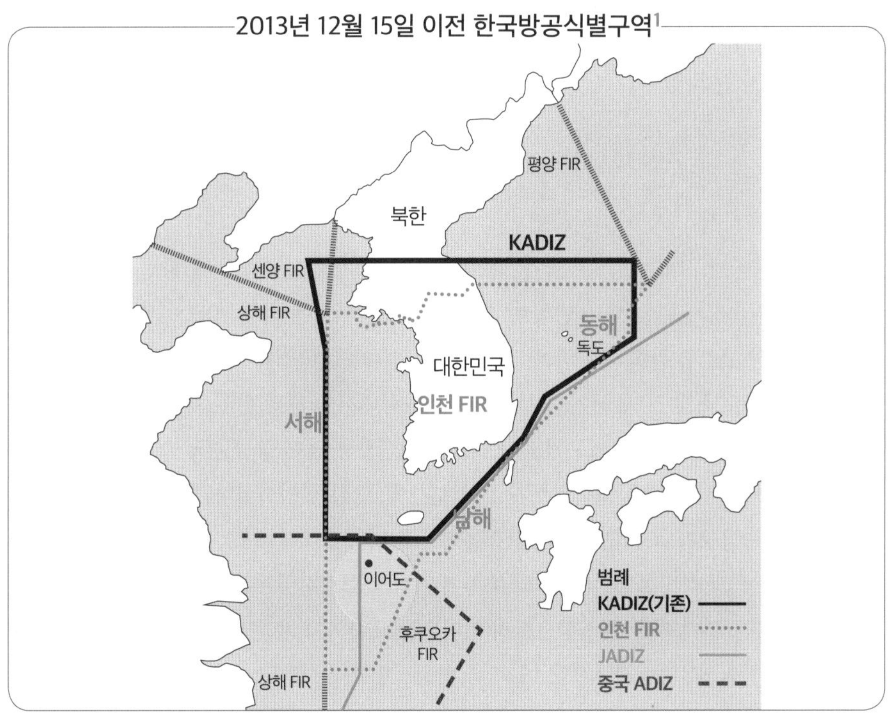

지도상의 중국 ADIZ가 중국이 일방적으로 선포한 동중국해 방공식별구역

김장수 국가안보실장은 이러한 상황을 박근혜 대통령에게 보고하면서 23일 오전 관련부처에 긴급 '국가안보정책조정회의' 소집을 통보했다. 참고로 국가안보정책조정회의는 박근혜 정부에서 NSC 상임위원회 회의를 설치하기 전에 운영한 장관급 협의·조정기구이다. 의장은 국가안보실장이고 위원은 국가안보실장(의장 겸직), 외교부 장관, 통일부 장관, 국방부 장관, 국가정보원장, 국무조정실장, 외교안보수석이었다. 긴급회의는 회의 성격상 구두로 회의담당 부서에 선 통보한다. 이후 회의시간·장소·참석대상, 보고안건과 심의안건을 명시한 문서를 발송한다. 통상적인 회의 장소는 청와대 서별관을 사용하고 자연스러운 토의를 위해 원형탁자를 사용했다. 국가안보실의 조치와 별도로 김관진 국방부 장관도 정책기획관실에 국방부의 대응방향을 준비하도록 지시했다. 정책기획관실(기본정책과)은 방공식별구역의 국제법적 의미와 관련법규를 검토하기 시작했다. 검토결과 정확한 상황판단을 위해서는 중국이 예고 없이 동중국해방공식별구역을 발표한 정확한 의도 확인이 필요했고, 한국방공식별구역에 대한 폭넓은 이해 없이는 정부의 대응방향을 결정하기 힘들다고 판단하였다. 이러한 내용을 포함한 최초 검토 보고서를 작성해 긴급 국가안보정책조정회의에 참석하는 장관에게 보고했고, 참고로 외교안보수석실 국방비서관실과도 공유했다. 이를 기초로 긴급 국가안보정책조정회의에서 논의했다.

〈국방부의 최초 검토 보고서 내용(2013. 11. 23)[2]〉

■ **관련 사실**

- 방공식별구역(ADIZ)은 국가안보 목적상 항공기의 식별과 위치 확인 및 통제가 요구되는 일정한 공역을 말하며, 역사적으로는 미국에 의해 1950년 12월에 최초로 설정하였다. 관할 국가의 배타적 주권이 미치는 영공과는 다르나 미국, 영국, 일본 등 주로 서방 30개 국가가 설정하여 운용하면서 국제적 관례로 정착되었다.
- 최초의 한국방공식별구역(KADIZ)은 6·25전쟁 당시 중공군 공습에 대비하기 위해 미국 태평양 공군사령부가 1951년 3월 22일 설정하였다. 처음 설정될 당시에는 중공군과 북한군의 항공작전능력을 고려하였다. 북쪽으로는 현재 군사분계선(MDL)과 북방한계선(NLL)의 북쪽 지역까지 설정하였으며, 남쪽으로는 마라도 남방 6.5NM까지만 설정함으로써 이어도는 포함하지 않았다.
- 한편 일본은 1969년 9월 1일 일본방공식별구역(JADIZ)을 처음 설정하면서 과거에 미군이 한반도 주변에 설정한 방공식별구역을 그대로 답습하여 서쪽으로 한국

방공식별구역과 맞닿게 하였다. 이때 이어도 지역이 JADIZ에 포함되었다. 그리고 1994년 11월 16일 발효된 유엔 해양법협약에 따라 영해범위가 3해리에서 12해리로 확대되면서 제주 남방 마라도지역과 경남 홍도 남방의 우리 영공 일부가 일본방공식별구역에 포함되었다.

- 2008년 7월 28일 발효된 군용항공기 운용 등에 관한 법률 제9조에 "국방부 장관은 방공식별구역을 설정하여 관리한다"고 규정함으로써, 한국방공식별구역에 대한 국내법적인 근거를 마련하였다.

■ **문제점**

- 한국방공식별구역과 인천비행정보구역은 설치목적이 달라서 설정구역에 차이가 있다. 이에 따라 한국방공식별구역 외곽의 우리 비행정보구역(FIR)에서 조난사고가 발생할 경우, 인천비행정보구역(FIR) 내의 수색과 구조 활동임에도 불구하고 비행체의 JADIZ 진입 시 사전에 일본과 협의해야만 한다.
- 제주 남방 마라도 지역과 우리 영공 일부가 일본방공식별구역에 포함되는 문제를 해결하기 위해 미국 및 일본정부와 외교적 협의를 추진하였다. 하지만 미국은 KADIZ와 JADIZ 조정은 한일 간에 해결할 문제라고 하고 일본은 ADIZ는 영공 주권과 무관하다는 점을 표명하면서 사실상 일본의 안보 문제로 인식하여 협의 자체를 사실상 거부함으로써, 한국 정부의 노력에도 불구하고 더 이상 진전되지 못하는 상황이 2013년 현재까지 지속되고 있다.

■ **국방부 대응방향**

- 중국의 방공식별구역 발표관련 정확한 의도 등 사실 확인이 필요하다.
- 이를 계기로 현재의 한국방공식별구역 확대방안도 검토할 필요가 있다.

김장수 국가안보실장은 23일 오후 청와대 서별관에서 '중국의 동중국해 방공식별구역 선포에 따른 긴급 국가안보정책조정회의'를 주재했다. 우선적으로 김관진 국방부 장관이 방공식별구역의 군사적 의미와 한국방공식별구역의 문제점에 대해 설명하고, 이어 외교부 장관·국정원장이 중국의 발표 의도에 대해 부연하였다. 이후 참석위원 전원은 향후 대응방향에 대해 의견을 개진했다. 긴급 국가안보정책회의 결과, 국방부가 주무부서로서 토의 결과를 반영하여 빠른 시간 내에 정부안을 준비하고 외교부와 국가정보원 등은 관련 정보를 제공하기로 하였다. 김장수 국가안보실장은 박근혜 대통령에게 긴급 국가안보정책조정회의 결과를 보고하였다. 주철기 대통령비서실 외교안보수석은 대통령비서실장과 관련 수석실에 국가안보정책조정회의 논의 결과를 설명했다. 김관진 국방부 장관은 국방부로 복귀하면서 국방부와 합참 관계자를 소집했다. 그리고 빠른 시일 내에 청와대와 외교부 등 관련 부처와 협조하여 최선의 방안을 마련하라고 지시하였다. 24일에도 국가안보정책조정회의를 개최하였다. 이때 국방부는 ① 방공식별구역(ADIZ)은 국가안보 목적상 항공기의 식별과 위치 확인 및 통제가 요구되는 일정한 공역으로 영공 개념과는 다르므로, ② 이번 기회에 최대한 확대한다는 방침하에 확대 안을 검토 중에 있다고 보고했다. 외교부 등 참석자들은 KADIZ 확대를 위해서는 우선적으로 중국 측에게 적절한 채널을 통해 유감을 표명하는 등 정확한 정부 입장을 국민에게 밝히고, 일본 방공식별구역과 중첩되는 문제를 원만하게 조정하기 위해서는 일본은 물론 미국과의 사전 협조가 필요하다는 의견을 표명했다. 박근혜 대통령은 회의 결과를 승인했다. 국가안보실은 동중국해 방공식별구역 발표 관련 최초의 정부입장을 발표했다.

〈국가안보실이 발표한 정부 입장(2013. 11. 24)[3]〉

- 금번 중국이 선포한 동중국해 방공식별구역(ADIZ)과 우리 KADIZ의 제주도 서남방 일부 구역과 중첩된 것에 대해 유감임.
- 우리 국익에 영향을 미치지 않도록 중국과 협의해 나갈 예정임.
- 이어도 수역에 대한 우리의 관할권은 절대로 영향을 받지 않을 것임.
- 역내 긴장을 고조시키는 요인으로 되어서는 안 될 것이며, 우리 정부는 역내 각국이 상호신뢰를 증진할 수 있도록 노력 강화할 것임.

25일은 류제승 국방부 정책실장이 주한 중국무관을 초치하여 중국의 동중국해 방공식별구역 설정에 대한 유감을 포함한 우리 정부의 입장을 전달하고 한·중 국방전략대화 시 의제로 상정할 것을 제안하였다. 25일 국회국방위에 참석한 김관진 국방부 장관은 관계부처 협의를 통해 우리도 KADIZ 확장을 검토하고 있다고 발언하였다. 26일은 백승주 국방부 차관이 28일 열릴 한·중전략대화에서 긴급 의제로 논의하기 위한 사전 협의를 위해, 정책기획관과 함께 국가안보실과 외교안보수석실을 방문하여 한국 정부의 대 중국 입장을 조율하였다. 다음 날 11월 28일 국방부에서 개최된 제3차 '한중전략대화'(차관급)에서, 국방부 차관이 직접 중국 측 대표인 왕관중(중국 인민해방군 부총참모장)에게 동중국해방공식별구역 발표 시 한국과 사전 협의가 없었다는 점을 들어 유감을 표명했다. 한국 정부는 이를 인정할 수 없고 우리 정부도 국익보호를 위해 한국방공식별구역의 확장을 검토 중에 있다고 통보했다. 그리고 이 내용을 언론에 공개했다.

〈중국 측에 밝힌 우리 정부 입장(2013. 11. 28)[4]〉

- 한중 간 신뢰관계를 고려 시, 중국의 방공식별구역이 우리의 방공식별구역과 일부 중첩되고 이어도까지 포함되었는데도 사전 협의가 없었다는 것은 매우 유감이며, 우리는 이를 인정할 수 없음.
- 주변국들의 방공식별구역 설정과 무관하게 이어도와 주변수역에 대한 우리의 관할권은 영향을 받지 않을 것임.
- 우리 한국방공식별구역과 중첩되는 부분은 시정할 것을 요구하며, 우리도 국익보호를 위해 한국방공식별구역의 확장을 검토 중에 있음.
- 이번 중국의 조치로 역내 군사적 긴장이 조성되는 것을 우려하며, 역내 신뢰증진 및 긴장완화를 위해 관련 국가 간 협의가 필요함.

국방부 정책기획관실은 합참과 협의하여 11월 30일까지 2개의 한국방공식별구역 확대방안을 마련하였고, 12월 1일 국가안보정책조정회의에서 논의하였다. 첫 번째 방안은, 방공식별구역(ADIZ)은 국가안보 목적상 항공기의 식별과 위치확인 및 통제가 요구되는 일정한 공역으로 영공 개념과는 다르므로, 북쪽은 현 상태로 유지하고 동·서·남쪽 방향은 최대한 확대하는 것이었다. 두 번째 방안은, 한국방공식별구역을 확대한다는 정부 방침에 부합하면서도 합리성을 유지하고 주변국들의 반발을 최소화하기 위해서, 국제적으로 공인하고 있는 인천비행정보구역을 기준으로 확대하는 것이었다. 그리고 중국과 일본 측에 사전 설명과 관련국들의 준비기간을 충분히 부여해 고시하는 것이었다.

12월 2일에는 김관진 국방부 장관이 주한 미국대사에게 KADIZ 조정안을 설명하였고, 이와 동시에 합참의장이 연합사령관에게 국방부의 조정안에 대해 알려주었다. 그리고 12월 6일 오전부터 장혁 국방부 정책기획관·이정규 국방부 국제정책관·박준용 외교부 동북아국장이 주한 일본 및 중국 대사관(무관부) 측에게 한국 정부의 조치계획을 설명했다. 이 과정에서 일본 측과 중국 측은 한국 정부의 조치를 이해하고 크게 반발하지 않았다. 이러한 조치 이후인 6일 오후에 국가안보정책조정회의를 개최하였다. 회의에서 국방부가 보고한 두 가지 방안 중에서 인천비행정보구역을 고려한 두 번째 방안을 최종안으로 결의하였고, 12월 7일 주무부서인 국방부가 발표하는 것으로 했다. 이때 주변국의 반발을 최소화하자는 외교부의 의견을 추가로 반영하여 '한국방공식별구역 확대'에서 '한국방공식별구역 조정'으로 수정하였다. 그리고 정부성명 문안을 마련하고 협의를 거친 후 최종적으로 박 대통령 승인을 받았다.

이와 별도로 성 김 주한 미 대사는 12월 6일 국방부를 방문해 김관진 장관에게 한국 정부의 조치에 찬성한다는 의견을 전달하였다. 단지 12월 7일 바이든(Joseph Robinette Biden Jr.) 부통령의 방한과 박근혜 대통령 접견을 고려해 12월 7일 발표일정을 연기해 줄 것을 요청하였다.[5] 이에 대해 김관진 국방부 장관은 김장수 국가안보실장과 윤병세 외교부 장관과 협의 후 박근혜 대통령에게 일정 조정을 건의하여 승인을 받았다.

12월 8일 오후 2시에 국방부에서 장혁 국방부 정책기획관과 김민석 국방부 대변인이 이정규 국방부 국제정책관, 박준용 외교부 동북아국장, 유무봉 국방부 정책기획차장, 김공현 국방부 기본정책과장, 최용만 합참 공중작전과장 등과 함께 내외신 기자회견을 통해 12월 15일 14시부로 발효되는 정부안을 발표하였다.

〈한국방공식별구역 조정 관련 정부성명(2013. 12. 8)[6]〉

- 대한민국 정부는 2013년 12월 8일 방공식별구역 관련 법령을 근거로 군 항공작전의 특수성, 항공법에 따른 **비행정보구역의 범위, 국제관례 등을 고려하여 한국방공식별구역의 범위를 조정**하기로 결정하였습니다.
- **새로운 한국방공식별구역은 기존 한국방공식별구역의 남쪽 구역을 국제적으로 통용되고 인접국과 중첩되지 않는 '인천비행정보구역(FIR)'과 일치되도록 조정**되었습니다. 이 조정된 구역에는 **이어도 수역상공과 우리의 영토인 마라도와 홍도 남방의 영공이 포함**되었습니다.
- 새로운 한국방공식별구역은 관보 및 항공고시보를 통한 **고시와 전파에 소요되는 시간을 고려하여 7일간의 준비기간**을 두어 12월 15일에 효력이 발생될 수 있도록 고시될 것입니다.
- 이번 방공식별구역 조정은 국제 항공질서 및 국제규범에 부합하는 것으로서, 민간 항공기 운항에 제한을 가하지 않으며 주변국의 영공과 해당 이익도 침해하지 않습니다.
- 정부는 **오늘 발표에 앞서 관련국들에 사전 설명**을 충분히 하였습니다.
- 정부는 이번 새로이 조정된 **한국방공식별구역 내에서의 우발적인 군사적 충돌을 방지하고 항공기의 안전을 보장하는 데 필요한 조치들에 대해 관련국들과 협의**해 나갈 것입니다.
- 정부는 앞으로도 역내 항공운항 안전증진을 통해 관련 국가들과의 상호 신뢰 및 협력이 증진될 수 있도록 노력할 것입니다.

1951년 미 공군에 의해 설정된 이후 62년 만에 한국방공식별구역을 조정한 것은 몇 가지 의미가 있었다.[7] 첫째는 조정된 한국방공식별구역에는 우리 영토인 마라도와 홍도의 일부 영공과 우리가 관할하고 있는 이어도 수역상공을 포함하였다. 이로써 군사분계선 이남지역의 영토·영해와 관할수역 상공에 대한 통제권을 강화함으로써 국익 증진 활동을 보장할 수 있게 되었다. 둘째는 한국방공식별구역이 조정됨으로써 제주도 남방구역에서 우리의 영공을 수호하기 위한 방공 완충 공간을 확보하고 남방 해상교통로와 항로를 보호할 수 있게 되었다. 셋째는 한국방공식별구역의 남방 경계선을 비행정보구역과 일치시킴으로써 국제 항공질서와 민간항공기의 안전한 운항을 침해하지 않으면서도 주변국과의 신뢰를 증진할 수 있도록 하였다. 무엇보다도 한국방공식별구역을 확대·조정하면서 한미 간의 긴밀한 협조하에 주변국과의 마찰 없이 정책을 시행한 것이 가장 의미 있는 성과였다.

2013년 12월 15일 이후 한국방공식별구역[8]

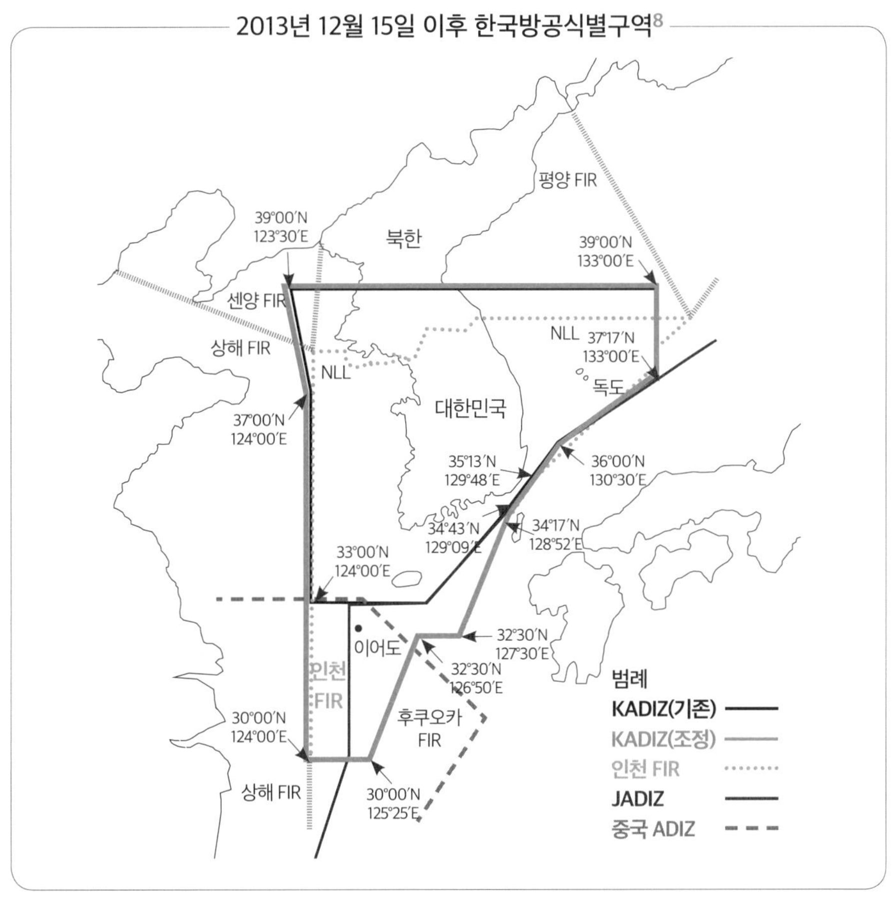

12월 7일 바이든 부통령은 박근혜 대통령에게 한국의 입장과 노력을 존중한다고 했다. 12월 8일 국방부 발표 직후 젠 사키 미국 국무부 대변인도 "우리는 한국이 미국과 일본, 중국 등 주변국들과의 사전 협의를 통해 책임 있고 신중한 방식으로 이번 조치를 추구한 것을 높게 평가한다"고 밝혔다. 중국 정부는 공식 입장을 밝히지 않았고, 중국 언론이 한국 국방부의 발표 내용을 자세하게 보도하면서 한중 간 분쟁지역인 이어도가 포함됐다고 밝혔다. 이때 한국 국방부가 사전에 미국, 중국, 일본 등 관련 국가에 국방 및 외교 통로를 통해 여러 차례 사전설명을 했다는 점도 보도했다. 일본 정부도 공식 입장을 내놓지 않았지만, 일본 언론은 7일 '오노데라 이쓰노리 방위상이 지난 6일 아베 총리에게 한국과 방공식별구역이 겹치더라도 문제가 발생할 가능성은 낮다는 인식을 전했다'고 보도했다.

공식발표 다음 날인 12월 9일 박근혜 대통령은 청와대 수석비서관 회의에서 "이번 한국방공식별구역 조정은 주권국가로서 무엇보다 우리 국익을 최대한 보장하기 위해서, 관계 부처 간에 심도 있는 검토를 하고 또 각계 의견을 수렴해서 신중하게 결정을 내린 것입니다"라고 의미를 부여하였다.

두 번째: 관련기관과 협업으로, 한강하구 중립수역 내 불법조업 중국어선 차단

한강하구수역은 정전협정에 따라 '유엔군사령부 군사정전위원회(이하 유엔사 군정위)'가 통제하는 수역으로 지리적으로는 우리 측 김포시와 강화도, 북측의 황해남북도 남단과 잇닿아 있다. 이 지역은 남과 북이 근접하고 있는 민감한 수역으로 정전협정 체결 이래 60여 년 동안 특별한 몇 차례의 예외를 제외하고는 남북 양측 모두 사실상 출입을 금지했던 곳이다. 하지만 중국 어선들이 이러한 취약점을 이용하여 2011년부터 간헐적으로 이 지역에 진입하여 불법조업을 해왔다. 특히 2014년까지는 연 2~3회에 불과했지만 2015년에는 연 129회, 2016년 6월까지 788회로 급증하여 언론에 대대적으로 보도되었다. 이에 박근혜 대통령이 3월 말에 김관진 국가안보실장에게 안보 차원에서도 대책을 강구할 것을 강력하게 지시했다.

한강하구 중립수역 내 중국어선 불법조업지역

김관진 국가안보실장은 장혁 국방비서관에게 정책의 최종상태는 한강하구 수역에서 불법 중국어선이 발생하지 않도록 하되 중국의 반발을 최소화하는 방안을 준비하라고 지시했다. 국방비서관은 조창래 대령 등 행정관들과 최초 토의를 통해 정책목표를 국민적 우려해소는 물론 한강하구의 어장 황폐화, 남북 간 우발적인 군사충돌, 중국의 반응 등을 감안하면서 한강하구에서 불법 중국어선이 발생되지 않도록 조치하는 것으로 설정하였다. 이를 위해서는 해당지역이 유엔군사령부 군사정전위 관할권이 부여된 지역임을 우선적으로 고려해야 한다는 선임 행정관의 제의가 있었다.

다음 날 국방비서관 주재 1차 협조회의는 조영진 유엔군사령부 군사정전위원회 수석대표와 김도균 국방부 북한정책과장과 이루어졌다. 이때 국방비서관은 군정위에는 빠른 시간 내에 중국어선의 불법 조업에 대한 군정위의 정확한 판단을, 국방부에는 북한의 반발 등을 고려해 과거 사례 등 정책시행 간에 필요한 내용을 확인해 달라고 요청했다. 군정위 수석대표는 관련 사항을 당시 브룩스(Vincent Brooks) 유엔군사령관 겸 연합사령관에게 보고하였고, 유엔군사령부는 4월 4일부터 5월 2일까지 군정위특별조사반(SIT)을 운용하여 군사정전협정에 근거하여 조사했다. 참고로 군정위특별조사반은 비무장지대와 한강하구에서 정전협정 위반사건에 대한 조사를 통해 사실을 규명하기 위한 조직을 말한다. 군정위특별조사반은 '① 2015~2016년에 중국 어선들이 상습적·고의적으로 한강하구에 진입하여 어로활동을 실시하고 있음을 확인하였다. ② 한강하구 중립수역 내 중국어선을 유엔사 군정위의 승인을 받지 않은 무단 진입선박으로 규정하였다. 특히 국적표시 깃발을 게양하지 않고 야간 항행을 하는 것은 정전협정 후속합의서를 준수하지 않는 행위에 해당한다'는 결론을 내렸다. 이 내용은 유엔군사령관에게 보고 후 국방부를 경유하여 국방비서관실에 통보되었다. 유엔군사령부 군정위의 조사 결과를 통보받은 후 국방비서관실은 관련 비서관실과 정보를 공유하고 빠른 시간 내에 정책을 수립하기 위해 2016년 4월 18일부터 6월 초까지 국방비서관 주관하에 5차례 협의과정을 가졌다.

〈국방비서관 주관, 관련 부처 협의(2016. 4월 중순~6월 초)〉

- 참석: 국방부(정책기획관실 북한정책과), 외교부(동북아국), 합참(작전본부), 유엔사 군정위수석대표(필요시), 통일부, 국민안전처(해경), 청와대(외교비서관실, 재난안전비서관실, 위기관리비서관실)
- 토의 중점: (해양)민정경찰 운용방안, 對中 외교적 조치 등 종합 검토

5월 중순부터는 관계부서 협의 결과를 종합하여 국방부(합참)에서 구체적인 정책(案)을 마련하였다. 국방부와 국민안전처는 불법조업 중국어선 단속에 대해 전문성을 보유한 해경을 민정경찰에 포함하여 편성하였다. '군·해경 합동 실무회의', '현장 작전토의' 등을 통해 군·해경 합동 민정경찰의 작전수행 능력을 극대화했다. 외교부, 해양수산부, 국민안전처 등 유관부처와 긴밀한 협의를 통해 단속된 불법조업 중국어선 처리를 위한 법률적 문제를 검토하여 '해양민정경찰 운영방안'을 확정하였다. 그리고 유엔군사령부의 위임 아래 한국군이 시행하는 작전형태를 감안하여 고속단정에 유엔기와 태극기를 병행 게양하고 군정위 소속 인원을 포함하기로 하였다. 합참과 유엔사령부는 '공동작전계획수립반'(OPT)을 구성하여 민정경찰 운용기반을 마련하였다.

〈국방부(합참)의 해양민정경찰 운영계획(안)〉

- 편성(34명): 해병 22명(영어·중국어 통역 포함), 해군 UDT 6명, 해경 4명, 유엔사 군정위(미군 2명)

- 고속단정 4척 운용(태극기·유엔기 게양)
  * 我 해군고속정·경비정·공기부양정 근접 지원
- 한강하구 수역 중간선(합참 참조선) 기준 남쪽지역에서 작전 실시
- 중국어선 단속 시 우발상황 및 북한도발 양상별 대응태세 구축
  * ① 중립수역 내 북 경비정·단속정 위협
  ② 北 고사총·해안포, 我 민정경찰 선박에 총·포격 도발
  ③ 중국어선으로 위장, 我 민정경찰 선박에 접근 후 기습사격 등
- 불법조업 중국어선 사법 처리: 수산업법 등 적용, 강력 처벌

5월 26일 김관진 국가안보실장은 NSC 상임위원회 회의를 개최했다. 이 자리에서 한민구 국방부 장관이 국방부(합참)의 '해양민정경찰 운영방안'에 대해 보고했고, 이를 바탕으로 NSC 상임위원회 회의를 진행했다. 토의 후 '① 외교적 조치와 병행하여 ② 철저한 군사적 준비와 임무수행태세 점검 이후 6월 9일부터 한강하구에 해양민정경찰 투입을 준비한다'는 상임위원회 논의결과를 박근혜 대통령에게 보고하여 승인을 받았다. 이에 따라 국방부와 합참을 중심으로 구체적인 시행계획을 수립하고 점검하였다.

특히 박 대통령 지침에 따라 중국어선의 불법조업 문제를 근본적으로 해결하기 위해서는, 중국 정부가 자국 어선을 철저히 단속하여 우리 해역으로 진입하지 않도록 차단하는 조치가 필요했다. 정부는 다양한 채널을 통해 중국정부에 대한 외교적 조치에 들어갔다. 우선 주한 중국대사와 총영사에게 중국어선 불법조업의 문제점을 강력하게 제기했다. '한중 외교채널'을 통해 주중 한국대사관이 중국 정부에 중국어선의 불법조업 실태를 설명하고 관련 조치를 취할 것을 요구했다. 주한 중국 무관부와 실무협의를 하고, 주중 한국무관부 등 국방 외교채널을 적극 활용하여 우리 정부의 강력한 의지를 전달하였다. 이에 중국 정부는 한국 정부의 우려에 공감하면서 문제 해결에 대한 적극적인 관심을 표명하였다. 이 과정에서 중국 정부는 실질적 조치를 위한 불법조업 채증자료를 요청하였다. 우리 정부에서 제공한 다양한 현장사진 자료들은 중국 정부가 전향적이고 적극적인 입장을 취하도록 하는데 중요한 역할을 했다.

남북 간 우발적인 충돌을 방지하기 위한 조치도 병행하였다. 한강하구 수역은

남북 간 가시적인 경계선이 존재하지 않는 공동관리수역인 만큼 예기치 않은 군사적 충돌 가능성을 고려하여 6월 8일 유엔사 채널을 통해 사전에 북측에 관련 사항을 통지했다. 이날 국방부 출입기자단을 대상으로 사전 언론 설명을 통해 국민들에게 정확한 내용이 전달될 수 있도록 했다.

한강하구 중립수역 불법조업 차단 작전 중인 해양민정경찰

2016년 6월 9일 해무로 인해 작전이 제한되어 작전개시를 10일로 조정하였다. 퇴거작전이 시작된 지 나흘 만인 6월 14일 19시 10분경 수도군단과 해병2사단은 오후에 빠져나갔던 중국어선 중 재진입하여 불법 조업 중인 중국어선 2척을 나포하였다. 작전이 실시되는 동안 군은 북한군의 동태를 주시했다. 언론은 최초로 중국어선을 나포한 상황을 대대적으로 보도했다. 이는 중국 어선에게 '한강하구는 통제수역으로 불법 조업 시 강력하게 단속한다'는 점을 명확히 인식시키는 계기가 되었다. 국방부는 6월 16일 아침 문상균 대변인 정례브리핑을 통해 "현재 한강하구 중립수역 내에서 불법조업 중인 중국 선박은 없다"고 밝혔다. 20일 정례브리핑에서도 "한강하구 민정경찰 운영은 중국 어선의 불법 조업을 단속하기 위해 정전협정에 따라 적법한 절차를 거쳐 정당하게 실시하는 작전"이라고 했다.

그리고 "한강하구 수역은 지난 수십 년간 남북 양측이 사실상 출입하지 않았던 점을 감안해 민정경찰 운영 전에 북한에 유엔사 군정위 명의의 대북전통문을 사전에 발송하고, 군정위 요원이 동승한 가운데 단속활동을 실시하고 있다"는 점을 강조했다.

미주

1. 국방부, 『국방백서 2014』 (서울: 국방부, 2014. 12), p.224.
2. 공개된 공식 자료를 이용해 필자가 재정리하였다.
3. "국가안보정책조정회의 결과 브리핑", 『연합뉴스』 (2013. 11. 24)
4. 국방부, 『국방백서 2014』 (서울: 국방부, 2014. 12), p.222.
5. 조 바이든 미국 부통령은 일본과 중국을 방문하고 6일 방한하여 박근혜 대통령을 예방했다. 당시 박근혜 대통령은 조 바이든 미국 부통령에게 한국방공식별구역 확대안에 대해 설명했고, 바이든 부통령은 우리 정부의 입장과 노력을 존중한다는 뜻을 전했다. "정부, 방공식별구역 확대안 발표", 『MBC 뉴스』 (2013. 12. 8)
6. 국방부, 『국방백서 2014』 (서울: 국방부, 2014. 12), p.223.
7. KADIZ와 JADIZ 조정을 위한 우리 정부의 노력은 1963년부터 계속 이어져 왔다. 1963년부터 1979년까지는 미 공군을 통해 KADIZ와 FIR 일치를 요구했다. 1980년부터 1983년까지는 외무부를 통해 일본에 KADIZ 협상을 제의했다. 1986년부터 1999년까지는 군 차원에서 한일 공군 간 방공실무회의 시 제안하는 등 KADIZ 확장 협상을 추진했다. 1999년 5월 김대중 정부에서의 국가안전보장회의 시 KADIZ 협상을 재추진하기로 방침을 결정하고, 제2차 한일 안보정책협의회(1999. 7)에서 KADIZ 확장에 대해 별도로 협의하기로 합의했으나 이후 진전이 없었다.
8. 국방부, 『국방백서 2014』 (서울: 국방부, 2014. 12), p.224.

Contents

I

국가안보정책
결정체계
이해

1장

국가안보전략 구상

1. 국가목표와 국가이익, 정부별 국정비전

대한민국 국가목표와 국가이익

주권국가는 헌법에 기초하여 국가이익과 국가목표를 설정하고, 이를 달성하기 위해 국가전략과 국가정책을 구상하고 발전시킨다. 간혹 국가이익과 국가목표를 동일시하는 경우도 있으나, '국가이익은 어떠한 안보환경하에서도 최우선적으로 추구해야 할 기본적인 가치로 국가목표 설정을 위한 기초가 된다'고 정의하고 있다. 또한 '국가목표는 국가이익을 달성하기 위해 그 국가의 제반 노력과 자원을 잡중해 나가고 적용해야 할 지향점'으로 설명하고 있다.

국가안보는 국내외의 각종 군사, 비군사적 위협으로부터 국가목표를 달성하기 위하여 정치, 외교, 경제, 사회, 문화, 군사, 과학기술 등의 제 수단을 종합적으로 운용함으로써 ① 당면하고 있는 위협을 효과적으로 배제하고, ② 또한 일어날 수 있는 위협의 발생을 미연에 방지하며, ③ 나아가 불의의 사태에 적절히 대처하는 것으로 정의한다.[1] 이를 쉽게 설명하면 국민의 안전을 보장하고, 영토를 보전하며, 주권을 확보하고자 하는 모든 국가들에게 요구되는 가장 기본적인 책무라 할 수 있다. 국가안보전략은 대내외 안보정세 속에서 국가안보목표를 달성하기 위해 국가의 가용 자원과 수단을 동원하는 종합적이고 체계적인 구상이다. 연장선상에서 국가안보정책은 국가안보전략을 실제로 조치하기 위해 채택된 계획안이라 할 수 있다.

1948년 대한민국 정부 수립 직후에는 시스템보다는 주로 통수권자인 대통령과 국방부 장관에 의해 안보정책들이 시행되었다. 그러다가 1955년 8월 15일 국방대학 창설을 계기로 국가안보분야에 대한 정부 차원에서의 체계적인 연구와 전문적인 교육과정이 이루어지기 시작했다. 특히 박정희 정부 시기, 국가안전보장회의 출범 이후인 1960년대 중반 이후부터 미국에 대한 전적인 의존관계를 탈피하고 자주적으로 나아가기 위해 국가차원의 안보전략문서들이 작성되기 시작했다.[2]

이승만 정부에서 이범석 국무총리 겸 국방부 장관이 1949년 4월 2일 제70차 국회 본회의에서 신 회계연도에 대처할 정부의 당면 주요정책 목표를 제시하면서 '남북통일'과 '산업재건'을 2대 국가목표로 발표하였다.[3] 그러나 당시의 2대 국가목표는 현재 시점에서 보면 정부별로 선정하는 국정비전 혹은 국정목표라 할 수 있다. 대한민국 국가목표를 공식적으로 사용한 기록은 박정희 정부(제3공화국)가 처음이다. 국방부가 1965년에 『1966년도 국방기본시책』을 수립하면서 국가목표를 명시하였고,[4] 『국방백서 1967』을 통해 공개하였다. 1970년 국가안전보장회의 사무국에서 『국가안전보장 기본정책』 작성 시에도 국가목표를 명시했다. 이후 대한민국 국가목표는 1972년 2월 8일 국무회의에서 1차 개정을 거쳤고, 1973년 2월 16일 제23회 국무회의 의결(의안번호 제367호)을 통해 부분 개정되었다.[5] 1973년, 국가목표 중 제1항인 "자유민주주의 이념하의 국토통일"을 "자유민주주의 이념하에 국가를 보위하고 조국을 평화적으로 통일하여"로 변경하였다. 그 이유는 박정희 정부(제4공화국) 시기인 1972년 7·4 남북공동성명 이후 동년 12월에 개정한 헌법 제8호 전문에 '조국의 평화적 통일', '자유민주적 기본질서', '국민생활의 균등한 향상', '자유와 행복'을 명시하고 헌법 제4조에 "대한민국은 국제평화의 유지에 노력하고 침략적 전쟁을 부인"한다고 천명했기 때문이다. 대한민국 국가목표는 김대중 정부에서 발간한 『국방백서 2000』까지 공식적으로 명시되었고,[6] 노무현 정부 이후에는 언급하지 않고 있다.

대한민국 국가목표[7]

구분	내용
최초의 국가목표 (1965년)	첫째, **자유민주주의 이념하에 국토를 통일**하고 영구적 독립을 보전한다. 둘째, 국민의 자유와 권리를 보장하고 **조국근대화를 통한 복지사회를 건설**한다. 셋째, 국제적 지위를 강화하고 국제평화 유지에 노력한다.
국가목표 (1차 개정) (1972년)	첫째, **자유민주주의 이념하에 국토를 통일하고** 영구적 독립을 보전한다. 둘째, 국민의 자유와 권리를 보장하고 **국민생활의 균등한 향상**을 기한다. 셋째, 국제적 위신을 확립하여 항구적인 세계평화 유지에 이바지한다.
국가목표 (부분 개정) (1973년)	첫째, **자유민주주의 이념하에 국가를 보위하고 조국을 평화적으로 통일**하여 영구적인 독립을 보장한다. 둘째, 국민의 자유와 권리를 보장하고 국민생활의 균등한 향상을 기하여 **사회복지를 실현**한다. 셋째, 국제적 지위를 향상시켜 국위를 선양하고 항구적인 세계평화에 이바지한다.

한용섭은 『국방정책론』에서 헌법과 1973년에 부분 개정된 박정희 정부의 국가목표로부터 당시 한국의 국가이익을 유추해 보면 ① 국가의 생존보장 ② 경제의 번영과 복지의 실현 ③ 자유민주주의의 발전 ④ 통일의 실현 ⑤ 세계평화에 기여하는 것 등을 들 수 있으며 이를 간단하게 생존, 번영, 민주, 통일, 세계평화 등으로 정의할 수 있다고 했다.[8] 대한민국 국가이익에 대한 공식적인 설명은 김대중 정부 출범 첫 해에 발간한 『국방백서 1998』에서 확인할 수 있다. 5가지의 국가이익을 설명하면서 "이 중 독립국가로서의 생존과 주권을 수호하는 것이 최상위로 지켜야 할 국가이익이며, 이는 투철한 안보에 의해서 보장하는 것이다. 국민의 정부는 우리의 국가이익을 실현하기 위해 3가지의 국가안보목표를 설정하여 추구해 나가고 있다"는 점을 강조했다.[9] 비공개 문서인 김대중 정부의 국가안보전략서의 내용을 확인할 수 없지만, 다른 정부의 사례를 통해 유추해 보면 국가안보전략서에 명시된 대한민국 국가이익이 『국방백서 1998』에 기술되었다고 볼 수 있다.

대한민국 국가이익[10]

구분	내용
박정희 정부 (1973년)	① 국가의 생존보장(생존) ② 경제의 번영과 복지의 실현(번영) ③ 자유민주주의의 발전(민주) ④ 통일의 실현(통일) ⑤ 세계평화에 기여(세계평화)
金大중 정부 (1998년)	① 국민의 안전보장, 영토보전 및 주권보호를 통해서 독립국가로서 생존 ② 국민 생활의 균등한 향상과 복지 증진을 실현할 수 있도록 국가의 발전과 번영 도모 ③ 자유와 평등, 인간의 존엄성 등 기본적 가치를 지키고 자유민주주의 체제 유지·발전 ④ 남북한 간의 냉전적 대결관계를 평화공존관계로 변화시키고 궁극적으로 통일국가 건설 ⑤ 인류의 보편적 가치를 존중하고 세계평화와 인류공영에 기여
노무현 정부 (2004년)	① 국가안전보장 - 국민, 영토, 주권 수호를 통해 국가존립 보장 ② 자유민주주의와 인권 신장 - 자유, 평등, 인간의 존엄성 등 기본적인 가치와 민주주의 유지·발전 ③ 경제발전과 복리증진 - 국민경제의 번영과 국민의 복지 향상 ④ 한반도의 평화적 통일 - 평화 공존의 남북관계 정립과 통일국가 건설 ⑤ 세계평화와 인류공영에 기여 - 국제 역할 확대와 인류 보편적 가치 추구

이후 국가목표와 국가이익의 관계를 정의한 공식 기록은 2004년 노무현 정부에서 국가안전보장회의 결의를 거쳐 국가전략문서로 발간한 『참여정부의 안보정책구상: 평화번영과 국가안보』이다. 이 전략문서에 "국가이익은 국가의 생존, 번영과 발전 등 어떠한 안보환경하에서도 지향해야 할 가치를 의미한다. 또한 모든 국가는 국가이익을 보호하고 증진하기 위해 노력하므로 국가이익은 내용상 국가목표와 동일하다. 참여정부는 대한민국 헌법에 근거해 국가이익을 다섯 가지로 정의했다"고 설명하였다.[11]

시대적 변화에 따라 국가이익의 우선순위가 달라졌음을 알 수 있다. 김대중 정부까지의 국가이익의 우선순위는 '생존-번영-자유민주주의-한반도 평화통일-세계평화 기여'순이었고, 노무현 정부에서 선정한 국가이익의 우선순위는 '생존-자유민주주의-번영-한반도 평화통일-세계평화 기여'순이다. 이명박 정부부터 발간된 국가안보전략서(공개본)에는 국가목표와 국가이익 관련 구체적인 사항에 대한 기술을 생략하고 있다.

정부별 국정비전-국정목표와 분야별 국정지표 선정

대한민국 역대 정부는 헌법과 국가목표에 기반을 두고 국정철학을 반영하여 국가전략과 국가정책을 추진했다. 이를 위해 정부별로 시정목표, 국정철학, 국정비전, 국가비전, 국정원리, 국정목표 등 다양한 표현을 사용했다. 여기서는 기술 목적상 시정목표·국정철학·국가비전·국정원리·국정목표 등을 국정비전으로 명시하였다.[12] 이승만 정부(제1공화국)는 8·15 해방 이후 국가통치체제를 확립하고, 전후 복구 및 부흥에 주력함과 동시에 '민족적 민주주의 건설'을 기본 국가시책(基本 國家施策)으로 제시하였다. 윤보선·장면 정부(제2공화국)는 대미 의존적 민생안정에서 탈피하고자 '경제제일주의'를 시정목표(施政目標)로 제시하였다. 박정희 정부는 '조국근대화'를 시정목표로 제시하였다. 이승만 정부와 윤보선·장면 정부와는 달리 박정희 정부(제3·4공화국)는 한국의 국가목표를 명문화하고 분야별 국정지표를 설정하는 등 국가전략 구상 절차를 체계화하기 시작했다. 이러한 사례는 박정희 정부에서 최초로 발간한 『국방백서 1967』에서 확인할 수 있다.[13] 국가목표를 근거로 국방의 사명을 제시했고,[14] 국방정책을 구상하기 위한 근거로 국방목적을 선정했다. 이때 정립된 국방목적은 1972년에 국방목표로 발전하게 된다.

〈'국방의 사명'과 '국방목적'[15]〉

한 국가의 국방의 사명이 타국의 침략을 배제하고 국가주권의 확보와 국토의 안전을 도모하는 데 있다고 할 때, 전후의 국제정치상의 문제로서 **인위적으로 분단된 한국은 넓은 의미로 보아 영토보전과 주권행사가 제약받는다는 점에 있어서 국가안보 자체의 내용도 복잡성**을 지니지 않을 수 없다. 다시 말하면 고유의 의미에 있어서의 국방 즉 영토보전과 주권확보라는 사실에 앞서 **국토통일이라는 문제자체가 국가이익의 목표가 되고 있는 동시에 기본정책을 이루고 있는 것이다. 우리 국가목표 제1항에는 "민주주의적 이념하에 국토를 통일하고 영구적인 독립을 보전한다"고 명시**되어 있다. 따라서 **모든 정책과 전략은 이러한 목표에 기초를 둔다는 것은 재론의 여지가 없다.** 그럼으로 군사적인 면에서 볼 때 국방의 사명이 국가안보의 핵심으로 되어 있는 나라와는 전혀 다른 여건에 놓여 있다고 하겠다. 현재의 상황으로 보아 한국에 대한 위협을 배제하는 과제를 우리의 소극적인 목표라고 한다면 국토통일이라는 목표는 적극적인 측면이라고 볼 수 있다. **따라서 우리나라의 국방의 사명은 국토통일**

까지를 포함하는 국토방위에 있으며 그 실(實), 국토통일이라는 임무는 한국군의 임무 중 막중한 비중을 차지하고 있는 것이다.(중략) 우리 한국의 **국방목적은 "공산주의로부터의 직접침략을 억제하고 간접침략을 분쇄하며 만일 재침략을 감행할 시는 즉각 이를 격퇴하여 자유민주주의 이념하에 국토를 통일하여 영구적인 독립을 보전함"**에 있는 것이다.(중략)

전두환 정부(제5공화국)에 이르러 '선진조국 창조와 정의사회 구현'이라는 국정목표 아래 4대 국정지표로 '민주주의 토착화(정치), 복지사회의 건설(경제), 정의사회의 구현(사회), 교육혁신과 문화 창달 실현(문화)'을 발표하였다. 이때 국가안보분야 국정지표는 모든 분야의 근간이므로 별도 선정하지 않는다는 점을 강조하였다. 노태우 정부(제6공화국)는 '보통 사람들의 위대한 시대를 연다'는 국정목표 아래 분야별 국정지표로 '민족자존, 민주화합, 균형발전, 통일번영(국가안보분야)'을 제시하였다. 이를 통해 비로소 정부의 분야별 국정지표가 국가이익과 국가목표를 지향하는 계기가 되었다.[16]

국정비전과 국정지표(전두환~문재인 정부)

구 분	국정비전	분야별 국정지표
전두환 정부	선진조국 창조와 정의사회 구현	• 민주주의 토착화(정치) • 복지사회의 건설(경제) • 정의사회의 구현(사회) • 교육혁신과 문화 창달 실현(문화) * 국가안보분야 국정지표는 모든 분야의 근간이므로 선정하지 않음
노태우 정부	보통사람들의 위대한 시대	• 민족자존 • 민주화합 • 균형발전 • **통일번영(국가안보분야)**
김영삼 정부	변화와 개혁을 통한 신한국 창조	• 깨끗한 정부 • 튼튼한 경제 • 건강한 사회 • **통일된 조국(국가안보분야)** • 세계화
김대중 정부	제2의 건국	• 국민적 화합정치 • 민주적 경제발전 • 자율적 시민사회 • **포괄적 안보체계(국가안보분야)** • 창의적 문화국가
노무현 정부	국민이 참여하는 정부	• 국민과 함께 하는 민주주의 • 더불어 사는 균형발전 사회 • **평화와 번영의 동북아 시대(국가안보분야)**
이명박 정부	선진 일류국가	• 섬기는 정부 • 활기찬 시장경제 • 능동적 복지 • 인재대국 • **성숙한 세계국가(국가안보분야)**
박근혜 정부	희망의 새 시대	• 경제부흥 • 국민행복 • **평화통일 기반 구축(국가안보분야)** • 문화융성
문재인 정부	국민의 나라 정의로운 대한민국	• 국민이 주인인 정부 • 더불어 잘사는 경제 • 내 삶을 책임지는 국가 • 고르게 발전하는 지역 • **평화와 번영의 한반도(국가안보분야)**

출처: 필자 정리(『대한민국 역대 정부 주요 정책과 국정운영』, 대통령 기록관 검색결과 등)

김영삼 정부는 '변화와 개혁을 통한 신한국 창조'라는 슬로건 아래 국정지표로 '깨끗한 정부, 튼튼한 경제, 건강한 사회, 통일된 조국(국가안보분야), 세계화'를 설정하였다. 특히 『국방백서 1994~1995』에 '우리의 국가목표는 자유민주주의 이념하에 국가를 보위하고 조국을 평화적으로 통일하여 영구적 독립을 보전하고, 국민의 자유와 권리를 보장하고 국민생활의 균등한 향상을 기하여 복지사회를 실현하며, 국제적 지위를 향상시켜 국위를 선양하고 항구적인 세계평화에 이바지함이다. 김영삼 정부는 이러한 국가목표를 신한국 창조를 통해 달성하고자 국정지표를 설정하여 추진하고 있다'라고 하여 '국가목표-국정비전(슬로건)-(분야별)국정지표'와의 관계를 정리했다.[17] 김대중 정부는 '제2의 건국'을 슬로건으로 하여 '국민적 화합정치, 민주적 경제발전, 자율적 시민사회, 포괄적 안보체계(국가안보분야), 창의적 문화국가'를 국정지표로 삼았다. 이후 정부도 국정비전(국가비전 혹은 슬로건, 국정목표)과 국가안보분야를 포함한 국정지표를 설정하였다.[18]

2. 국가안보정책 결정 주요 영향 요인: 한미동맹과 남북관계

한미 안보협력체제 발전

대통령 중심제하에서는 국가목표에 입각한 국가전략의 수립과 시행에 대한 최종 책임은 대통령에게 있다. 그리고 대통령의 결심을 보좌하고 시행하기 위한 국가안보정책 결정체계에 의해 정부의 정책결정이 이루어지고 있다. 따라서 대통령의 비전과 철학이 국가전략 수립의 가장 큰 영향 요인이라 할 수 있다. 정부의 결정사항 중 일부는 국회의 논의과정을 거쳐 국민적 요구와 환경적 요인을 수렴하여 정책으로 발전하게 된다.

1948년 대한민국 정부 수립과 1950년 북한의 기습남침에 의해 발발한 6·25전쟁을 거치면서 한국의 국가안보전략 수립에 크게 영향을 주는 요인으로 한미 안보협력체제 발전과 남북관계 변화를 꼽을 수 있다. 한미 안보협력체제는 이승만 정부 시기 6·25전쟁 휴전협정 체결 과정에서 논의를 거쳐 1953년 10월 1일 서명하고 국회비준을 거쳐 1954년 11월 18일부로 발효된 『한미상호방위조약』에 근거한다. 조약이 체결된 1954년 이후 현재까지 역사도 길고 세계적으로 가장 정교하고 강력한 군사동맹으로 작동하고 있으며, 한국의 국가발전과 병행하여 변화 과정을 거쳐 왔다.[19]

1단계는 '미국의 한국방위 주도 단계'로 1950년 6·25전쟁 발발 이후 1978년 11월 한미연합군사령부가 창설되기 직전까지의 기간이다. 6·25전쟁 이후에도 미국은 한국에 대한 경제 및 군사원조와 냉전대결 구도에서의 상호지원 관계를 이어 갔다. 이 기간 동안 한국은 토지와 시설을 주한미군에게 제공하고, 미국은 한국에 안보·군사 및 경제 지원을 제공하는 일방적 지원관계였다. 이러한 상황에서 박정희 정부 시기인 1964년 이후 한국군이 베트남전에 참전하면서 한미동맹의 상호성이 대두되었다. 이어 1968년 1월 21일 북한 특수부대에 의한 박정희 대통령 암살 미수사건, 1월 23일 북한이 미국 해군의 푸에블로호를 납치한 사건, 10월 30일 울진·삼척 무장공비 침투사건이 발생하였다. 이를 계기로 한미 간에 1968년 5월 '한미 연례 국방각료회의'로 시작된 '한미안보연례협의회의'(SCM)가 현재까지도 정례화되어 중요한 안보정책을 결정하고 있다. 1969년 미국이 닉슨 독트린에 의해 주한미군을 감축하자, 한국의 자주국방이 추진되기 시작하였다.

2단계는 1978년 한미연합군사령부 창설을 계기로 '한미 간 상호보완적 체제'가 이루어지고 1994년 정전 시(평시) 작전통제권이 전환되기까지의 기간이다. 1978년 11월 한미연합군사령부(CFC)가 창설되어 한국군에 대한 작전통제권을 유엔군사령부(UNC) 겸 주한미군사령부(USFK)에서 한미연합군사령부(CFC)로 이전했고, 양국 간의 군사문제를 협의하기 위해 '한미군사위원회 회의'(MCM)를 설치하였다. 1981년 출범한 레이건(Ronald Wilson Reagan) 행정부 이후 미국은 우방국들과의 군사적 결속을 강화하였고, 미 의회는 한국과 일본 등 우방국들에게 방위비 분담을 요구하였다. 1991년에 시설과 구역을 우리 측이, 기타 유지 경비는 미측이 부담토록 규정한 SOFA 제5조에 대한 특별조치로 방위비분담 특별협정(SMA)를 체결했다. 1990년 냉전종식 이후 미국은 일명 '동아시아전략구상'(EASI)에 의해 주한미군 전략을 재검토했고, 주한미군을 감축하기 시작하였다. 이때 군사정전위 수석대표에 한국군 장성 임명, 판문점 공동경비구역 책임을 한국군에 이양, 한미연합야전사령부(CFA) 해체, 한미연합사 지상구성군사령관에 한국군 장성 임명 등이 이루어졌다. 또한 1994년 12월 한국군의 정전 시 작전통제권을 한미연합군사령부(CFC)에서 한국 합동참모본부(JCS)로 전환하였다.

한미 안보협력체제 발전과정[20]

구 분	주요 상황
1단계 (1950~1978) 미국의 한국방위 주도 단계	• 한국군의 작전지휘권을 유엔군사령관에 이양(1950. 7. 14) • 한미 상호방위조약 체결(1953. 10. 1) 및 발효(1954. 11. 18) • 한국군의 베트남전 참전(1964~1973) • 한미주둔군지위협정(SOFA) 체결(1966. 7. 9) 및 발효(1967. 2. 9) • 제1차 한미연례국방각료회담(1968. 5. 27~28) 개최, 1971년부터 SCM으로 개칭
2단계 (1978~2001) 한미 상호 보완적 단계	• 한미연합사령부(CFC) 창설(1978. 11. 7) * MCM 설치 및 작전권 공동행사 • 미국의 동아시아전략구상(EASI) 발표(1990. 4. 19) * 주한미군의 역할을 '주도적 역할'에서 '보조적 역할'로 변경 • 한미주둔군지위협정(SOFA) 1차 개정(1991. 2) * 형사재판권 자동 포기조항 삭제, '방위비분담금 특별조치 협정' 체결 • 한국군의 정전 시 작전통제권 전환(1994. 12. 1) * 한미연합군사령부에서 한국 합참으로 전환
3단계 (2001~현재) 한미 성숙한 동반자 단계	• 9·11테러(2001. 9) 발생과 한국군의 이라크전 파병(2003~2008) • '한국군의 전시작전통제권 전환' 합의(2006. 9) * 한미연합사령부에서 한국 합참으로 전환 추진 * 전환시기 연기(2010), 조건에 기초한 전환으로 변경(2014) • '한미동맹을 위한 공동비전' 발표(2009. 6. 16) • 다양한 정책 협의·조정기구 구성 * FOTA(2002), SPI(2004), KIDD(2011), EDSCG(2016) 등 • '전시작전통제권 전환 이후 연합방위지침' 합의(2018. 10) * 한국군의 작전통제권을 한미연합군사령부에서 미래한미연합군사령부로 전환 등

3단계는 정전 시 작전통제권 전환 이후부터 현재까지 한미동맹의 미래지향적 발전을 지향하며 '한미 간 성숙한 동반자 체제'가 이루어지는 기간이다. 김대중 정부부터 다양한 한미정책협의체를 구성하기 시작했다. 이후 노무현 정부에서 한국군의 이라크 파병이 있었으며, 한국군의 전시작전통제권 전환과 용산 미군기지 이전을 추진하기 시작했다. 2009년 6월 이명박 정부 시기 한미정상회담에서 '한미동맹을 위한 공동비전'을 발표하였다. 한국방위에 있어 대한민국이 주된 역할을 담당

하고, 미국은 한반도와 역내 및 그 외 지역에 주둔하며 지속적이고 역량을 갖춘 군사력으로 지원하는 역할을 하게 될 것이라는 점을 분명히 하였다.

수준별 주요 한미안보협의체제

<table>
<tr><th colspan="2">구분(협의수준)</th><th>협의체계(명칭)</th><th>내 용</th></tr>
<tr><td colspan="2">한미 대통령</td><td>한미정상회담</td><td>• 제1차 회담: 아이젠하워 대통령 당선자 방한(1952. 12)</td></tr>
<tr><td colspan="2">한미
국방부 장관</td><td>한미안보협의
회의(SCM)</td><td>• 1968년 1·21사태 및 미 해군 정보함 푸에블로호 사건, 한국의 월남전 파병에 따른 군사협력을 위해 설치
• 1968년 5월 제1차 회의 이후 2020년 제52차까지 진행 중</td></tr>
<tr><td colspan="2">한미
합참의장</td><td>한미군사위원회
회의(MCM)</td><td>• 한미연합군사령부 창설(1978. 11)에 따른 양국 간의 군사적인 문제를 협의하기 위해 설치
• 1978년 7월 제1차 회의 이후 2020년 제45차까지 진행 중</td></tr>
<tr><td rowspan="3">한국
국방부
정책
실장</td><td rowspan="2">미국
국방부
동아시아
태평양
부차관보</td><td>미래
한미동맹
정책구상
(FOTA)</td><td>• 제34차 SCM(2002. 12)에서 세계안보환경 변화에 대한 대응차원에서 한미동맹을 조정·협의하기 위해 2003년 4월부터 2004년 9월 제12차까지 진행하고 종료
• 주한미군기지 통폐합, 한미 지휘관계 연구 등</td></tr>
<tr><td>한미안보정책
구상(SPI)</td><td>• 제36차 SCM(2004. 10)에서 FOTA 회의를 발전시켜 한미동맹 미래비전 연구를 위해 2005년 2월부터 분기 기준으로 개최하다가 2012년 4월부터 KIDD에 통합
• 전시작전통제권 전환 이후의 새로운 동맹 군사구조 논의</td></tr>
<tr><td>미국
국방부
정책
차관</td><td>한미통합
국방협의체
(KIDD)</td><td>• 제43차 SCM(2011. 10)에서 합의하여 2012년 4월부터 SPI, EDPC, SAWG, CMCC로 구성
• 제45차 SCM(2013. 10)에서 EDPC와 CMCC를 통합, 억제전략위원회(DSC) 구성
• 제47차 SCM(2015. 11)에서 조건에 기초한 전작권 전환 공동실무단(COTWG) 출범</td></tr>
<tr><td colspan="2" rowspan="2">한미
외교·국방
장관
(차관)</td><td>한미 외교·
국방장관(2+2)
회의</td><td>• 2010년 7월, 북한 핵·미사일 위협에 대응하고 전작권 전환 시기 연기를 계기로 출범
• 제3차 회의(2016. 10)에서 한미확장억제전략협의체(EDSCG) 확대 합의
* 2017년 6월, 한미정상회담에서 정례화하기로 합의</td></tr>
<tr><td>한미
확장억제전략
협의체(EDSCG)</td><td>• 2016년 12월, 제1차 회의
* 한미 외교·국방 차관급이 수석대표
• 2018년 1월, 제2차 회의</td></tr>
</table>

출처: 필자 정리(『국방 100년의 역사(1919~2018)』, 『국방백서』 등)

한미 안보협력체제는 한미상호방위조약의 바탕 위에 '한미주둔군지위협정'(SOFA)과 '전시주둔국지원협정'(WHNS)이 법적으로 뒷받침하고 있다. 한미정상회담과 SCM을 중심으로 주요 안보현안을 최종적으로 결정하며, 이를 위한 다양한 실무급 협의·조정기구들이 있다. 특히 박정희 정부 시기인 1968년에 한미합의로 출범한 SCM을 계기로 예하에 MCM과 5개 분과위원회 등 안보협력기구를 설치하였다. 김영삼 정부 시기까지는 한미상호방위조약에 기반하여 SCM을 중심으로 협력하였다. 김대중 정부와 노무현 정부에서 주한미군기지 이전과 한미지휘관계 연구 등을 위해 '미래한미동맹정책구상'(FOTA)과 '한미안보정책구상'(SPI)을 출범시켜 한미 간 동맹현안을 조율하였다. 한미안보정책구상(SPI)은 이명박 정부인 2012년 4월부터 '한미통합국방협의체'(KIDD)에 통합되어 다양한 한미동맹 현안들을 협의하고 있으며 현재까지 중요한 안보협력기구로 역할하고 있다. 또한 이명박 정부와 박근혜 정부 시기에 점증하는 북한 핵·미사일 위협에 대응하기 위해 외교·국방 차원의 '확장억제정책위원회'(EDPC)와 '미사일대응능력위원회'(CMCC), 한미 '외교·국방장관(2+2)회의', '한미확장억제전략협의체'(EDSCG) 등을 설치하였다. 이러한 한미억제전략협의체들은 문재인 정부 출범 이후 거의 개최하지 않았다. 대신 2018년에 한국 외교부와 미국 국무부 간에 설치한 한미워킹그룹(Working Group)에서 남북협력과 비핵화를 위해 공조하고 있다.

한미안보협력기구 변천 현황

<table>
<tr><th colspan="2">구 분</th><th>박정희
~
김영삼
정부</th><th>김대중
정부</th><th>노무현
정부</th><th>이명박
정부</th><th>박근혜
정부</th><th>문재인
정부</th><th>비고</th></tr>
<tr><td rowspan="6">한
미
국
방
부</td><td>SCM</td><td>29회</td><td>5회</td><td>5회</td><td>5회</td><td>4회</td><td>4회</td><td>제52차(2020)</td></tr>
<tr><td>FOTA</td><td>×</td><td>설치
합의</td><td>12회</td><td>-</td><td>-</td><td>-</td><td>2003. 3~2004. 9</td></tr>
<tr><td>SPI</td><td>×</td><td>×</td><td colspan="4">제36차 SCM(2004. 10)에서 합의</td><td>2012년 4월에 KIDD에 통합</td></tr>
<tr><td>SAWG</td><td>×</td><td>×</td><td>×</td><td colspan="3">SAWG(2010. 10) →
COTWG(2015. 11)</td><td>2012년 4월에 KIDD에 통합</td></tr>
<tr><td>DSC</td><td>×</td><td>×</td><td>×</td><td>EDPC,
CMCC</td><td colspan="2">EDPC+CMCC→
DSC</td><td>2014년 9월에 KIDD에 통합</td></tr>
<tr><td>KIDD</td><td>×</td><td>×</td><td>×</td><td colspan="3">KIDD: SPI+DSC+COTWG</td><td>2012년 4월 구성</td></tr>
<tr><td colspan="2">한미
외교·국방장관
(2+2)회의</td><td>×</td><td>×</td><td>×</td><td>1·2차</td><td>3·4차</td><td>1회
(2021. 3)</td><td>일정한 회의
주기 없음</td></tr>
</table>

출처: 필자 정리(『국방 100년의 역사(1919~2018)』, 『국방백서』 등)

한미는 이러한 한미안보협력기구에서 동맹현안을 포함한 주요정책을 논의한다. 주요정책을 협의하기 전에 우리 정부의 입장을 정리하거나 협의 결과를 추진하기 위해서, NSC 실무조정회의와 NSC 상임위원회 회의를 거쳐 대통령의 결심을 받는다. 또한 사안에 따라 국무회의 심의과정을 거치거나 국회 동의절차를 통해 결정하기도 한다. 헌법 제60조에 근거하여 국군의 해외파병과 국가와 국민에게 중대한 부담이 되는 조약 또는 입법사항으로 분류된 용산미군기지 이전계획이나 방위비분담금 등에 대해서는 예외적으로 국회 동의절차를 거쳐 정책을 결정하고 있다. 국회동의 절차를 거치는 정책결정사례는 점차적으로 증가하고 있다.

남북관계 변화

1948년 대한민국 정부 수립 이후 남북관계는 갈등과 협력을 오가며 변화를 거듭해 왔다. 1991년 남북기본합의서 합의 이후, 남과 북은 같은 민족이지만 분단으로 인해 '나라와 나라 사이의 관계가 아닌 통일을 지향하는 과정에서 잠정적으로 형성된 특수 관계'라는 원칙이 유지되고 있다. 남북 간의 대화는 남북정상회담, 총리회담과 장관급회담 형식의 고위급회담, 그리고 분야별 회담으로 구분할 수 있다. 1970년대 박정희 정부 시기부터 첫 남북회담이 이루어졌는데 통치권 차원에서 주로 비군사적 분야에서 추진되었다.

노태우 정부 시기 남북군사분과위원회회담이 있었지만, 2000년 김대중 정부 시기 남북국방장관회담을 계기로 다양한 군사분야 회담이 개최되기 시작했다. 회의 의제를 보면 철도·도로 연결 사업의 군사적 보장과 같은 남북한 신뢰구축 의제도 있었지만 천안함·연평도 포격 도발과 같은 북한의 도발 관련 의제,[21] 남북 간 군사적 신뢰구축을 위한 실질적인 조치도 있었다. 박근혜 정부 이후, 국가안보분야 대통령 보좌기관인 국가안보실의 직접적인 역할이 확대되었다. 박근혜 정부에서는 국가안보실장과 국가안보실 차장이 남북고위당국자접촉과 고위당국자접촉 대표를 담당하였고, 문재인 정부에서도 국가안보실장이 대북 특사단장 임무를 수행하였다. 특히 박근혜 정부와 문재인 정부에서 대통령 보좌기관으로서의 기능과 역할이 확대된 국가안보실은 남북대화의 직접적인 대화채널이 되어 중요한 의제들을 다루었다.

안보분야 남북대화 채널[22]

구분	계	김대중 정부	노무현 정부	이명박 정부	**박근혜 정부**	**문재인 정부**
대통령 특사단장		국정원장, 대통령 특보	통일부 장관, 국정원장	×	×	**국가안보 실장**
남북국방장관회담	**2**	1	1	×	×	×
남북고위당국자접촉[23]	**1**	×	×	×	**국가안보실장**	×
남북고위급접촉[24]	**1**	×	×	×	**국가안보실 1차장**	×
남북군사당국자접촉[25]	**1**	×	×	×	국방부 정책실장	×
남북장성급군사회담	**10**	×	7	×	×	3
남북군사실무회담	**40**	15	21	3	×	1
군사분야 합의서 체결	**14**	3	9	×	1	1

역대 정부의 통일정책과 대북정책은 주로 대통령의 통치행위의 일환으로 대통령의 지침을 받은 특사나 안보 관련 부서장에 의해 추진되다가 점차 국가안전보장회의 자문이나 국무회의 심의, 국회의 동의절차 등을 통해 결정되는 절차적 정당성을 갖추는 과정으로 변화되고 있다. 정부의 대북정책이 국회 동의를 받은 최초 사례는 노태우 정부 시기 '한민족공동체 통일방안'으로 여야 4당 합의로 채택되었다. 그리고 조약의 체결과 공포 과정을 거친 국회 비준 사례는 김대중 정부에서의 '4대 남북경협합의서'가 최초이고, 노무현 정부 출범 이후 2004년 경협분야 9개의 후속합의서도 국회비준 동의 절차를 거쳤다. 2005년 12월에는 『남북관계발전법』(법률 제7763호)이 국회에서 처리되었다. 동법 제21조는 대통령이 남북합의서의 체결·비준 권한을 갖게 하였다. 대신 남북합의서는 비준 전에 국무회의 심의를 거치도록 하고 "국회는 국가나 국민에게 중대한 재정적 부담을 지우는 남북합의서 또는 입법사항에 관한 남북합의서의 체결·비준에 대한 동의권을 갖는다"고 명시했다. 문재인 정부에서 '판문점 선언'(2018. 4. 27)의 국회비준동의를 요청한 것과 이후 '판문점 선언 이행을 위한 군사분야 합의서'(2018. 9. 19)를 법제처 심의 후 국무회의에서 심의 및 대통령 비준 절차를 거친 것도 이러한 정책결정체계 차원이다.

3. 국가안보전략 구상절차

연도별 국방시책(이승만 정부~윤보선·장면 정부)

이승만 대통령은 1948년 9월 30일 최초의 국회시정연설에서 '민족적 민주주의 국가의 건설'을 기본 국가시책으로 천명하였다. 그리고 1949년 4월 2일 이범석 국무총리 겸 국방부 장관이 제70차 국회 본회의 연설에서 '국방치안정책'을 비롯한 8가지 주요정책을 발표했다.[26] 당시는 정부의 시정방침이라는 포괄적인 방침 내에서 통수권자의 시정방향(施政方向)이나 국방부 장관이 제시한 당면업무 차원에서 국방정책방향이 결정되었다. 공보처가 발간한 『주보(週報) 제100호』에 "1954년 국방정책"이 나타나는데, 이는 6·25전쟁을 거치면서 정부의 국방정책을 1년 단위로 제시하였음을 시사한다.[27] 따라서 이승만 정부는 국방부의 『연도별 국방시책』을 통해 국가의 안보정책을 추진했고, 이는 윤보선·장면 정부에까지 이어졌다.[28]

연도별 국가안보기본정책 및 국방기본시책(박정희 정부)

박정희 정부 출범 후 헌법 개정에 따라 1963년 12월 16일 국가안전보장회의를 설치하면서 예하 직제로 국가안전보장회의 사무국을 두었다. 그리고 사무국에 정책기획실을 편성했다. 또한 국방부도 국방부 직제령을 개정하였다. 1963년 12월 국방부 관리차관보실에 기획국을 설치하면서 예하에 국방정책 수립을 위한 정책과를 두었다.[29] 이러한 조직에 의해 국가안보전략과 국방정책이 수립되었다. 1970년경부터 국가안전보장회의 사무국에서 매년 초를 기준으로 작성하여 국가안전보장회의에서 결의한 『국가안전보장 기본정책』이 국가안보전략서의 시초라 할 수 있다. 국방부는 1965년도에 발간한 『1966년 국방기본시책』을 시작으로 매년 작성했다. 여기에 국가목표와 국방정책기본방향과 국방기본시책을 분명하게 제시했다. 이는 『국방백서 1967』을 통해 확인할 수 있다. 『1966년 국방기본시책』에 명시한 국가목표와 『국방백서 1967』에 수록한 국방목적, 국방정책기본방향과 국방기본시책(國防基本施策) 내용은 다음과 같다. 참고로 국방목적은 1972년에 설정한 국방목표와 유사한 개념이다.

연도별 국방기본시책(예: 1967년)

구 분	내 용
국가목표 (1965년 제정)	① **자유민주주의 이념하에 국토를 통일**하고 영구적 독립을 보전한다. ② 국민의 자유와 권리를 보장하고 **조국근대화를 통한 복지사회를 건설**한다. ③ 국제적 지위를 강화하고 국제평화 유지에 노력한다.
국방목적 (1967년)	① 공산주의로부터의 직접침략을 억제하고 간접침략을 분쇄하며, ② 만일 재침략을 감행할 시는 즉각 이를 격퇴하여, ③ **자유민주주의 이념하에 국토를 통일하여 영구적인 독립을 보전**한다.
1967년 국방정책 기본방향	① 계속적인 대(對)월남군사지원 강화 ② 국내의 전투태세확립
1967년 국방 기본시책	① 월남에 대한 군사력을 포함한 가능한 모든 지원을 계속할 것이며 우방각국과 협력하여 공산세력의 동남아 진출을 강력히 저지하고 ② 한국자체의 방위력을 가일층 강화하기 위하여 신장비의 도입, 부족장비의 보충에 주력함은 물론 전시에 대응할 수 있는 군사작전 태세를 갖추어 적의 여하한 위협에도 즉응할 수 있는 만반의 역량을 배양할 것이다. ③ 적의 간접침략에 대비하여 대간첩작전장비를 도입보충하고 국내치안을 교란하려는 적의 기도를 봉쇄할 것이다. ④ 군사외교 강화로 자유우방과의 집단안전보장체계를 계속 신장하여 종합적 방위능력의 향상을 기하고, ⑤ 정훈활동을 강화하여 군의 반공정신 함양과 건군의 이념을 확고히 인식케 하여 국민의 군대로서의 정신자세를 확립하며, ⑥ 예비군 동원체제를 발전시키고 일단 유사시에는 즉각 응소하여 전열(戰列)에 참여할 수 있는 체제를 향상하는 동시에, ⑦ 국토건설과 대민사업을 지원하여 국민경제 발전에 기여할 것이다.

출처: 필자 정리(『국방 100년의 역사(1919~2018)』, 『국방백서 1967』 등)

1970년대에 들어서면서 국군의 베트남전 파병과 주한미군 감축에 따른 선행조치로 자주국방을 표방하였다. 한미 양국 간에 합의한 『한국군 현대화 5개년계획(1971~1975)』을 일관성 있게 추진할 수 있도록 하기 위해 국방부는 1972년 12월 29일 『국방목표』를 최초로 제정하였다. 최초로 제정한 국방목표는 국가목표를 달성하기 위한 군의 역할과 군사력의 운용개념, 군사력 사용 근거를 밝힘으로써 국방정책방향과 군사전략목표 설정의 기초가 되도록 했다.

연도별 국가안보기본정책 및 3년 주기 국방장기정책서(전두환 정부~김영삼 정부)

전두환 정부의 국방정책은 1970년대에 형성된 자주국방정책의 큰 틀에서 추진되었다. 그러나 국방정책의 구체적인 내용은 상당한 변화가 있었다. 1972년에 제정된 국방목표를 1981년 11월 28일 국방부 정책회의 의결을 거쳐 포괄적인 개념으로 개정하여, 한반도 이외의 지역에 대한 군의 역할을 부여하였다.

대한민국 국방목표

구 분	국방목표
국방목적 (박정희 정부, 1967년)	① **공산주의로부터의 직접침략을 억제**하고 간접침략을 분쇄하며, ② 만일 재침략을 감행할 시는 즉각 이를 격퇴하여, ③ **자유민주주의 이념하에 국토를 통일하여 영구적인 독립을 보전**한다.
국방목표 (최초 제정, 1972년)	• 국방력을 정비 강화하여 평화통일을 뒷받침하고 국토와 민족을 수호한다. • 적정 군사력을 유지하고 군의 정예화를 기한다. • 방위산업을 육성하여 자주국방체제를 확립한다.
1차 개정 (전두환 정부, 1981년)	• **적의 무력침공**으로부터 국가를 보위한다. * 국가목표 달성을 위한 군사력의 역할과 국가보위를 위한 군사력의 적극적인 운영개념을 포함한 것이다. • 평화통일을 뒷받침한다. * 국가목표인 평화통일을 뒷받침하기 위한 군사력의 역할과 군사력의 평시 운영 개념인 억제의 개념이 포함되어 있으며, 군사력 운용의 정당성을 밝힌 것이다. • 지역적인 안정과 평화에 기여하는 것이다. * 전시와 평시의 군사력 역할과 군사력 운용의 정당성을 명시하고, 주변전략과 정세변화에 신축성 있게 대처할 수 있는 유연성이 있음을 뜻하는 것이다.
2차 개정 (김영삼 정부, 1994년)	• **외부의 군사적 위협과 침략**으로부터 국가를 보위하고, * 단순히 군사적 무력침공만을 국가보위의 대상으로 하지 않고 모든 형태의 위협에 대처하겠다는 포괄적 개념으로 확대한 것이다. • 평화통일을 뒷받침하며, • 지역의 안정과 세계평화에 기여하는 것이다. * 신장된 우리의 국가위상과 안보역량을 바탕으로 이웃 나라들과의 군사적 우호협력관계를 더욱 증진시켜 지역의 안정에 기여하고, 국제평화유지노력 등 유엔 회원국으로서의 의무와 책임을 다하겠다는 뜻을 반영한 것이다.

출처: 필자 정리(『국방백서 1967』, 『국방백서 1988』, 『국방백서 1995~1996』 등)

개정된 국방목표에는 국가이념과 국가이익의 보호 및 국가목표의 달성을 위한 군사력의 역할(억제와 방위), 군사력 사용의 정당성, 국방정책의 목표와 목표달성 수단과의 구분을 고려한다는 내용을 포함하였다. 장기적인 국가발전과 관련하여 2000년대를 전망하는 국방장기정책서의 필요성이 요구됨에 따라, 국방부는 1982년 6월부터 착수하여 1984년 1월 3년 주기의 『국방장기정책서』를 최초로 발간했다.[30] 1985년 10월에는 최초로 『국방중기계획서』를 작성하였다. 노태우 정부는 '제2의 창군'을 슬로건으로 '국방의 자주화, 군대의 선진화, 군사의 과학화'를 '국방 3대 지표'로 설정하여 추진하였다. 노태우 정부와 김영삼 정부에서도 3년 단위 국방정책서를 발간하여 장기 차원의 목표와 중기계획을 수립하였다. 참고로 김영삼 정부는 탈냉전 시대를 맞아 한국이 유엔 회원국이 되고 러시아 및 중국과의 수교 등 전략 환경이 크게 변화함에 따라, 1981년에 1차 개정한 국방목표를 1994년 3월 10일에 2차 개정하고 이를 『국방백서 1994~1995』에 명시했다.

추가로 김영삼 정부에서 국방목표에 대한 2차 개정을 하면서 포괄적 국가안보를 위한 개념으로 모든 형태의 위협에 대처하겠다는 뜻을 내포해서 '적의 무력 침공'을 '외부의 군사적 위협과 침략'으로 변경하였다. 그러나 종래에 북한을 '적'으로 한다는 명시적 표현에서 '외부의 군사적 위협'으로 바꾸자, '주적(主敵)' 표현과 관련한 논란이 발생했다. 게다가 1994년 제8차 남북실무접촉에서 불거진 박영수 북측 대표의 '서울 불바다' 발언을 계기로 『국방백서 1995』 이후부터는 북한을 '주적'으로 명기하였다. 이러한 '주적' 표현은 김대중 정부 초기인 『국방백서 2000』까지 유지되다가 『국방백서 2002』부터는 '북한의 위협에 대비하는 것을 중점으로 한다'는 것으로 변경했다. 이명박 정부와 박근혜 정부는 '위협이 지속되는 한 북한군과 북한 정권은 우리의 적이다'로 명시했다. 문재인 정부는 『국방백서 2018』과 『국방백서 2020』에서 북한을 적으로 명시하지 않고 '대한민국의 주권, 국토, 국민, 재산을 위협하고 침해하는 세력을 우리의 적으로 간주한다'고 했다.

대통령 임기 고려 안보전략문서(김대중 정부~문재인 정부)

김대중 정부 출범 다음 해인 1999년 1월, 국방부는 대통령 재가를 받은 『국방기본정책서(1998-2015)』(비밀문서)를 발간하였다. 이후 국방기본정책서는 대통령 임기를 고려하여 5년 주기로 작성되는 최상위 국방정책기획문서가 되었다. 이러한 5년 주기 국방기본정책서 작성 개념은 정부별 『국가안보전략서』를 작성하는데 영향을 주었다. 국가안보전략서는 청와대 주도 하에 국가안보분야 국정지표와 이를 구현하기 위한 국가안보목표를 기준으로 안보부처 검토와 관련 부처 장관이 참석하는 NSC 상임위원회 심의를 거쳐 대통령이 재가하게 되는데 통상 정부 출범 후 1년 뒤에 공개한다.[31]

국가안보 관련 전략문서 작성 주기 변화

구 분	국가안보전략서	국방정책서
이승만 정부~ 윤보선·장면 정부	×	『국방주요시책』(매년)
박정희 정부	『국가안전보장 기본정책』(매년) * 국가목표 제정	『국방기본시책』(매년) * 국방목적·목표 제정
전두환 정부~김영삼 정부	『국가안전보장 기본정책』(매년) * 국가안보분야 국정지표 설정	『국방장기정책서』(3년 주기) * 국방목표 1·2차 개정
김대중 정부~문재인 정부	『국가안보전략서』(5년 단위) * 국가안보목표 제정	『국방기본정책서』(5년 단위)

출처: 필자 정리(『국방 100년의 역사(1919~2018)』, 『주간국방논단』 제1485호 등)

국가목표·국가이익-국정비전-국정지표(국가안보분야)-국가안보목표를 연계하여 국가안보전략을 구상한 최초의 사례는 김대중 정부의 『국가안보전략서』(비밀문서)이다.[32] 노무현 정부 이후에도 이와 같은 절차를 따랐지만 국가목표·국가이익의 내용이 생략되고 새로 출범한 정부의 국정기조(국가비전)가 강조되었다.

김대중 정부는 '국가안보는 한 국가가 국내외의 위협과 침략으로부터 국가목표와 국가이익을 보호, 실현하는 것으로서 이를 증진시켜 나가기 위해 국가안보목표를 선정하였다'고 하였다.[33] 또한 노무현 정부의 국가안보전략서(공개본)를 통해서는 '국가목표·국가이익-국가안보목표-국가안보전략기조-국가안보전략과제'로 이어지는 국가안보전략 구상절차를 확인할 수 있다. 노무현 정부는 국가안보목표를 "국가이익과 그 핵심 요소인 국가안전보장을 달성하기 위해 설정하며, 당면한 안보환경과 가용한 국력에 대한 평가를 기반으로 반드시 실현해야 할 목표"로 정의하였다.[34] 이후 문재인 정부까지 새로 출범한 정부는 국가안보전략서에 국가안보목표를 제시하고 있다. 참고로 김대중 정부부터 문재인 정부까지의 국가안보목표는 정부별 국정철학을 반영하여 세부내용과 우선순위 면에서 다소 차이가 있음을 알 수 있다.

국가안보분야 국정지표와 국가안보목표(김대중 정부~문재인 정부)

구 분	국정지표(국가안보분야)	국가안보목표
김대중 정부	포괄적 안보체계	① 한반도의 안정과 평화 유지 ② 남북관계 개선 및 평화공존관계 구축 ③ 국제공조체제와 협력 강화, 국가의 안정과 번영 그리고 발전을 위한 기반 확립
노무현 정부	평화와 번영의 동북아 시대	① 한반도의 평화와 안정 ② 남북한과 동북아의 공동번영 ③ 국민생활의 안전 확보
이명박 정부	성숙한 세계국가	① 한반도 안정과 평화유지 ② 국민안전보장 및 국가번영 기반 구축 ③ 국제적 역량 및 위상 제고
박근혜 정부	평화통일 기반 구축	① 영토·주권 수호와 국민안전 확보 ② 한반도 평화정착과 통일시대 준비 ③ 동북아 협력증진과 세계 평화·발전에 기여
문재인 정부	평화와 번영의 한반도	① 북핵 문제의 평화적 해결 및 항구적 평화정착 ② 동북아 및 세계 평화·번영에 기여 ③ 국민 안전과 생명을 보호하는 안심사회 구현

출처: 필자 정리(『국방백서 1999』, 정부별 『국가안보전략서』 등)

미주

1. 합동참모본부, 『야전교범 3-0-1 군사용어사전』(국군인쇄창, 1995), p.47.
2. 독고순·노훈, "『국방기본정책서』 발전을 위한 소고", 『주간국방논단』 제1485호 (서울: 국방연구원, 2012. 10. 21), p.2.
3. 국방군사연구소, 『국방정책변천사 1945~1994』 (서울: 군인공제회 제1인쇄사업소, 1995), p.27.
4. 『1966년도 국방기본시책』은 문헌상 국방부의 국방정책에 관한 최초의 문서로 제1장 총론(전망, **국가목표**, 국방정책의 방향, 국방정책 중점 요약)과 제2장 국방부 목표 및 방침으로 구성되었다. 국방부, 『1966년도 국방기본시책(관리번호 65/203)』 (서울: 국방부 행정자료실, 1965)
5. 국방부 군사편찬연구소, 『국방 100년의 역사(1919~2018)』 (국군인쇄창, 2020. 6. 30), p.141.
6. 국방부, 『국방백서 2000』 (서울: 국방부, 2000. 12), p.51.
7. 『국방정책변천사 1945~1994』와 『국방 100년의 역사(1919~2018)』에서 인용했다.
8. 한용섭, 『국방정책론』 (서울: 박영사, 2012. 8. 20), p.5.
9. 국방부, 『국방백서 1998』 (서울: 국방부, 1998. 10), p.51.
10. 박정희 정부(1973년)의 국가이익은 한용섭이 주장한 내용을 명시했고, 김대중 정부(1998년)의 국가이익은 『국방백서 1998』에서 인용했다. 노무현 정부(2004년)의 국가이익은 『참여정부의 안보정책 구상』에서 인용했다.
11. 국가안전보장회의 사무처, 『참여정부의 안보정책 구상-평화번영과 국가안보』 (서울: 세기문화사, 2004. 3. 1), p.20.
12. 정부별로 표기에 있어 차이가 발생하고 있다. 국정운영 비전 및 목표에 대해서는 다음 자료를 참고할 수 있다. 황윤원, "새 정부의 국정기조와 정책 과제 분석", 『한국인사행정학회보』 제6권 제2호 (한국인사행정학회, 2007. 12. 30); 권오성·서용석·허준영, 『역대 정부의 국정기조 비교분석 연구』 (한국행정연구원, 2012. 9)
13. 국방백서는 박정희 정부인 1967년 12월에 최초로 발간된 뒤, 1968년까지 발행하고 전두환 정부까지는 중단되었다. 그 뒤 노태우 정부 시기 창군 40주년을 맞이하여 1988년 12월에 『국방백서 1988』을 재발간했다. 이후 김대중 정부인 1999년까지는 매년 10월을 기준으로 발행하다가 『국방백서 2000』은 2000년 6·15 남북정상회담 이후의 남북관계 진전 상황을 반영하기 위해 12월에 발간되었다. 2001년 11월 국방부 군무회의에서 2년마다 5월 기준으로 발간하기로 결정했으나 북한에 대한 주적(主敵) 개념 등의 논란으로 12월에 『2001 국방주요자료집』으로 대체하여 발간했다. 2002년 12월에는 제2

연평해전(6. 29) 발발로 인해 자료집 형태의 『국방정책 1998~2002』를 발간했다. 노무현 정부 출범 첫 해인 2003년 7월에 정책자료집 형태의 『참여정부의 국방정책』을 발간하였다. 『국방백서 2004』 이후부터 『국방백서 2020』까지는 격년제로 매년 12월을 기준으로 발간하고 있다. 국방부 정책자료집 및 국방백서 검색결과, 〈https://www.mnd.go.kr/〉, 2021. 3. 31.

14. 국방부, 『국방백서 1967』 (서울: 국방부, 1967. 12), pp.43~44.

15. 국방부, 『국방백서 1967』 (서울: 국방부, 1967. 12), p.56.

16. 전경만, "안보정책 결정 측면에서 본 국가이익", 『국방논집』 제33호 (서울: 국방대학교, 1996), p.41.

17. 국방부, 『국방백서 1997~1998』 (서울: 국방부, 1997. 10), p.22.

18. 이명박 정부부터 국가비전이라는 명칭을 사용했다.

19. 이수훈 편, 『조정기의 한미동맹: 2003~2008』 (서울: 경남대학교 극동문제연구소, 2009. 9. 8), p.7.

20. 국방부, 『한미동맹과 주한미군』 (오성기획인쇄사, 2003. 6. 5); 조성훈, 『한미군사관계의 형성과 발전』 (서울: 국방부 군사편찬연구소, 2008) 등을 참고하여 3단계로 구분하였다.

21. 연평도 포격도발은 2010년 11월 23일 발생하였다. 이후 2021년 3월 31일 국방부는 공식 병칭을 '연평도 포격전'으로 변경하되, 장병 교육을 위해 도발의 주체를 명확하게 인식시킬 필요가 있을 경우 '연평도 포격 도발'이라는 용어를 부분적으로 사용해도 된다고 발표했다. "국방부, '연평도 포격전' 공식 명칭 사용", 『국방일보』 (2021. 3. 31)

22. 『남북대화백서』 (국토통일원, 1988)와 『남북군사회담자료집』 (국방부, 2020) 등을 참고했다.

23. 2015년 8월 22일부터 24일까지 개최된 회의이다. 통일부 공식 회담통계로는 정치회담으로 구분하지만 당시 북한의 목함지뢰와 포격도발 관련하여 주로 군사분야를 다루었다.

24. 2014년 2월 12일부터 14일까지 우리 측 수석대표인 김규현 국가안보실 제1차장과 원동연 북한 통일전선부부부장 간에 남북고위급접촉을 진행하였다.

25. 2014년 10월 15일 서해북방한계선과 민간단체의 대북전단 살포를 의제로 하였으나 결렬되었던 회담이다. 우리 측에서는 군사회담으로 분류하고 있으나, 북측은 군사회담으로 분류하고 있지 않다. 이외의 회담은 남북 공히 동일한 회담 차수를 부여하고 있다.

26. "국내치안의 현상에 관하여 정부에서는 정예국군을 조직편성하고 국방급 치안에 필요한 시설을 촉진함과 동시에 국군조직법과 국가보안법을 제정하고(중략)"; 대한민국 공보처, "시정방침연설", 『주보(제1호)』 (서울: 공보처, 1949. 4. 6)

27. 대한민국 공보처, "1954년 국방정책", 『주보』 제100호 (서울: 공보처, 1955. 4. 7)

28. 국방부 군사편찬연구소, 『국방 100년의 역사(1919~2018)』 (국군인쇄창, 2020. 6. 30), p.134.

29. 백기인, "국방정책 형성의 제도화 과정(1948~1970)", 『국방연구』 제47권 2호 (서울: 국방대학교 안보문제연구소, 2004. 12), p.110.

30. 국방군사연구소, 『국방정책 변천사(1945~1994)』 (서울: 군인공제회 제1인쇄사업소, 1995), p.263.

31. 노무현 정부는 2004년 3월에, 박근혜 정부는 2014년 7월에, 문재인 정부는 2018년 12월에 발간하였다.

32. 김대중 정부 시기 NSC 사무처에서 근무했던 아산정책연구원 최강 부원장은 당시 국가안보전략서를 작성하고, 공개본도 검토했으나 최종적으로 이루어지지는 않았다고 설명하였다. (2020. 12. 12)

33. 국방부, 『국방백서 1999』 (서울: 국방부, 1999. 10), p.52.

34. 국가안전보장회의 사무처, 『참여정부의 안보정책 구상』 (서울: 세기문화사, 2004. 3. 1), pp.20~21.

2장

국가안보정책 결정체계 특징

1. 역대 정부와 국가안보정책 결정체계

대한민국 역대 정부와 4단계 변천과정

대한민국의 국가형태는 민주공화국이며 제1공화국부터 제6공화국까지 구분한다. 노태우 정부까지는 주로 제1·2·3·4·5·6공화국 명칭을 사용하다가 제6공화국의 시초인 노태우 정부 이후부터는 전임 정부와 구별하기 위해 '문민정부(김영삼 정부)', '국민의 정부(김대중 정부)', '참여정부(노무현 정부)' 형태의 공식 명칭을 사용하였다. 이명박 정부부터는 대통령의 이름을 넣어 '이명박 정부', '박근혜 정부', '문재인 정부'를 공식명칭으로 사용하고 있다. 참고로 제2공화국은 내각책임제임을 고려해서 윤보선·장면 정부로 구분하였고, 1960년 4·19 혁명 후 2개월여의 허정 과도정부는 이승만 정부 기간에서 제외하였다. 5·16 군사정변 후 1963년 12월까지의 국가재건회의 기간은 박정희 정부에서 제외하였고, 최규하 정부의 국가안보정책 결정체계는 박정희 정부(제4공화국)의 연장선으로 보고 생략하였다.

역대 정부와 국가안보정책 결정체계 변천 단계

<table>
<tr><th rowspan="2">구분</th><th>이승만 정부</th><th>윤보선-장면 정부</th><th>군 정</th><th colspan="2">박정희 정부</th><th>최규하 정부</th><th colspan="2">전두환 정부</th></tr>
<tr><th>1공화국</th><th>2공화국</th><th>국가재건회의</th><th>3공화국</th><th colspan="3">4공화국</th><th>5공화국</th></tr>
<tr><td>기간</td><td>1948. 8~ 1960. 6</td><td>1960. 8~ 1961. 5</td><td>1961. 5~ 1963. 12</td><td>1963. 12~ 1972. 12</td><td>1972. 12~ 1979. 12</td><td>1979. 12~ 1980. 8</td><td>1980. 9~ 1981. 3</td><td>1981. 3~ 1988. 2</td></tr>
<tr><td>단계</td><td colspan="6">1단계: 기반구축</td><td colspan="2">2단계: 부처 주도</td></tr>
</table>

<table>
<tr><th rowspan="2">구분</th><th>노태우 정부</th><th>김영삼 정부 (문민정부)</th><th>김대중 정부 (국민의 정부)</th><th>노무현 정부 (참여정부)</th><th>이명박 정부</th><th>박근혜 정부</th><th>문재인 정부</th></tr>
<tr><th colspan="7">6공화국</th></tr>
<tr><td>기간</td><td>1988. 2~ 1993. 2</td><td>1993. 2~ 1998. 2</td><td>1998. 2~ 2003. 2</td><td>2003. 2~ 2008. 2</td><td>2008. 2~ 2013. 2</td><td>2013. 2~ 2017. 5</td><td>2017. 5~ 2022. 5(예정)</td></tr>
<tr><td>단계</td><td>부처 주도</td><td colspan="4">3단계: 대통령비서실 주도</td><td colspan="2">4단계: 국가안보실 주도</td></tr>
</table>

출처: 필자 정리(『대한민국 역대 정부 주요 정책과 국정운영』 제1권~제8권 등)

연구목적상 역대 정부의 국가안보정책 결정체계의 변천과정을 크게 4단계로 구분하였다.[1] 제1단계는 '안보정책 결정체계 기반구축'으로 이승만 정부로부터 박정희 정부까지이다. 이승만 정부는 1948년 7월 헌법 제68조와 제72조를 통해 '국무원(국무회의)'을 대통령의 권한에 속한 중요 국가정책 의결기관으로 운영하였다. 1953년 6월에는 국무회의 외에 국가안보정책 결정 관련 최초 심의기관인 '국방위원회'를 설치하였다. 또한 정부조직법에 의거하여 행정각부 중 국가안보 부처로 외무부와 국방부를 설치하였다. 국무원령에 의해 설치된 소수의 대통령비서관장실이 국가안보분야도 담당했지만, 주로 군 통수권자인 대통령의 지침에 따라 국방부 장관이 수행하였다. 이승만 정부 출범 초기 국군조직법상 국방부에 최고국방위원회와 그 소속 중앙정보국, 국방자원관리위원회 및 군사참의원의 직제가 있었지만 설치하지 않았다. 6·25전쟁 중에 '군사경력자자문회의', 1953년의 '국방위원회', 1954년의 '연합참모회의'를 운영했지만 뚜렷한 역할이 없었고 이후 윤보선·장면 정부에서도 국가차원의 위기관리시스템을 제대로 마련하지 않았다.

박정희 정부에서 국가안보정책 결정체계 기반을 구축하였다. 1962년 12월 헌법 제83조에 근거하여 국무회의를 정부의 권한에 속하는 최고의 정책 심의기관으로 변경하였다. 제87조에 의거 대통령 자문기관으로 '국가안전보장회의'를 신설하고, 예하에 상정 의안에 대한 심의·조정을 위해 '국가안전보장회의 실무자회의'를 설치하였다. 그리고 이를 상시 지원하기 위해 국가안전보장회의 사무국과 비상기획위원회 등을 신설하였다. 대통령 보좌기관으로 정부조직법에 근거해 대통령비서실을 설치했고 정무수석실 예하에 외무·국방담당비서관을 편성하였다. 대통령 소속의 중앙정보부, 행정각부로 외무부와 국방부 외에 국토통일원을 신설하였다. 이를 통해 전·평시 위기관리를 포함한 국가안보 관련 주요 정책은 소관부처가 입안하고, 관계부처와 협의하거나 국가안전보장회의를 중심으로 한 조정을 거쳐 대통령이 최종 결심하는 기틀을 마련하였다.

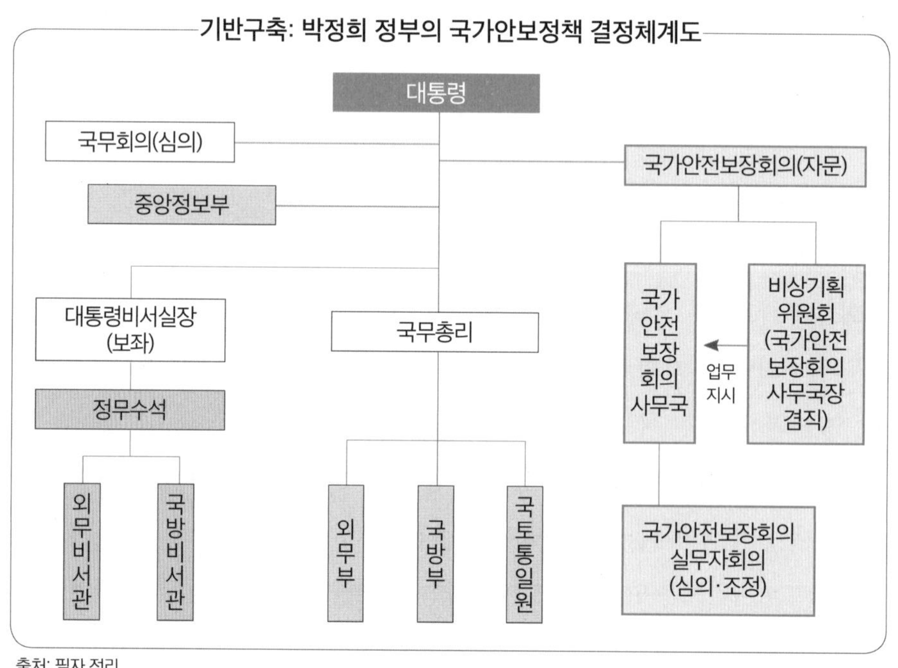

출처: 필자 정리

제2단계는 '부처 주도의 안보정책 결정체계'로 전두환 정부와 노태우 정부이다. 전두환 정부는 부처 주도로 안보정책을 추진하였다. 헌법기관인 국가안전보장회의는 주로 안보정세를 공유하는 확대회의 개념으로 최소한의 역할만 수행하였다. 이로 인해 국가안전보장회의 사무국을 폐지하고 비상기획위원회를 국가안전보장회의 예하에서 국무총리 보좌기관으로 전환하였다. 평화통일정책자문회의를 대통령 자문기구로 설치하였다.

노태우 정부는 동구권 몰락에 따른 국제정세 변화에 따라 남북문제 등을 논의하기 위해 국무총리 예하에 '통일관계장관회의'를 신설하였다. 후반기에 들어서는 대통령비서실에 정부 최초로 외교안보수석실을 신설하고 통일비서관도 처음 편성하였다. 국가안전보장회의는 전두환 정부에서처럼 큰 역할을 하지 않았다. 대통령 소속 정보기관과 외무·국방·통일 관련 부처는 지속 운영하였다.

부처 주도: 전두환 정부의 국가안보정책 결정체계도

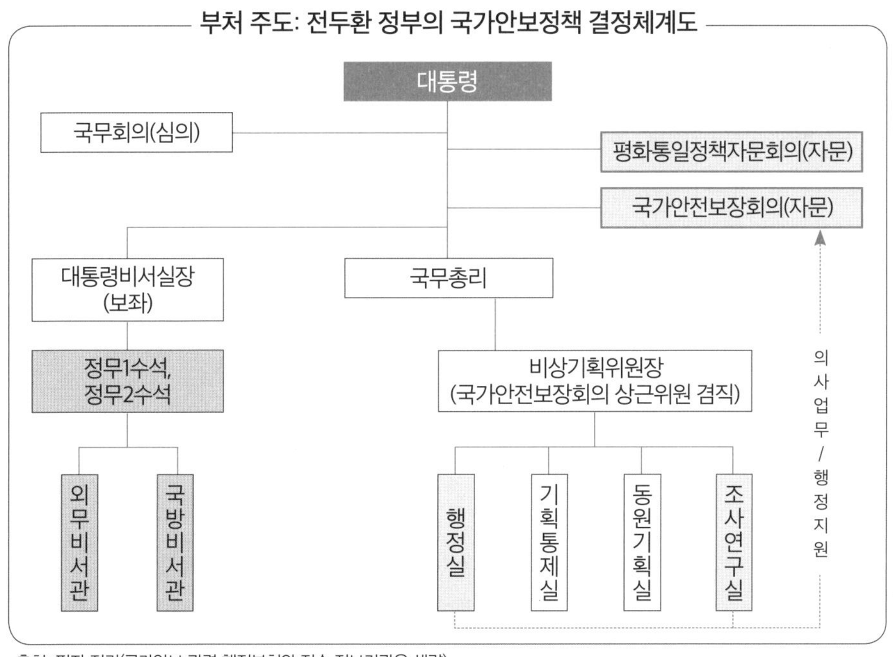

출처: 필자 정리(국가안보 관련 행정부처와 직속 정보기관은 생략)

제3단계는 '대통령비서실 주도의 안보정책 결정체계'로 김영삼 정부부터 이명박 정부까지이다. 단임제 대통령제도가 지속된 6공화국 체제하에서 5년 단위로 정권이 교체될 때마다 대통령비서실 개편이 정부개혁의 주요 과제가 되었다. 국민의 신임을 통해 선출된 대통령들은 본인의 임기 내에 대통령의 국정철학을 실현하고 국내외 국정상황에 기민하게 대처하기 위해, 기존의 대통령비서실 조직을 강화해 내각을 통제하는 방향으로 개편하였다. 김영삼 정부는 전임 정부와는 달리 대통령 협의기구로 '안보관계장관회의'를 적극 운영하였다.[2] 외교안보수석실 주도로 '통일안보정책조정회의'를 운영하여 대통령비서실이 협의·조정기구의 역할을 하게 하였다.

김대중 정부는 국가안전보장회의를 상설화하고 외교안보수석이 국가안전보장회의 사무처장을 겸직하게 하여 외교안보수석이 협의 및 조정을 주도하였다. 노무현 정부는 출범 초기 외교안보수석실을 폐지하고 국가안전보장회의 사무처 주도로 관련 업무를 총괄·조정하게 하였다. 김대중 정부와 노무현 정부는 NSC 사무처를 신설하는 등 체계적이고 강화된 협의·조정기구를 운영하여 안보정책총괄체계를 구축하였다. 김영삼 정부부터 주요 국가안전보장회의의 의사지원 임무가 국무총리 예하의 비상기획위원회에서 대통령 비서실 외교안보수석실과 NSC 사무처로 전환되기 시작하였다.

이명박 정부는 NSC 사무처에 대한 부정적 평가를 고려해 외교안보수석실을 부활시키고 외교안보수석이 간사 역할을 하는 '외교안보정책조정회의'를 신설하였다. NSC 사무처 예하 국가위기관리체계까지도 폐지했다가 금강산 관광객 피살, 천안함 피격 등 위기 상황을 계기로 차관급 국가위기관리실을 재설치하였다. 대통령 소속 정보기관과 외교·국방·통일 관련 부처는 지속 운영하였다. 이명박 정부에서 비상기획위원회가 행정안전부로 통합됨에 따라 국가안보 관련 행정부처에 행정안전부가 포함되었다.

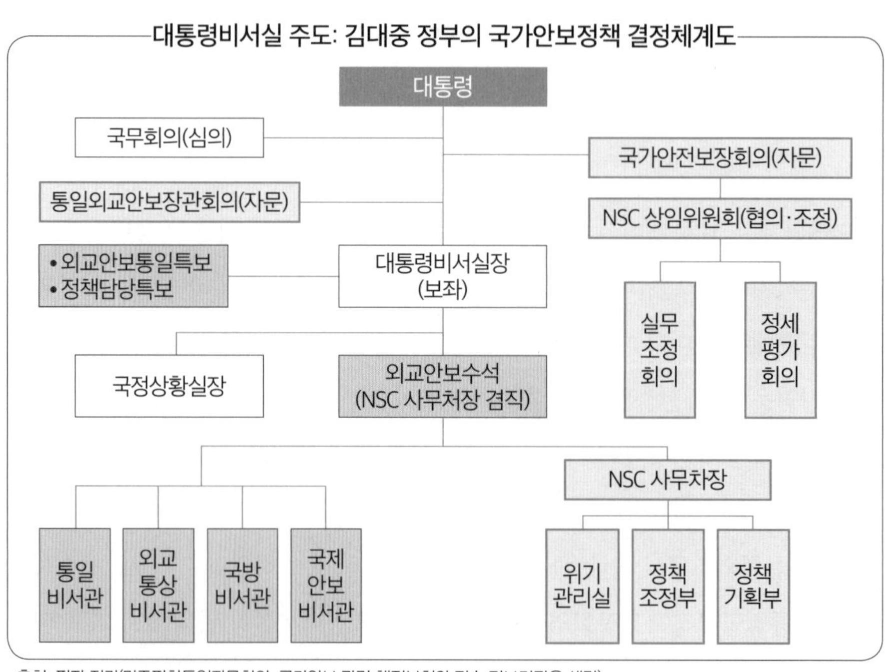

출처: 필자 정리(민주평화통일자문회의, 국가안보 관련 행정부처와 직속 정보기관은 생략)

제4단계는 '국가안보실 주도의 안보정책 결정체계'로 박근혜 정부부터 문재인 정부까지이다. 박근혜 정부는 대통령비서실 외에 장관급 국가안보실 주도의 강력한 협의·조정 체계를 구축하였다. 그러면서도 기존 대통령비서실의 외교안보수석실 편성을 유지해 각 부처 고유 업무의 지속성 및 대통령비서실의 비안보 관련 비서관실과의 유기적인 협조가 가능하도록 하였다. 문재인 정부는 외교안보수석실을 폐지했지만 박근혜 정부의 국가안보실 기능과 역할을 유지한 가운데 외교안보수석실 기능을 국가안보실로 일원화하였다. 이러한 과정을 통해 국가안보실이 국가안전보장회의는 물론 NSC 상임위원회 등 제반 협의·조정을 주도하게 하였다. 대통령 소속 정보기관과 외교·국방·통일 관련 부처는 지속 운영하였다.

국가안보실 주도: 박근혜 정부의 국가안보정책 결정체계도

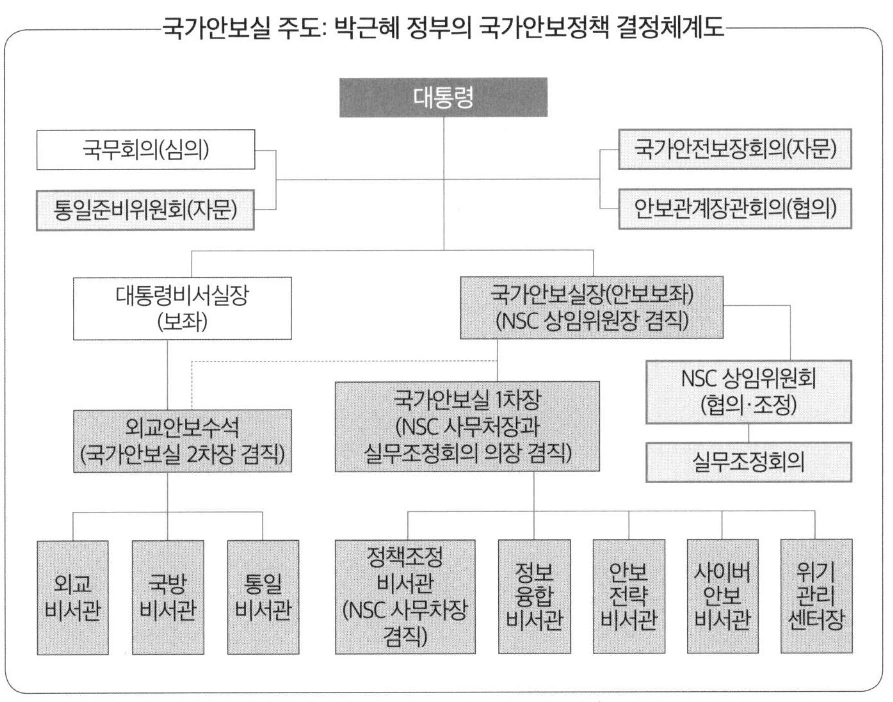

출처: 필자 정리(민주평화통일자문회의, 국가안보 관련 행정부처와 직속 정보기관은 생략)

국가안보정책 결정체계 분류

(1) 설치근거

황진환은 『신 국가안보론』에서 국가안보정책 결정이란 국가안보이익을 보호, 유지 또는 증진시키기 위한 정책을 선택하는 최고정책결정자(통상 대통령)를 포함한 의사결정권자들의 활동을 의미한다고 하였다.[3] 국가안보정책 결정체계는 법적, 제도적 틀에 의한 구조와 그 속에서의 정책결정 부서나 행위자 간의 상호작용에 의해 이루어진다. 시대적 상황에 따른 헌법과 법률 개정으로 변화과정을 겪었지만 국민의 직접 투표로 선출되는 대한민국 대통령은 국가원수 및 행정부 수반으로서의 지위와 권한, 국가의 수호자, 국가의 한 주권행사기관으로서의 지위를 갖고 있다.[4] 특히 대통령 중심제에서의 국가안보정책 결정체계는 헌법과 정부조직법에 근거를 두고 대통령을 수반으로 하는 정부를 중심으로 작동한다.

대통령 중심제를 기반으로 헌법에 근거한 국가안보 관련기관은 국무회의(제88~89조, 정부의 권한에 속하는 중요한 정책 심의), 국가안전보장회의(제91조, 국가안보에 관련되는 정책의 수립에 관하여 국무회의 심의에 앞서 대통령의 자문에 응함), 민주평화통일자문회의(제92조, 평화통일정책의 수립에 관한 대통령의 자문에 응함)가 있다. 그리고 정부조직법에 근거해서는 대통령 직속으로 대통령비서실(제14조, 대통령 직무 보좌), 국가안보실(제15조, 국가안보에 관한 대통령 직무보좌), 국가정보원(제17조, 국가안보 관련 정보·보안에 관한 사무 담당)이 있다.[5] 행정각부에는 외교부(제30조), 통일부(제31조), 국방부(제33조), 행정안전부(제34조)가 있다. 이외에도 정부조직법 제2조(중앙행정기관의 설치와 조직 등) 등에 기술한 바와 같이 법률이나 대통령령에 의거하여 기관이나 기구를 설치하고 합당한 기능을 부여할 수 있다. 예외적으로 대통령 권한에 의해 대통령 지시로 한시적인 자문기구를 설치할 수 있다.

앞에서 언급한 바와 같이 국가안보정책 결정체계는 헌법과 관련 법률에 의해 규정된 정책결정체계를 통해 가시화되며 최종적으로 국가안보를 위한 대통령의 결심을 돕기 위해 의결, 심의, 자문, 조정, 협의, 보좌 등의 역할을 수행한다. 안보정책 결정과정은 정책을 결정하는데 연관된 국방, 외교, 통일 등 행정각부와 대통령 직속의 대통령비서실과 국가안보실, 국가정보원을 비롯해서 안보 관련 부서나 행위자들의 책임과 권한, 상호작용과 협력의 모습으로 나타난다. 국가안보 관련기관이 헌법에 규정된 경우 지속성이 높지만, 그 하위 법규 혹은 대통령 지시를 근거로 하는 경우에는 정권교체에 따라 여러 차례 변경되는 과정을 거쳤다. 예를 들어 국가안보 관련기관 중 국무회의는 헌법에 근거한 심의기관(1·2공화국에서는 의결기관)이다. '국가안전보장회의'와 '민주평화통일자문회의'는 헌법에 근거한 대통령 자문기관이고, 대통령비서실과 국가안보실은 정부조직법에 근거하여 설치한 대통령의 보좌기관이다. '군사경력자자문회의'는 1950년 6·25전쟁 발발 초기 이승만 대통령의 지시에 의해 설치된 한시적 목적의 대통령 자문기구이다. 김영삼 정부 시기 적극적으로 운영한 '안보관계장관회의'도 대통령 지시에 의해 개최된 비정기적인 대통령 협의기구라 할 수 있다. 이외에 법적 근거를 마련해 정기적으로 개최한 '외교안보정책조정회의'와 '국가안보정책조정회의', 'NSC 상임위원회'는 (장관급)'협의·조정기구'이다.

(2) 기능별 분류

1) 국가정책 심의·의결기관: 국무회의

이승만 정부와 장면 정부는 헌법에 근거하여 국가정책을 국무회의에서 의결하였다. 박정희 정부에서 헌법을 개정하여 국무회의를 의결기관에서 심의기관으로 전환하여 대통령이 국무회의 의결에 구속되지 않도록 하였다. 이러한 기능과 역할은 문재인 정부까지 변함이 없다.

2) 대통령 보좌기관: 대통령비서실, 국가안보실

최초의 대통령 직속 보좌기관은 이승만 정부의 대통령비서관장실이다. 10명 내외의 소수 인원으로 구성했고 정부조직법이 아닌 국무원령에 의해 설치되었다. 그중 국가안보 관련 업무는 정무담당비서관이 국정의 일부로 보좌하는 정도였다. 윤보선·장면 정부에서도 국무원령에 의해 대통령비서실과 국무총리비서실을 운영하였다.

국가안보분야 대통령 직속 보좌기관 변천과정

구 분	소 속	국가안보 담당 보좌기관
이승만 정부	대통령비서관장실	정무담당비서관
윤보선·장면 정부	대통령비서실	국방담당비서관
	국무총리비서실	정보담당비서관 등
박정희 정부	대통령비서실	• **정무수석실(외무·국방비서관)** • 안보 및 외교 특보
전두환 정부	대통령비서실	정무수석실(외무·국방비서관)
노태우 정부	대통령비서실	• 전반부: 정무 및 행정수석실(외무·국방비서관), 안보보좌관실 • 후반부: **외교안보수석실(통일**·안보정책·국제안보·외교비서관)
김영삼 정부	대통령비서실	외교안보수석실(통일·안보정책·국제안보·외교비서관, **안보상황팀**)
김대중 정부	대통령비서실	• 외교안보수석실(통일·외교통상·국방·국제안보비서관, 안보상황팀) • 외교안보통일특보, 정책담당특보
노무현 정부	대통령비서실	• 국가안보보좌관, 외교보좌관, 국방보좌관 • 통일외교안보정책실(전략기획·정책조정·**정보관리·위기관리**, 종합상황실)
이명박 정부	대통령실	• 외교안보수석실(대외전략·외교·국방·통일비서관) • 국가위기관리실(정보분석·위기관리비서관) • 안보특보(위기관리)
박근혜 정부	대통령비서실	• 외교안보수석실(외교·국방·통일비서관) * 국가안보실 2차장 겸직 • 안보특보(사이버)
	국가안보실	• 1차장실: 정책조정·정보융합·**안보전략·사이버안보**·위기관리비서관
문재인 정부	국가안보실	• 1차장실: 안보전략·**국방개혁**·사이버정보비서관 • 2차장실: **평화기획**·외교정책·통일정책비서관 • 국가안보실장 직속 국가위기관리센터 • 통일외교안보 특보

출처: 필자 정리(『대한민국 역대 정부 주요 정책과 국정운영』, 대통령 기록관 검색결과 등)

박정희 정부는 정부조직법에 의해 대통령비서실을 설치하였고, 국가안보 관련 업무는 전체 업무를 총괄하는 정무수석실에서 담당하였다. 대신에 별도로 안보특보와 외교특보를 대통령 직속으로 편성하였다. 노태우 정부는 정부출범 초기 설치했던 안보보좌관실을 국가안보업무를 전담하는 외교안보수석실로 개편하였고, 이후 김영삼 정부로 이어졌다. 국내외 안보상황을 점검하는 상황실은 김영삼 정부 시기 외교안보수석실에 처음 설치했고, 노무현 정부에서 위기관리센터로 확대하였다. 대통령비서실과 별도의 (장관급)국가안보실은 박근혜 정부가 최초로 설치했고, 문재인 정부에서도 이어지고 있다. 통일비서관은 노태우 정부에서 처음으로 편성되었다. 안보 차원에서의 정보관리비서관은 노무현 정부가 시초이고, 사이버비서관은 박근혜 정부에서 시작되었다가 문재인 정부에서 사이버정보비서관으로 통합되어 이어지고 있다. 세부 내용은 제2부 국가안보정책결정체계 변천에서 설명하고자 한다.

3) 대통령 자문기관: 국가안전보장회의, 통일정책 자문기관

① 국가안전보장회의

이승만 대통령은 6·25전쟁 발발 초기 서울이 함락되는 위기에서 대통령 지시로 대통령자문기구인 '군사경력자자문회의'를 운영하였다. 그리고 6·25전쟁 휴전을 앞둔 1953년 6월 24일 국방정책 심의를 위한 국방위원회(대통령령 제795호)를 설치했으나 제대로 운영하지 않았다. 윤보선·장면 정부에서도 내각책임제에 부합되게 개정하지 않았다.

박정희 정부는 1962년 12월 개정된 헌법 제87조에 근거하여, 1963년 12월 16일에 국가안보 관련 대통령 자문기관으로 국가안전보장회의를 설치하였다. 내무·경제 관련 부처도 참석대상이었고 이는 김영삼 정부까지 이어졌다. 국가안전보장회의법에 근거하여 국가안전보장회의 사무국을 설치하였고, 국가안전보장회의 실무자회의를 편성하여 국가안전보장회의 사무국 통제하에 정책의 심의·조정 임무를 수행하게 하였다. 국가안전보장회의 위원은 최초 10명 규모였으나 관련 법·규정을 통해 정부별로 조정과정을 거쳤다. 박정희 정부에서 최초 편성 시부터 대통령 소속 정보기관인 중앙정보부장을 포함했고, 통일원 장관은 전두환 정부에서는 배석위원이었다가 노태우 정부에서 정식위원으로 조정하였다.

김대중 정부는 국가안보와 직접적 관련이 없는 내무·경제 관련 장관을 제외하고 대신 대통령비서실장을 정식위원으로 처음 포함시켰다. 내무·경제 관련 부처 장관을 제외하는 대신 국무총리 예하 국무조정실장을 NSC 상임위원회 위원으로 포함하였다. 그리고 이때 비상기획위원장이 겸임해 오던 국가안전보장회의 상근위원을 국가안전보장회의(NSC) 사무처장으로 변경하고, 외교안보수석이 NSC 사무처장을 겸임하면서 국가안전보장회의 정식위원이 되었다. 비상기획위원장은 장관급에서 차관급으로 조정하고 필요시에만 회의에 참석하게 했다. 김대중 정부부터 (차관급)NSC 사무처장을 정식위원으로 추가했고 박근혜 정부부터는 정식위원에 대통령비서실장, 국가안보실장, (차관급)국가안보실 1·2차장을 추가하였다.

국가안전보장회의 의사지원 업무는 김영삼 정부까지는 청와대 외부기관인 국가안보회의 사무국 혹은 비상기획위원회가 담당하였다. 김대중 정부 이후부터는 대통령비서실 외교안보수석실이나 청와대에 설치한 NSC 사무처에서 수행하고 있다.

국가안전보장회의 위원편성과 의사지원기구 변화과정

<table>
<tr><th>구 분</th><th>위원</th><th>규모</th><th>의사지원기구</th></tr>
<tr><td>박정희 정부</td><td rowspan="2">대통령(의장), 국무총리, **경제기획원 장관**, 외무부 장관, **내무부 장관, 재무부 장관**, 국방부 장관, **무임소국무위원**, 중앙정보부장, 상근위원, (필요시)합참의장</td><td rowspan="2">10명</td><td>국가안전보장회의 사무국</td></tr>
<tr><td>전두환 정부</td><td rowspan="3">국무총리 직속 비상기획 위원회</td></tr>
<tr><td>노태우 정부</td><td>대통령(의장), 국무총리, 경제기획원 장관, **통일원 장관**, 외무부 장관, 내무부 장관, 재무부 장관, 국방부 장관, 무임소국무위원, 국가안전기획부장, 상근위원, (필요시)합참의장</td><td>11명</td></tr>
<tr><td>김영삼 정부</td><td>대통령(의장), 국무총리, 재정경제원 장관, 통일원 장관, 외무부 장관, 내무부 장관, 국방부 장관, 무임소국무위원, 국가안전기획부장, 상근위원, (필요시)합참의장</td><td>10명</td></tr>
<tr><td>김대중 정부</td><td>대통령(의장), 국무총리, 통일부 장관, 외교통상부 장관, 국방부 장관, 국가정보원장, **대통령비서실장, NSC사무처장**, (필요시)합참의장과 비상기획위원장</td><td>8명</td><td rowspan="2">NSC 사무처</td></tr>
<tr><td>노무현 정부</td><td>대통령(의장), 국무총리, 통일부 장관, 외교통상부 장관, 국방부 장관, 국가정보원장, 대통령비서실장, NSC 사무처장, (필요시)합참의장과 비상기획위원장</td><td>8명</td></tr>
<tr><td>이명박 정부</td><td>대통령(의장), 국무총리, 외교통상부 장관, 통일부 장관, 국방부 장관, 국가정보원장, **행정안전부 장관, 대통령실장, 외교안보수석**, (필요시)합참의장</td><td>9명</td><td>대통령비서실 외교안보 수석실</td></tr>
<tr><td>박근혜 정부</td><td>대통령(의장), 국무총리, 외교부 장관, 통일부 장관, 국방부 장관, 국가정보원장, 행정자치부 장관, **국민안전처 장관, 대통령비서실장, 국가안보실장, NSC사무처장(국가안보실 1차장), 외교안보수석**, (필요시)합참의장</td><td>12명</td><td rowspan="2">NSC 사무처</td></tr>
<tr><td>문재인 정부</td><td>대통령(의장), 국무총리, 외교부 장관, 통일부 장관, 국방부 장관, 국가정보원장, 행정안전부 장관, **대통령비서실장, 국가안보실장, NSC사무처장(국가안보실 1차장), 국가안보실 2차장**, (필요시)합참의장</td><td>11명</td></tr>
</table>

출처: 필자 정리(『국가안전보장회의법』, 『국가안전보장회의 운영규정』 등)

② 통일정책 자문기관: 평화통일정책자문회의, 통일준비위원회

전두환 정부에서 평화통일정책의 수립에 관한 대통령의 자문에 응하기 위해 평화통일정책자문회의를 헌법기관으로 신설하였다. 이후 노태우 정부에서 민주평화통일자문회의로 명칭을 변경하여 현재에 이르고 있다. 민주평화통일자문회의와 별도로 박근혜 정부에서 설치한 통일준비위원회는 통일정책 관련 대통령 자문기구 성격으로 운영되었다가, 문재인 정부에서 폐지하였다.

4) 대통령 협의기구: 안보관계장관회의, 대통령 주재 NSC 상임위원회 회의

김영삼 정부에서 대통령 지시로 국가안전보장회의와 구분되는 대통령 협의기구로 안보관계장관회의를 적극적으로 운영하기 시작했고 이후에 통일외교안보장관회의, 외교안보장관회의 등으로 명칭만 바뀌었다. 현재 문재인 정부는 긴급한 상황 등에서 대통령 주재 NSC 상임위원회 회의를 대통령 협의기구 형식으로도 운영하고 있다.

5) 안보정책 협의·조정기구: 통일안보정책조정회의, NSC 상임위원회 회의 등

이승만 정부와 장면 정부에서의 장관급 정책 협의·조정기구 역할은 국무원 사무국(처)이 수행했다고 볼 수 있다. 최초의 안보분야 협의·조정기구는 박정희 정부 시기에 국가안전보장회의 사무국에서 운영한 국가안전보장회의 실무자회의이다. 이후 전두환 정부와 노태우 정부에서 국가안전보장회의 사무국을 폐지했고, 비상기획위원회를 국무총리 예하로 조정하여 대통령을 직접 보좌하는 협의·조정 기능을 축소하였다. 노태우 정부부터 대통령의 주요 정책에 대해 협의·조정 역할을 하는 기구들을 신설하였다. 노태우 정부는 국무총리 주재 통일관계장관회의를 설치했고, 김영삼 정부는 통일원 장관이 주재하고 외교안보수석을 간사로 하는 통일안보정책조정회의를 설치하였다. 김대중 정부는 NSC 사무처를 설치하여 통일외교안보 관련 협의·조정기구 역할을 하게 했다. 노무현 정부는 NSC 사무처의 기능을 확대하여 청와대가 협의·조정은 물론 전략기획 기능까지 총괄하도록 하였다. 이명박 정부는 NSC 상설기구를 폐지하는 대신, 외교통상부 장관이 주재하고 외교안보수석이 통제하는 외교안보정책조정회의와 차관보급 협의·조정기구

를 설치하였다. 박근혜 정부와 문재인 정부는 NSC 사무처를 재설치하여 장관급 NSC 상임위원회 회의와 차관급 NSC 실무조정회의를 통해 협의·조정 업무를 하고 있다.

안보정책 협의·조정기구 변천과정

구분	박정희	전두환	노태우	김영삼	김대중, 노무현	이명박	박근혜, 문재인
장관급	×	×	통일관계 장관회의	통일안보 정책조정 회의	NSC 상임위원회 회의	외교안보 정책 조정회의	NSC 상임위원회 회의
차관급 이하	(1급 이상) 국가안전보장회의 실무자회의	×	×	×	(차관보급) NSC 실무조정 회의	(차관보급) 외교안보 정책실무 조정회의	(차관급) NSC 실무조정 회의

출처: 필자 정리(『국가안전보장회의법』, 『국가안전보장회의 운영규정』 등)

6) 중앙행정기관

이승만 정부 이후 국가안보분야 중앙행정기관의 변천과정을 보면, 행정각부 중 외무부와 국방부는 1948년 7월 17일 설치되어 현재까지 유지되고 있다. 1969년 1월 박정희 정부 시기 국무총리 예하에 설치된 국토통일원은 노태우 정부에서 부총리급 통일원으로 개칭되었다가, 김대중 정부에서 장관급 통일부로 변경되는 등 조정과정을 거쳤다. 국가정보기관의 경우 이승만 정부에서는 국방부에 두었으나, 장면 내각은 국무총리 직속의 정보기관 등을 설치하여 단기간 운영하였다. 정부조직법에 의한 대통령 소속 국가정보기관은 박정희 정부의 중앙정보부가 시초다. 참고로 박정희 정부에서 1969년에 국가안전보장회의 직속의 조사·연구기관으로 설치한 비상기획위원회는 전두환 정부에서 국무총리 예하로 전환되었고, 1998년 김대중 정부에서 NSC 사무처를 설치하면서 차관급으로 조정되었다. 노무현 정부 시기까지 이어지다가 이명박 정부가 들어서면서 2008년에 행정안전부에 통합되었다.

국가안보분야 중앙행정기관 변천과정

<table>
<tr><th>구분</th><th>외교부[6]</th><th>통일부[7]</th><th>국방부</th><th>비상기획위원회</th><th>정보기관</th></tr>
<tr><td>이승만 정부</td><td rowspan="6">외무부</td><td rowspan="2">×</td><td rowspan="11">국방부</td><td>×</td><td>중앙정보국
(국방부 예하)</td></tr>
<tr><td>장면
·
윤보선 정부</td><td>×</td><td>• 중앙정보연구위원회
(국무원 산하)
• 시국정화운동본부
(국무총리 소속, 비공개)</td></tr>
<tr><td>박정희 정부</td><td rowspan="2">국토
통일원
(1969)</td><td>비상기획위원회
(국가안전보장회의 예하)</td><td rowspan="3">중앙정보부
(대통령 소속)</td></tr>
<tr><td>전두환 정부</td><td rowspan="5">비상기획위원회
(국무총리 소속)</td></tr>
<tr><td>노태우 정부</td><td rowspan="2">통일원
(부총리급)</td></tr>
<tr><td>김영삼 정부</td><td>국가안전기획부
(대통령 소속)</td></tr>
<tr><td>김대중 정부</td><td rowspan="3">외교
통상부</td><td rowspan="5">통일부</td><td rowspan="5">국가정보원
(대통령 소속)</td></tr>
<tr><td>노무현 정부</td></tr>
<tr><td>이명박 정부</td><td rowspan="3">행정안전부에 통합</td></tr>
<tr><td>박근혜 정부</td><td rowspan="2">외교부</td></tr>
<tr><td>문재인 정부</td></tr>
</table>

출처: 필자 정리(『대한민국 역대 정부 주요 정책과 국정운영』, 대통령 기록관 검색결과 등)

2. 국가안보정책 결정체계 변천과정의 주요 특징

국가안보정책 결정체계 구성 측면

(1) 대통령 직속 보좌기관의 안보분야 보좌영역 확대

1948년 대한민국 정부 수립 초기에는 대통령비서실 내에 안보문제를 전담하는 비서관을 편성하지 않고 정무담당비서관이 국정전반 차원에서 보조 역할만을 수행했다. 박정희 정부부터 중요한 안보현안을 보좌하기 위해 대통령비서실 정무수석실에 관련 비서관을 두기 시작했고, 노태우 정부에서 별도의 국가안보분야를 전담하는 외교안보수석비서관실을 설치하였다. 더 나아가 박근혜 정부부터는 대통령비서실과 별도로 국가안보실을 두는 형태로 발전하였다. 또한 담당 비서관 직제도 관련 부처를 대표하는 외무·국방·통일비서관을 두는 형태에서 점차 정책 조정, 정보융합, 위기관리, 사이버, 군비통제·평화기획 등 다양한 기능적 역할을 하는 방향으로 확대되었다. 결과적으로 대통령 직속 보좌기관이 안보관련 부처를 통합하는 기능 외에 위기관리, 정보융합 등은 물론 재난상황까지 총괄할 수 있는 조직으로 강화되었다.

국가안보를 총칭하는 용어 면에서도 2공화국까지는 '국방'을, 박정희 정부부터는 '안보'를 포괄적으로 활용하기 시작하였다. 노태우 정부가 최초로 '외교안보'라는 용어를 사용했고, 김대중 정부와 노무현 정부는 '통일·외교·안보'를 주로 사용했다. 이명박 정부에서는 주로 '외교안보'를 사용하다가 '박근혜 정부' 이후부터는 '국가안보'라는 용어를 주로 사용하는 것도 이러한 현상을 반영하는 것으로 볼 수 있다.

안보분야 대통령 보좌영역 확대

<table>
<tr><th colspan="2">구분</th><th>박정희 정부
~
전두환 정부</th><th>노태우 정부
~
김대중 정부</th><th>노무현
정부</th><th>이명박
정부</th><th>박근혜
정부</th><th>문재인
정부</th></tr>
<tr><td colspan="2">대통령
비서실
담당수석실</td><td>정무
수석실</td><td>외교안보
수석실</td><td>통일외교
안보정책실</td><td>외교안보수석실,
국가위기관리실</td><td>외교안보수석실
(국가안보실
2차장 겸직)</td><td>×</td></tr>
<tr><td colspan="2">국가안보실</td><td>×</td><td>×</td><td>×</td><td>×</td><td colspan="2">국가안보실</td></tr>
<tr><td rowspan="2">비
서
관</td><td>부처
담당</td><td>외무,
국방</td><td>외교,
국방,
통일</td><td>×</td><td colspan="2">외교, 국방, 통일</td><td>외교정책,
국방개혁,
통일정책</td></tr>
<tr><td>특정
기능
담당</td><td>×</td><td>×</td><td>전략기획,
정책조정,
정보관리,
위기관리</td><td>대외전략,
정보관리,
위기관리</td><td>정책조정,
안보전략,
사이버안보,
정보융합,
위기관리</td><td>안보전략,
사이버정보,
평화기획,
위기관리</td></tr>
</table>

출처: 필자 정리

(2) 대통령 직속 보좌기관의 부처 통합기능 확대

1) 국가안전보장회의 위원비중 증가

국가안전보장회의의 정식위원 편성을 보면, 대통령의 의도를 잘 이해하는 대통령 직속 보좌기관의 고위 정무직 비중이 증가하는 현상을 보이고 있다. 국가안전보장회의를 최초로 설치한 박정희 정부부터 김영삼 정부까지는 대통령·국무총리·무임소국무위원을 제외한 위원 7명 모두 행정부처의 장으로 구성하였다. 대통령비서실장 혹은 외교안보수석은 배석자 자격으로 참석하였다. 김대중 정부부터는 정식위원을 안보 관련 부처 중심으로 편성하였고, 대통령비서실장과 NSC 사무처장을 겸직한 외교안보수석을 정식위원으로 구성하기 시작했다. 또한 외교안보수석실이 의사지원 기구 역할을 하게 되자 비상기획위원장을 배석위원으로 구분하였다. 이명박 정부에서 비상기획위원회를 행정안전부로 통합하면서 행안부 장관이 정식위원으로 포함됐다. 국가안보실을 설치한 박근혜 정부와 문재인 정부에서는 대통령과 국무총리를 제외한 전체위원 9명 중 대통령 보좌기관의 고위 정무직이 4명이 되었다.[8]

대통령 주재 국가안전보장회의 위원 구성 변화

<table>
<tr><th rowspan="2">구분</th><th rowspan="2">계</th><th rowspan="2">행정부처</th><th colspan="3">대통령 보좌기관</th></tr>
<tr><th>소계</th><th>대통령비서실</th><th>국가안보실</th></tr>
<tr><td>박정희 정부
~
김영삼 정부</td><td>7명</td><td>외무·국방·통일[9]·경제·내무부 장관,
중앙정보부장, 비상기획위원장</td><td>0명</td><td>×</td><td rowspan="3">국가안보실
설치 이전
시기임</td></tr>
<tr><td>김대중 정부
~
노무현 정부</td><td>6명</td><td>외교·국방·통일부 장관,
국가정보원장</td><td rowspan="2">2명</td><td rowspan="3">대통령
비서실장,[10]
외교안보수석</td></tr>
<tr><td>이명박 정부</td><td>7명</td><td>외교·국방·통일·행정안전부 장관,
국가정보원장</td></tr>
<tr><td>박근혜 정부</td><td>10명</td><td>외교·국방·통일·행정자치부 장관,
국민안전처장[11], 국가정보원장</td><td rowspan="2">4명</td><td>국가안보실장,
국가안보실
1차장</td></tr>
<tr><td>문재인 정부</td><td>9명</td><td>외교·국방·통일·행정안전부 장관,
국가정보원장</td><td>대통령
비서실장</td><td>국가안보실장,
국가안보실
1·2차장</td></tr>
</table>

출처: 필자 정리

2) 대통령 보좌기관의 정책결정 주도권 확대

김영삼 정부 이후 대통령 주재 회의인 국가안전보장회의와 안보관계장관회의 등의 의사지원 임무는, 국가안전보장회의 사무국이나 비상기획위원회에서 점차적으로 대통령비서실 외교안보수석실이나 국가안보실의 통제를 받는 NSC 사무처가 수행하는 형태로 변화하였다. 장관급 협의·조정기구의 의사지원 임무도 거의 같은 형태이다. 게다가 협의·조정기구의 위원장(의장)도 부처 장관에서 점차 대통령 보좌기관의 책임자로 바뀌었다. 이를 통해 대통령 직속 보좌기관이 회의를 소집할 뿐만 아니라 의제를 설정해 나가는 면에서 주도권을 가지고 통할할 수 있게 되었다.

주요 안보회의별 의사지원기관 변화

<table>
<tr><th rowspan="2">구 분</th><th colspan="2">대통령 주재 회의</th><th colspan="3">(장관급)협의·조정 회의</th></tr>
<tr><th>회의 명칭</th><th>의사지원</th><th>회의 명칭</th><th>위원장(간사)</th><th>의사지원</th></tr>
<tr><td>박정희 정부</td><td>국가안전보장회의</td><td>사무국</td><td>×</td><td>×</td><td>×</td></tr>
<tr><td>전두환 정부</td><td>국가안전보장회의</td><td rowspan="2">비상기획위원회</td><td>×</td><td>×</td><td>×</td></tr>
<tr><td>노태우 정부</td><td>국가안전보장회의</td><td>통일관계장관회의</td><td>국무총리</td><td>통일부</td></tr>
<tr><td rowspan="2">김영삼 정부</td><td>국가안전보장회의</td><td>비상기획위원회</td><td rowspan="2">통일안보정책 조정회의</td><td rowspan="2">통일원 장관 (외교안보수석)</td><td rowspan="2">외교안보 수석실</td></tr>
<tr><td>안보관계장관회의</td><td>외교안보 수석실</td></tr>
<tr><td>김대중 정부</td><td rowspan="2">국가안전보장회의/ 통일외교안보장관회의</td><td rowspan="2">NSC 사무처</td><td rowspan="2">NSC 상임위원회 회의</td><td>통일부 장관 (외교안보수석)</td><td rowspan="2">NSC 사무처</td></tr>
<tr><td>노무현 정부</td><td>대통령 지정 (통일외교안보 정책수석)</td></tr>
<tr><td>이명박 정부</td><td>국가안전보장회의/ 외교안보장관회의</td><td>외교안보 수석실</td><td>외교안보정책 조정회의</td><td>대통령 지정 (외교안보수석)</td><td>외교안보 수석실</td></tr>
<tr><td>박근혜 정부</td><td>국가안전보장회의/ 안보관계장관회의</td><td rowspan="2">NSC 사무처</td><td rowspan="2">NSC 상임위원회 회의</td><td rowspan="2">국가안보실장 (안보실1차장)</td><td rowspan="2">NSC 사무처</td></tr>
<tr><td>문재인 정부</td><td>국가안전보장회의/ NSC 상임위원회 회의</td></tr>
</table>

출처: 필자 정리

(3) 국가위기 및 국정상황관리 기능 확대

이승만 정부와 윤보선·장면 정부에서는 대통령비서실이나 국무총리비서실에 별도의 상황유지와 위기관리 기능을 전담하는 조직이 없었다. 그러다가 박정희 정부에서 대통령경호실 내에 상황실을 설치하여 군사와 치안상황을 관리하기 시작했다. 대통령비서실에 국내외 안보상황을 관리하기 위한 조직을 설치한 것은 김영삼 정부 외교안보수석실의 (외교안보)상황팀이 최초이다. 노무현 정부에서 NSC 사무처 예하에 (비서관급)위기관리센터를 설치하여 재난상황을 포함한 위기상황을 관리하였고, 이명박 정부는 대통령실장 직속의 (차관급)국가위기관리실을 편성하였다. 박근혜 정부부터는 국가안보실 예하에 위기관리센터를 운영하고 있다.

이와 별도로 대통령비서실에 국정상황을 확인하기 위한 국정상황실을 최초로 설치한 정부는 김대중 정부였다. 1999년에 대통령에게 외환위기 극복과 관련된 상황을 실시간으로 전달하기 위해 대통령비서실장 직속으로 설치하였다. 이때 김영삼 정부 이후 외교안보수석실에서 통제했던 외교안보상황팀을 국정상황실에 포함시켰다. 국정상황실의 최우선 업무는 원칙적으로 대통령의 국정수행을 보좌하기 위하여 사건·사고에 대한 정부대응을 확인하고, 행정 운용의 흐름을 파악하여 보고하는 것이다. 노무현 정부는 대통령비서실장 직속의 국정상황실 조직을 대폭 확대하여 개편하였다. 이명박 정부는 노무현 정부의 국정상황실을 해체하면서 기획조정비서관실을 편성하여 대통령실장 직속으로 운영하였다. 박근혜 정부에서도 국정기획수석실 기획비서관실에서 제한된 임무를 수행했지만, 노무현 정부 때와 같은 운영체계는 아니었다. 문재인 정부는 노무현 정부 시기의 국정상황실을 대통령비서실장 직속으로 재설치하였다.

대통령 국가위기 및 국정상황관리 보좌기관 현황

<table>
<tr><th rowspan="2">구 분</th><th colspan="2">안보위기상황관리</th><th colspan="2">국정상황관리</th></tr>
<tr><th>소속</th><th>명칭</th><th>소속</th><th>명칭</th></tr>
<tr><td>박정희 정부
~
노태우 정부</td><td>대통령경호실</td><td>상황실</td><td>×</td><td>×</td></tr>
<tr><td>김영삼 정부</td><td>대통령비서실
외교안보수석실</td><td rowspan="2">외교안보상황팀</td><td>×</td><td>×</td></tr>
<tr><td>김대중 정부</td><td>대통령비서실
국정상황실</td><td rowspan="2">대통령비서실</td><td rowspan="2">국정상황실</td></tr>
<tr><td>노무현 정부</td><td>NSC 사무처</td><td rowspan="3">위기관리센터</td></tr>
<tr><td>이명박 정부</td><td>대통령실
국가위기관리실</td><td>대통령실</td><td rowspan="2">기획(조정)비서관실</td></tr>
<tr><td>박근혜 정부</td><td>국가안보실
1차장실</td><td>대통령비서실
국정기획수석실</td></tr>
<tr><td>문재인 정부</td><td>국가안보실</td><td>국가위기관리센터</td><td>대통령비서실</td><td>국정상황실</td></tr>
</table>

출처: 필자 정리

국가안보정책 결정체계 운영 측면

(1) 안보관련 회의 개최 주기 단축

안보정책 결정체계가 구축된 박정희 정부부터 문재인 정부에 이르기까지 대통령 주재 국가안전보장회의나 안보관계장관회의는 원칙적으로 의장인 대통령의 지시에 의해서 필요시 개최하도록 되어 있다.[12] 그러나 장관급 이하 협의·조정기구의 회의운영 면에서는 차이가 많이 나타난다. 박정희 정부에서 월 1회 개최했던 국가안전보장회의 실무자회의는 전두환 정부와 노태우 정부에서는 운영하지 않았다. 장관급 협의·조정회의는 김영삼 정부 이후 주 1회 기준으로 운영되기 시작했고, 차관보급·차관급 실무조정회의도 김대중 정부 이후 주 1회 개최되고 있다.

안보관련 회의 소집 주기 변화

<table>
<tr><th colspan="2">구 분</th><th>박정희 정부</th><th>전두환 정부
~
노태우 정부</th><th>김영삼 정부</th><th>김대중 정부
~
노무현 정부</th><th>이명박 정부</th><th>박근혜 정부</th><th>문재인 정부</th></tr>
<tr><td rowspan="2">대통령 주재 회의</td><td>국가안전보장회의</td><td>월 1회</td><td colspan="6">필요시</td></tr>
<tr><td>협의기구[13]</td><td colspan="7">필요시</td></tr>
<tr><td rowspan="2">협의
·
조정회의[14]</td><td>장관급</td><td>×</td><td>×</td><td colspan="5">주 1회
* 박근혜 정부 초기: 월 1회</td></tr>
<tr><td>차관급 이하</td><td>월 1회
(1급 이상)</td><td>×</td><td>×</td><td colspan="2">주 1회
(차관보급)</td><td colspan="2">주 1회
(차관급)</td></tr>
</table>

출처: 필자 정리(비상대비30년사, 청와대 홈페이지 등)

(2) 안보회의 공개 비중 증가

비상기획위원회가 출간한 『비상대비 30년사』에 의하면 대통령 주재 국가안전보장회의를 박정희 정부는 30회, 전두환 정부는 13회, 노태우 정부는 5회, 김영삼 정부는 3회 개최하였다.[15] 비공개가 원칙이었으며 김영삼 정부 시 안보관계장관회의(협의기구)는 필요에 따라 공개하였다. 적극적으로 언론에 공개하기 시작한 정부는 김대중 정부이다. 대통령 주재 국가안전보장회의 공개 현황은 김대중 정부는 11회, 노무현 정부는 9회, 이명박 정부는 7회, 박근혜 정부는 15회, 문재인 정부는 12회였다.[16] 장관급 협의 조정회의 공개 현황은 김영삼 정부 4회, 김대중 정부 42회, 노무현 정부 18회, 박근혜 정부는 19회, 문재인 정부는 197회였다. 이를 보면 안보 관련 회의의 공개는 주로 국가안전보장회의 사무처를 설치하여 운영했던 김대중 정부 이후 시작되었으며, 문재인 정부에서는 회의 개최와 일부내용을 국정홍보 차원에서 적극 공개하고 있음을 알 수 있다.

안보관련 회의 개최 및 공개 현황[17]

구분		박정희 정부 ~ 노태우 정부	김영삼 정부	김대중 정부	노무현 정부	이명박 정부	박근혜 정부	문재인 정부
대통령 주재 회의	국가안전 보장회의	48회 (비공개)	3회 (비공개)	11회	9회	7회	15회	12회
	협의기구	×	3회	4회	14회	9회	8회	4회
(장관급) 협의·조정회의		비공개	4회	42회	18회	주로 비공개	19회	197회

출처: 필자 정리(정확한 회의 개최 현황은 확인이 안 되며, 공개는 정부별로 차이가 발생함)

(3) 대통령 주재 안보회의 의제의 다양화

박정희 정부에서 대통령 주재 국가안전보장회의의 의제는 크게 주요문서 심의, 한국군의 월남전 파병 등 국무회의 심의를 위한 사전 조치와 북한의 도발 등 안보상황 대응위주였다. 이후 전두환 정부에서는 주로 국내외 안보정세를 토의했고, 노태우 정부에서는 당시 비중 있게 추진했던 북방정책 추진을 위한 주변 4국의 군사동향과 88올림픽 관련 의제였다. 김영삼 정부는 대부분 북한 도발과 관련한 의제를 다루었다. 김대중 정부에서도 북한 도발 대응과 청와대의 을지연습 참여 등을 토의했다. 노무현 정부에서는 북한 관련 사안과 한국군의 이라크 파병 관련 조치와 제2차 남북정상회담 개최안건을 심의하였다. 이명박 정부에서는 북한의 도발 관련 대응이 주된 의제였다. 박근혜 정부에서도 북한의 도발 관련 대응과 중국의 동중국해방공식별구역 확대에 따른 조치, 주한미군 사드 대치 등의 안보현안을 토의했다. 문재인 정부에서는 북한 관련 사안과 북미관계 및 남북관계 관련 사항 등을 의제로 다루고 있다.

미주

1. 기존 연구 자료들을 확인한 결과 국가안보정책 결정체계 관련 변천과정을 단계별로 구분한 사례는 없었다. 4개 단계로의 구분은 연구결과를 근거로 독자들의 이해를 돕기 위해 필자가 정리한 것이다.

2. 전두환 정부와 노태우 정부에서도 안보관계장관회의를 운영했으나 김영삼 정부에서부터 적극적으로 운영하기 시작했다.

3. 황진환 공저, 『新국가안보론』(서울: 박영사, 2014. 3. 10), p.351.

4. 양현모·김경희, "대통령과 총리의 업무 분장에 관한 연구", 『KIPA 연구보고서』(서울: 한국행정연구원, 2004. 12), pp.56~58.

5. 대한민국 헌법 제10호(1987. 10. 29)와 법률 제17384호 정부조직법(2020. 6. 9)을 참고하였다.

6. 1998년 김대중 정부는 통상산업부의 통상교섭에 관한 사무를 외교통상산업부로 이관하였고 이명박 정부까지 이어졌다. 2013년 3월 23일, 박근혜 정부에서 외국과의 통상교섭 및 통상교섭에 관한 총괄 조정 사무를 산업통상자원부로 재이관하여 외교부로 개편했다.

7. 1989년 노태우 정부는 국토통일원을 통일원으로 확대·개편하면서 장관이 부총리를 겸직하도록 하여, 통일원이 통일 업무에 대한 총괄 조정기능을 수행하게 했다. 1998년 2월 김대중 정부는 통일원을 통일부로 개편하면서 부총리제를 폐지하였고, 민주평화통일자문회의 사무처를 통일부에 통합했다.

8. 박근혜 정부는 대통령비서실장 및 외교안보수석(국가안보실 2차장 겸직)·국가안보실장·국가안보실 1차장이며, 문재인 정부는 대통령비서실장·국가안보실장·국가안보실 1·2 차장이다.

9. 박정희 정부 국토통일원 장관은 국가안전보장회의 위원이 아니었다. 전두환 정부 시기 통일원 장관은 배석위원이었고, 노태우 정부부터 정식위원이 되었다.

10. 이명박 정부는 대통령비서실장 대신 대통령실장이라는 명칭을 부여했다.

11. 박근혜 정부 후반부에 안전행정부가 행정자치부와 국민안전처로 분리되었다.

12. 이승만 정부에서 필요시 소집하게 되어 있던 국방위원회회의와 군사경력자자문회의는 생략하였다.

13. 김영삼 정부에서 안보관계장관회의, 김대중 정부와 노무현 정부에서는 통일외교안보장관회의, 이명박 정부에서는 외교안보장관회의, 박근혜 정부에서는 안보관계장관회의, 문재인 정부에서는 대통령 주재 안보관계장관회의를 의미한다.

14. 김영삼 정부에서는 통일안보정책조정회의, 이명박 정부는 외교안보정책조정회의를 의미한다. 기타는 국가안보정책조정회의 혹은 NSC 상임위원회 회의 등을 말한다.

15. 비상기획위원회, 『비상대비30년사』 (서울: 성진문화, 1999. 5. 21), pp.95~113.

16. 청와대 홈페이지, 연합뉴스 검색결과 등에서 공개된 회의내용을 참조하였다.

17. 김대중 정부 초기까지는 비상기획위원회가 공개한 『비상대비30년사』(1999)를 주로 참고했고, 이후는 청와대 홈페이지와 연합뉴스 검색결과 등을 참고하였다. 실제 개최 현황과는 차이가 발생할 수 있다. 문재인 정부의 회의 개최현황은 2021년 5월 31일 기준으로 정리했다.

II

국가안보정책
결정체계
변천

3장

국가안보정책 결정체계 기반 구축

1. 이승만 정부(1948. 8~1960. 6)

국정비전과 국가안보정책 결정체계

대한민국 제1공화국인 이승만 정부는 '민족적 민주주의 국가' 건설을 기본 국가시책으로 선포하였다. 이를 위한 정부의 당면 정책으로 '국권의 완전회복과 국제승인, 민생 개선을 위한 제반 정책과 행정의 쇄신, 국가이념에 부합하지 않는 사회제도의 근본적 개혁, 국군의 건설과 국방시설 촉진, 농공 균형의 산업국가 재건, 동족상잔 참화 방지, 남북통일 조기 실현' 등을 제시하였다. 당시 국제정세는 소련이 동유럽과 동아시아에서 공산주의 세력을 팽창시키고, 중국에서도 공산화가 진행되고 있었다. 국내정세는 북한의 군사적 위협이 증대되고 있는 상황에서 남북한이 각자의 생존과 정치적 정통성을 확보하기 위한 경쟁을 하면서 이념적으로 혼란한 상태였다.

이러한 국내외 안보정세로 인해 이승만 대통령은 자유민주주의를 채택한 신생국가인 한국이 북한과 그를 지원하고 있는 대륙 공산주의 국가들의 위협에 직면해 있다고 인식하였다. 이승만 대통령은 반공(反共)을 국시의 제일의(第一義)로 하고 남북통일을 실현하기 위한 안보역량을 강화하는 데 주력했다. 이를 위해

1948년 12월 1일 국가보안법(법률 제10호)을 제정하여 공산당을 불법화하였다. 그리고 1949년 4월 20일 발표한 담화에서 민주주의로 공산주의에 대항하기 위한 나름의 사상이 너무 평범하므로, '일민주의'(一民主義) 이념하에 4대 정강을 정해 공산주의를 배격하고 민주주의를 옹호할 것을 제안하였다.[1] 안보전략 측면에서는 '연합국방'을 주장하면서 국군창설에 매진했다. 이를 위해 대미 군사외교활동을 전개하고 반공정신을 강화하였다. 정부출범 초기 국가안보정책은 대통령이나 국무총리 겸 국방부 장관 주도로 연도별 시정방침에 의해 시행되었다.

이승만 정부는 1948년 7월 17일 제정된 제헌헌법 제4장(정부)에 근거를 둔 정부조직법(법률 제1호, 1948. 7. 17)에 따라 대통령 중심제를 채택하였고 국무원과 국무총리, 행정각부를 조직하였다. 중앙행정기관의 명칭을 원·부·처 및 위원회로 구분하고 보조기관은 비서실, 국, 과로 하였다. 대통령 직속으로 심계원,[2] 감찰위원회, 고시위원회를 두었다. 국무총리 산하에 내무·외무·국방·재무·법무·문교·농림·상공·사회·교통·체신부의 11개 행정각부와, 총무처·공보실·법제처·기획처·경제위원회 등을 구성하였다.[3] 이 중 국가안보 관련 행정부처는 외무부와 국방부였으며, 대통령 소속 정보기관은 설치하지 않았고 대신 1958년 국방부 장관 직속의 중앙정보국을 설치하였다. 1954년 11월 헌법 개정을 통해 국무총리제를 폐지하였고, 1955년 2월 정부조직법 개정을 통하여 국무위원의 임면권을 대통령이 보유토록 하는 등 모든 국정을 대통령이 직접 통제하고 행사하도록 하였다.

이승만 정부 초기에는 헌법상 의결기관인 '국무원'과 직속 보조기관인 '대통령비서관장실'이 유일하게 정책을 보좌하는 기관이었다.[4] 국무원은 대통령과 국무총리, 기타의 국무위원으로 조직되는 합의체로 대통령의 권한에 속한 중요 국책을 의결하였다. 대통령 보좌기구인 대통령비서관장실도 최소의 인원으로 제한된 임무만 수행할 수 있었다. 위기상황을 파악해서 보고하는 경무대 직속 상황실도 갖추지 못했고,[5] 국가안보 측면에서 직접 보좌하기 위한 별도의 전담기관은 없었다. 1948년 11월 30일 제정된 국군조직법(법률 제9호) 제4조에 대통령을 보좌하기 위해 '최고국방위원회와 그에 소속된 중앙정보국', '국방자원관리위원회'와 '군사참의원'을 둘 수 있도록 규정했지만 실제 설치하지 않았다. 한편, 6·25전쟁 발발 초기 대통령 지시로 '군사경력자자문회의'라는 한시적 자문기구가 운용된

기록을 볼 수 있으나 역할은 크지 않았고 체계적이지도 못했다. 1953년 6월에 법률에 근거한 심의기관으로 '국방위원회'를 설치하였으며, 1954년 8월에서야 대통령의 군령보좌기관으로 국방부에 '연합참모회의'를 설치하였다.

이승만 정부 국가안보정책 결정체계도

출처: 필자 정리

이승만 정부에서 최고의 국가안보 위기상황은, 1950년 6월 25일 새벽 북한이 소련과 중공의 지원하에 기습남침함으로써 발발한, 6·25전쟁이었다. 이승만 대통령은 6월 25일 일요일 새벽 4시에 기습남침이 시작된 지 6시간여 지난 오전 10시경 창덕궁에서 김장홍 경무대경찰서장으로부터 최초보고를 받았고, 경무대로 복귀해서 10시 30분경 신성모 국방부 장관으로부터 공식 보고를 받았다. 지근거리에서 위기상황을 파악하고 대통령의 결심을 보좌하는 고재봉 대통령비서관장도 오전 9시 30분경 경무대경찰서장으로부터 보고받았다. 국가위기상황 발생시 조치해야 할 사항들(선전 및 강화권, 계엄선포권)을 국무회의 의결을 통해 결정해 나가는 체계도 미흡하였다. 그럼에도 당시 75세였던 이승만 대통령은 기습 남침 상황을 보고 받은 후부터는 헌법에 명시된 대통령의 권한으로 필요한 조치를 취해 나갔다. 이승만 대통령은 자신의 지식과 경험, 판단력에 의존하여 미국과 유엔의 지원을 이끌어 내면서 국가위기에 대처해 나갔다.

〈6·25전쟁 초기 3일간 이승만 대통령의 위기관리 일지(요약)[6]〉

① 6월 25일(남침 1일차)

- 오전 4시: 북한의 불법 기습남침
- 오전 10시~10시 30분: 최초 상황보고 후 손원일 제독에게 하와이의 구축함 3척 조기 입항을 지시

  *** 11시: 신성모 국무총리 서리 겸 국방부 장관 주재 임시국무회의**
- 오전 11시 35분: 무초 주한 미 대사와 1차 회동, 미국의 지원 요청 및 한국 정부의 조치사항 설명
- 오후 1시: 장면 주미 한국대사에게 직접 전화, 미국의 지원 요청 지시
- **오후 2시: 비상 국무회의 주재, 긴급명령 제1호 의결**
- 오후 10시: 무초 대사에게 직접 전화(2차 회동), 미국의 지원 강력 요청

  * 신성모 국방부 장관에게 26일 오전 10시에 **군사경력자자문회의** 개최를 지시

② 6월 26일(남침 2일차)

- 오전 3시: 맥아더 사령관에게 전화, 미국 정부의 신속 지원 요청
- 오전 4시 30분: 무초 대사에게 전화, 전투기 및 탄약 신속 지원 요청
- **오전 10시: 국방부에서 군사경력자자문회의 주재, 한강방어선 작전 토의**
- 오전 11시: 국회 본회의 참석, 국회에서 '비상시국에 관한 결의안' 통과
- 오후 2시: 육군본부와 치안국 상황실 방문, 전황 청취 및 격려

③ 6월 27일(남침 3일차)

- 오전 1시: 장면 주미 한국 대사에게 전화, 트루먼 대통령에게 군사원조 협조 지시

  * 장면 대사는 트루먼 미 대통령과 면담, 미국 지원 답변 받음
- 오전 1시 이후: 맥아더 사령관에게 전화, 무기 지원 요청
- **오전 2시: 비상 국무회의 개최, 경무대 이동 결정**
- 오전 3시: 서울역으로 이동, 4시에 철도편으로 대구 방향으로 이동
- 오후: 처치 미 조사단장, 무초 대사 등과 수원비행장에서 향후대책 협의

국가안보정책 결정기관 분류

(1) 의결기관: 국무원(국무회의)

제헌헌법에서는 내각을 국무원으로 호칭했다. 국무원은 헌법 제68조에 의하여 대통령과 국무총리, 기타 국무위원으로 조직되는 합의체로서 대통령의 권한에 속하는 중요 국책을 의결하는 기관이었다. 국무총리는 대통령이 지명하여 국회의 승인을 얻어야 했으며, 국무위원은 8인 이상 15인 이내로 하고 의장인 대통령이 임명하되 현역 군인 신분으로는 국무위원이 될 수 없게 하였다. 대통령은 국무회의 의장이 되며, 국무회의 의결사항은 헌법 제72조에 명시된 13개 항목이었다. 이 중에서 국가안보와 관련된 항목들은 2항(조약안, 선전, 강화), 6항(계엄안, 해엄안), 7항(군사에 관한 중요사항), 11항(국군총사령관 임명 등)이었다. 당시 국무회의 의결은 위원 과반수에 의해 결정하도록 했고 국무회의 의장인 대통령도 표결권을 가지며 가부동수인 경우에만 최종 결정권을 갖게 하였다.

이승만 정부의 국가안보정책 결정기관 현황

구분	내용
의결기관	• 국무원(국무회의) * 의장: 대통령 * 국무위원(8~15명)
대통령 보좌기관	• 대통령비서관장실: 정무담당비서관
	• 연합참모회의(1954. 5) * 전략방침과 계획 등 군령에 관하여 대통령 보좌, 주요 방침과 계획 심의 * 대통령 유악하에 연합참모회의를 두고 업무집행기관은 국방부 내에 설치 * 구성: 연합참모본부 총장과 육·해·공군 참모총장
대통령 심의기관	• 국방위원회(1953. 6) * 의장: 대통령 * 위원: 대통령, 국무총리, 국방부 장관, 내무부 장관, 외무부 장관, 재무부 장관, 육군총참모장, 해군총참모장, 공군총참모장, 연합참모본부총장(1954년 이후)
대통령 자문기구	• 군사경력자자문회의(1950. 6) * 국방부 장관, 육해공군 참모총장, 전 통위부장 및 국방부 장관, 전 광복군사령관 등
행정각부	• 외무부, 국방부
정보기관	• 국방부 예하 중앙정보국(1958. 여름)

출처: 필자 정리

당시 국무회의는 정기적으로 주 2회 개최하였다. 매주 화요일에는 이승만 대통령 주재 하에 경무대(지금의 청와대)에서, 금요일에는 중앙청(지금의 경복궁 내 위치)에서 국무총리가 주재하였다. 1954년 국무총리제가 폐지된 이후에는 수석 국무위원인 외무부 장관 혹은 다른 국무위원이 주재하였다.[7] 관련 증언에 의하면 국무회의에서는 주로 국민경제를 다루었고 중요한 정치, 외교, 군사문제 등은 이 대통령이 직접 혹은 해당 장관과의 개별적 면담을 통해 결정했다고 한다.[8] 이승만 정부의 첫 국무회의는 1948년 8월 5일 개최되었다. 이의영(李義榮)은 『제1공화국 국무회의록(1958. 1~1960. 4)』에서 "유진오 박사가 제1공화국 헌법을 제정하는 과정에서 대통령 중심제하에서 대통령의 독단과 전횡을 견제하기 위해 국무회의를 의결기관으로 하도록 규정했다"고 증언하였다. 아래 내용은 당시 국무회의록 중 국가안보와 관련한 내용의 일부이다.

〈제1공화국 국무회의록 중에서[9]〉

① 1958년 2월 20일(목) 국무회의: 조정환 외무부 장관(수석 국무위원) 주재

- 조정환 외무: 북한으로부터의 중공군 철수를 주은래와 김일성 합의 성명으로 발표할 것에 대한 세계여론이 여하한지 궁금하다.
- 김정열 국방: 중공군이 철퇴한다 하여도 일주일 내지 10일간이면 다시 복귀할 수 있는 것이므로 군사적으로는 별 중요성은 없으나 철수한다는 것은 어디까지나 우리에게 이로운 것이며, 한편 그것을 계기로 평화공세를 취할 것이 문제라면 문제이다.
- 조정환 외무: 이 문제에 대한 세계의 흥미는 과연 실천할 것인가에 있다고 본다. 중공이 북한 철수를 운위(云爲)[10]하게 된 동기로는 다음과 같은 것을 추측할 수 있다.
  - UN 가입과 차상회의 참가 교섭을 용이하게 하고
  - 전투력 약화 등의 내부적 곤란을 선전으로 캄푸라지(camouflage: 위장)하여 가자는 것.
  - 외교계 일반적 관측으로는 한국과 동일한 실정에 있는 월남·독일보다 먼저 통일될 것이라고 생각들 하고 있느니 만치 중공도 이것을 알고 한국문제를 손을 떼는 대신 타면에서 이익을 얻어 보려고 하는 것은 아닌가 한다.
- 문봉제 교통: 중공이 UN에 가입하면 상임이사국이 되는데 미국은 한국문제와 중공 가입을 맞바꿀 것인가? 북한에는 원자무기가 있는가?

• 김정열 국방: 북한에는 원자무기가 없다고 생각한다. 다만 이제는 원자무기의 운반이 극히 용이하게 되었으므로 하시든 『소련』이 주고 싶으면 가져올 수는 있을 것이다. 중공의 UN 가입은 중대한 문제(대만 문제도 포함)이므로 한국문제와 교환조건으로 할는지는 상당한 의문이다. 불가능에 가까울 것이다.

② 1958년 8월 26일(화) 국무회의: 이승만 대통령 주재

• 이 대통령: 중공군이 자유중국을 침략하기 시작하였다고 보고되었는데 그간의 정세는 어떤가?
• 조정환 외무: 그간 미국 정부의 유화정책에 대해서는 당지(當地) 미국 군인까지 사적으로는 불만을 말하는 일이 있었으나 금반(今般)은 상당히 강경한 태도를 보이고 있다.
• 이 대통령: 멀지 않아 공산당이 우리를 침해하리라는 것을 알고 있으면서도 그대로 앉아 있을 수는 없으니 하등의 조치가 필요하다고 생각한다.
• 김정열 국방: 우리는 신무기 장비가 완료되고 작전명령도 완전히 되고 있으므로 하등의 염려할 것이 없다고 생각한다.
• 이 대통령: 세계 전부가 반대를 하더라도 우리는 통일하기 위하여 우리 힘으로 싸워야 한다. 우리 손으로 우리나라를 통일하여야 세계 각국이 우리를 높게 평가하여 준다. 지금부터는 다만 기회를 보고 있는데 지금이 적당한 시기인가 아닌가를 잘 생각하여야 할 것이다. 미국 같은 어리석은 짓은 우리가 하여서는 안 된다.
• 김정열 국방: '마저'와 '퀘모이'는 대만의 선전에 쓰이고 있는 것으로 일시 미국의 작전계획에서 제외되었던 곳이다.[11] 그 도서에 포탄이 날아오는 것은 연중 있는 일인데 이것이 계속되는가 하는 것이 문제이니 수일 두고 보는 것이 옳다.
• 이 대통령: 월남·대만과 우리가 동시에 나가야 강한 힘을 발휘할 수 있을 것이라고 생각한다. 아직 구체적 안을 가지고 하는 말은 아니니 연구하여서 보고하도록 하라.

(2) 대통령 보좌기관: 대통령비서관장실, 연합참모회의

1) 최소의 보조기관: 대통령비서관장실(1948. 7)

이승만 정부 초기의 대통령비서관장실은 정부 조직법에 근거한 비서실직제가 없었고, 국정전반에 대한 보좌보다는 지근거리에서 업무를 지원하는 최소한의 보조·지원조직 성격이었다.[12] 초대 대통령비서실장(비서관장)은 이기붕이었다.

1948년 7월에 발족한 최초의 대통령비서실은 전체 인원이 비서관장을 포함해 10명을 넘지 않았고 현대 대통령 중심제에서 나타나는 비대화 및 조직화의 경향은 크지 않았다.[13] 1955년 정부조직법을 개정하여 보조기관의 종류에 대통령과 부통령 비서실을 명시하여 최소한의 법률적 근거를 갖게 했다.

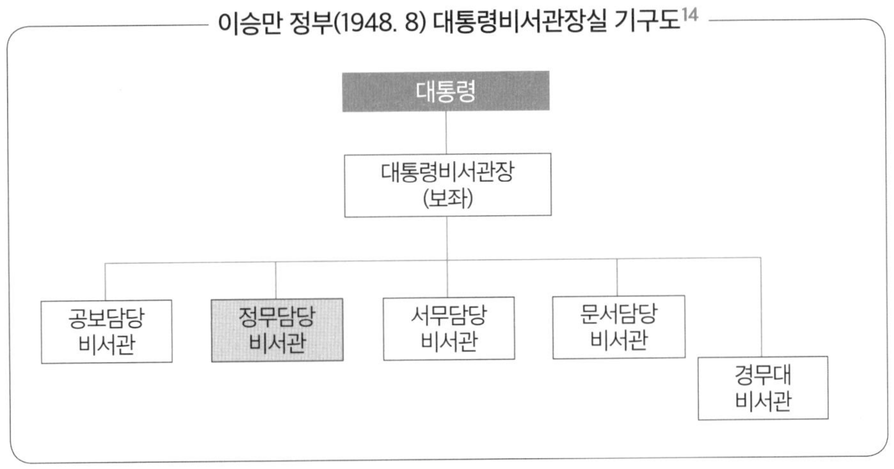

대통령비서관장실은 대통령비서관직제(국무원령)에 근거하여 ① 대통령 관저 및 시종에 관한 사항 ② 대통령에 직속하는 서무, 문서 및 경리에 관한 사항 ③ 대통령의 명에 의한 공보 및 정무에 관한 사항을 관장하였다.[15] 1급 비서관장 1명과 8명의 비서관(공보 1인, 정무 3인, 서무 1인, 문서 1인, 경무대 2인)으로 구성하였다.[16] 1949년 2월 23일 국가원수와 중앙청 경호 경비를 위해 경무대 경찰서를 설치했다.[17] 대통령을 보좌하기 위해 최고국방위원회와 그에 소속된 중앙정보국, 국방자원관리위원회와 군사참의원 직제가 있었지만 실제 설치하지 않았다.

이승만 대통령은 정부출범 초기 장관과 직접 소통하는 국정운영방법을 택했기 때문에 대통령비서관장실의 영향력은 미미할 수밖에 없었다.[18] 대통령비서관장실의 국가안보 관련 업무도 정무담당비서관실에서 전반적인 국정의 일부로 보좌하는 정도였던 것으로 보인다. 당시 대통령비서관장실의 업무수행에 대한 일부 내용은 고재봉 대통령비서관장의 회고를 통해 이해할 수 있다.

〈고재봉 대통령비서관장의 회고[19]〉

내가 이승만 전 대통령과 인연을 맺은 것은 1949년 1월 초였다. 하루는 경찰에서 내 집에 와서 나에 관한 신상조사를 하고 갔다. 며칠인가 지난 후 1월 6일쯤으로 기억되는데 엽서가 한 장 배달됐다. 경무대로 들어오라는 내용이었지만 자세한 설명은 없었다. 경무대에 갔더니 그곳에 임철호 씨도 와 있었다. 이 대통령은 내가 누구라는 비서의 소개가 있자 "자네, 내 일 좀 도와주겠나?"고 물었다. 내가 "일은 잘 모르지만 심부름을 시키면 성심껏 일하겠다"고 대답했더니 대통령은 "알았어, 통지 있을 때까지 기다리고 있어"라는 한마디를 할 뿐 다른 말은 없었다.

그 뒤 두 달간 아무 소식이 없다가 3월 6일 다시 엽서가 와서 경무대에서 근무하라는 것이었다. 이때부터 나는 1953년 2월 15일 제1차 통화개혁으로 물러날 때까지 4년간 이 박사 옆에서 일하였다.(중략) 경무대에 첫 출근을 했더니 처음에는 금전출납 등 서무를 책임지라고 하였다. 정부수립 때부터의 일을 정리하자니 두 세 달이나 걸렸다. 당시 비서실장 격의 일은 김양천 씨가 맡고 있었는데 그 해 6월 국내 실업인들의 미국 시찰 시 김양천 씨가 통역으로 실업인들과 함께 떠나게 되었다. 김양천 씨가 돌아올 때까지 내가 대신 그분의 일을 임시로 맡고 있었으나 귀국 후에도 경무대에 나오지 않아 저절로 비서실을 책임지게 됐다. 그때부터 주로 맡은 일은 의전 및 섭외와 면회관계였다.

정부수립 이후 초기의 **대통령비서실 인원은 10명 정도**밖에 되지 않았다. 내가 들어갈 때 있었던 분들은 김양천, 이기붕, 최정자, 김광섭, 황규면, 김석진, 이중춘, 이종호, 전인성 씨와 나와 함께 들어간 임철호 씨, 그리고 곧 이어 내가 추천하여 일하게 된 김상래 씨 등이었다. 윤석오 씨도 잠깐 언급했지만 **당시 비서실은 직제도 없었고 따라서 임명과 사직에 발령장 같은 것도 없이 구두로 사람들이 들어가고 나가고 하였다. 직제가 없었기 때문에 처음엔 호칭에도 다소 곤란이 있었다. 서로 부를 때는 '선생'이나 '씨'로 할 수밖에 없었다.** 비록 개인비서였지만 보수는 국고에서 지출할 수밖에 없어 당시 기획처에서 예산관계 일을 맡고 있던 김상래 씨를 추천하여 대통령비서실 예산을 짜게 하였다. 봉급기준은 비서실장 격이 지금의 국장급인 2급 1호봉이었고 그 외에는 모두 3급 1호봉이었다. 실장급 봉급을 받은 사람은 나 이외에 황규면 씨가 있었다. 당시 보수가 적어 많은 비서들이 도시락을 싸 가지고 다니며 생활하였다.

이때 **비서실은 경무대비서실과 중앙청비서실로 나누어져 있었다.** 경무대에는 나와 임철호, 황규면, 김광섭 씨가 있었고, 중앙청에는 이기붕, 최정자, 김석진, 이종호, 이중춘, 김상래 씨 등이 있었다. 맡은 일로는 돈암장 시절부터 이 박사를 모셨던 이기붕 씨가 섭외관계, 내가 면회와 섭외·장차관 연락·대통령 수행 등, 임철호 씨는 결재서류·국회관계·대통령 수행, 황규면 씨는 『마담』의 지시에 따라 경무대 주방·기관실 등 살림살이 전체를 통할했고 때로는 **대통령 수행·외교관계 연락 등**의 일을 하였다. 김광섭 씨는 대통령의 담화문·연설문과 공보처 및 보도기관 일과 대통령 수행 등의 일을 맡았다. 서울대 교수로 있다가 비서실에 들어온 최정자 씨는 중앙청에 있으면서 경무대에 파견되어 영문 관계 일을 하였다. 김석진·이종호 씨는 중앙청에 있으면서 진정서·탄원서 등 민원관계 서류를 취급하였다. 1949년 5월 최정자 씨가 사임하자 하와이 교포인 전인성 씨가 영문관계를 맡았다. 그리고 미국인 레이디 씨가 이 박사 옆에서 고문으로 일하였다. 레이디 씨는 이 박사가 미국에서 독립운동을 할 때부터 잘 아는 사이였고 6·25사변이 나자 미국으로 돌아갔다. 이 중춘 씨는 김상래 씨에 앞서 예산과 금전출납 등 총무비서로 일하였다. 이밖에 여자비서로는 미국인 2명과 『마담』이 총애했던 정영숙·강신자 씨 등이 문서타자원으로 일하였다.

당시 대통령비서관장실의 업무수행 범위는 행정안전부 국가기록원 대통령기록관의 기록물과 개인회고록 등을 통해 간접적으로 이해할 수 있다. 국가기록원은 총 25건의 해제문건을 공개했는데, 이 중 대통령비서관장실이 작성한 보고서는 12건이었다.[20] 이 문서들의 목록들을 보면 대부분 이승만 대통령의 지시를 정리한 보고서로, 대통령을 전문적으로 보좌하기 위한 정책보고서 등은 보이지 않는다.

2) 대통령 군령보좌기관: 연합참모회의(1954. 5. 3)

1948년 12월 7일 국방부직제(대통령령 제37호)에 근거하여 설치된 연합참모회의는 1949년 5월 9일 기구간소화를 이유로 폐지되었다. 6·25전쟁 중인 1952년 8월 25일 설치된 임시합동참모회의는 대통령령 제814호(1953. 7. 28)에 의해 1953년 8월 5일부로 국방부 합동참모회의로 개칭되었다. 1954년 2월 17일 합동참모회의규정(대통령령 제873호)에 의해 합동참모회의는 대통령 직속으로 대통령에게 군사에 관한 자문과 국방정책 및 계획을 건의하고, 국군의 훈련·작전·보급 등 상호 연관되는 사항을 논의하는 기구가 되었다.[21]

합동참모회의는 이승만 대통령에게 건의하여 1954년 5월 3일 대통령령(제895호)에 근거하여 연합참모본부를 설치하였다. 이듬해 8월 9일 연합참모본부설치법(법률 제367호)에 근거하여 '연합참모회의'를 대통령 직속 군령보좌기관으로 상설화하여 재설치하였다. 연합참모회의의 업무집행기관인 연합참모본부를 국방부 내에 두었다. 연합참모회의의 구성원은 연합참모본부 총장과 육·해·공군 참모총장이었다. 말하자면, 당시의 연합참모회의는 종래 국방부 장관 직속기구에서 대통령 직속 군령보좌기관으로 그 기능과 성격을 강화한 전략적 조직이었다.

백기인은 『국방정책 형성의 제도화 과정』에서 연합참모회의를 대통령 직속으로 두게 된 이유에 대해 "오늘날과 같이 통합적인 군령기구가 존재하거나 이를 통제하고 조정할 만한 제반 체계가 미흡했던 당시로써 국군의 군사력 운영이 본질적으로 군 통수권자에게 직속되어야 하는데 연합참모본부를 국방부 장관 예하로 하여 독자적인 군령권을 부여한다는 것은 군 통수관념상 이해하기 어려운 일이었을 것이다"라고 설명하고 있다.[22]

당시 국군조직법(법률 제9호, 1948. 11. 30) 제3조 "대통령은 국군의 최고통수자이며 대한민국 헌법과 법률에 의하여 국군통률상 필요한 명령을 발할 권한이 있다"와 제5조 국방부 장관의 업무분장을 "국방부 장관은 군정을 장리하는 외에 군령에 관하여 대통령이 부여하는 직무를 수행한다"로 되어있는 것도 같은 맥락이라 할 수 있다.

(3) 대통령 자문기구: 군사경력자자문회의(1950. 6. 26)

이승만 정부는 1950년 6월 25일 북한의 기습남침에 의해 전쟁이 발발할 때까지 대통령의 안보정책을 직접 보좌하기 위한 법적기관을 제대로 설치하지 못했다. 대신 1950년 6월에 대통령 지시에 의해 한시적으로 운영된 비상설 자문기구인 대통령 주재 '군사경력자자문회의'가 있었다. 이 기구는 이 대통령이 신성모 국방부 장관에게 "군사경력자들의 자문을 받아 난국을 타개하라"는 특명을 내려, 6월 26일 오전 10시에 국방부로 긴급히 소집된 대통령 주재 현역 및 재야 원로급 출신의 군사경력자들과의 회의였다. 회의에는 신성모 국방부 장관을 비롯하여 채병덕 육군총장, 김정렬 공군총장, 김영철 해군총장 대리(손원일 해군총장은 구축함 도입 후 하와이 체류 중), 김홍일 소장, 송호성 준장, 전 통위부장 유동열, 전 국무총리 겸 국방부 장관 이범석, 전 광복군사령관 지청천, 전 1사단장 김석원 예비역 준장 등이 참석하였다.[23]

(4) 대통령 심의기관: 국방위원회(1953. 6. 24)

최초의 대통령 주재 국가안보정책 결정 심의기관은 6·25전쟁 휴전협정 체결

직전인 1953년 6월 24일 국방위원회설치령(대통령령 제795호)에 의해 설치된 국방위원회였다.[24] 국방위원회는 국방 관련 대통령 직속 심의기관으로 대통령, 국무총리, 국방부 장관, 내무부 장관, 외무부 장관, 재무부 장관, 각군 참모총장 등 9명으로 구성하였다. 국방위원회 의장은 대통령이, 부의장은 국무총리가 맡았다. 휴전 이후인 1954년 10월 1일 국방위원회설치령을 일부개정(대통령령 제944호)하여 연합참모본부총장을 재무부 장관 다음 순서의 위원으로 추가하였다.[25]

당시 기록을 보면 국방위원회 운영규정이나 의사지원을 위한 상설기구는 설치하지 않은 것으로 보인다. 또한 의장인 대통령이 소집하지 않으면 회의체로 기능할 수 없는 한계가 있었다. 1953년 7월 이후 국방 체계가 안정됨에 따라 이 위원회는 유명무실해졌다.[26]

(5) 정보기관: 국방부 중앙정보국(1958)

이승만 정부 초기에는 주한 미 대사나 주한미군사령부를 통해 한미 현안을 협의하였다. 그러다가 6·25전쟁 휴전 이후 미국 정부는 미 중앙정보국(CIA) 한국지부를 설치하기 위해, 김정렬 국방부 장관에게 이 기관과 상대할 한국 측 정보기관 신설을 요청하였다.[27] 김정렬 국방부 장관은 이승만 대통령에게 이를 보고하였다. 이 대통령은 미국의 요청을 받아들이되, 한국 측의 정보기관은 대통령 소속이 아닌 국방부 예하에 설치하도록 지시하였다. 이러한 과정을 거쳐 미국은 주한 미 대사관에 CIA 한국지부를 설치했고, 한국은 1958년 여름에 육·해·공군 정보요원을 차출하여 국방부 장관 직속의 '중앙정보국'을 창설하였다.

국방부 장관이 중앙정보국장을 겸직했고, 실질적인 중앙정보국 운영실장에는 주미대사관 무관을 역임(1955~1957)한 이후락 육군 준장을 보직하였다. 국방부 중앙정보국의 대외 명칭은 이후락 준장의 제안으로 자신의 군번인 10079에서 따온 '국방부 79호실'이었다.[28] 국방부 중앙정보국의 주 임무는 미 CIA와의 정보교류에 있었다. 국방부에서 첩보와 정보 처리를 담당하는 제4국이나 육군 정보국, 해군 정보국, 육군 특무부대, 국방부 국군방첩대 등과는 별도로 운영되었다. 창설 당시 부대원 수는 20여 명이었고, 각 정보부대에서 수집한 정보들과 미 CIA가 제공하는 해외정보 중 중요한 내용을 선별하여 정리했다. 정리한 정보를 매일 국방

부 장관에게 보고하면, 국방부 장관은 이를 간추려 이승만 대통령에게 보고하는 체계였다.[29]

(6) 한미상호방위조약 체결

한미상호방위조약은 1953년 5월 이후 정전협정 체결 과정에서 이승만 대통령의 요구로 시작되었다. 이 대통령과 로버트슨 미 국무부 특사와의 단독 협상 후 국회 승인을 통해 1953년 8월 8일 조약에 가조인했다. 이후 두 차례 한미정상회담과 한미합의의사록 체결과정을 거쳐 비준서가 교환됨으로써 1954년 11월 18일부로 발효되었다. 한미상호방위조약은 한반도에서의 전쟁을 억제하는 제도적 보장 장치이자, 현재에 이르기까지 대한민국의 자유민주주의 발전과 경제적 번영을 뒷받침해 온 한미동맹으로 이어졌다. 또한 한미연례안보협의회의(SCM)와 한미연합군사령부(CFC) 창설 등 연합방위체제의 법적 근거로써 한미행정협정과 정부 또는 군사당국자 간의 안보 및 군사 관련 후속협정들의 기초가 되고 있다.[30]

한미상호방위조약 체결과정

일 자		내 용	비 고
1953년	7. 27	정전(停戰)협정 체결	판문점
	6. 26 ~8. 8	• 이승만 대통령과 로버트슨 미 대통령 특사 간의 협상(6. 26~7. 8) * 덜레스 미 국무부 장관 방한(8. 4) • 한미상호방위조약 가조인(8. 8) * 변영태 외무부 장관, 덜레스 미 국무부 장관	서울
	10. 1	한미상호방위조약 체결	워싱턴
1954년	1. 15	국회, 한미상호방위조약 비준 동의	
	1. 19	미국 상원, 외교관계위원회, 한미상호방위조약 승인(조건부 승인)	
	1. 26	미국 상원 조약 비준 동의(81대 6으로 가결되어 승인)	
	7. 26 ~7. 30	한미정상회담(이승만·아이젠하워 대통령)	워싱턴
	11. 17	한미합의의사록 체결, 한미상호방위조약 비준서 교환	서울
	11. 18	한미상호방위조약 발효	

출처: 필자 정리(『한미군사관계사(1871~2002)』 등)

2. 윤보선·장면 정부(1960. 8~1961. 5)

국정비전과 국가안보정책 결정체계

이승만 대통령은 1960년 4월 26일 하야발표 하루 전에 허정을 수석국무위원이자 외무부 장관에 임명하여 과도정부를 이끌게 하였다.[31] 1960년 6월 15일 국회는, 대통령은 상징적인 국가원수로 하고 실질적인 행정부 수반의 역할은 국무총리가 되는, 대한민국 최초의 의원내각제 개헌안을 통과시켰다. 장면 총리는 이승만 정부의 북진통일론이 비현실적이었고, 대일외교도 강경일변도였으며, 63만 명에 이르는 대규모의 군대는 정부 재정에 큰 부담을 주고 있다고 생각하고 있었다. 장면 총리는 정부 출범 후 1960년 8월 27일 국회에서 행한 첫 시정연설에서도 당면한 민족적 과제인 경제적 건설을 중대한 책임이라면서 '경제제일주의'를 지향하였다. '자유의 최대한 보장, 민주정치의 회복, 이승만 독재와 부패의 청산, 경제제일주의, 자립경제의 실현, 합리적·현실적인 통일·외교·국방정책 추구'를 국정기조로 삼았다. 한미유대관계를 강화하는 가운데 한일관계를 정상화하고 군비를 축소하려 하였다.

장면 정부는 1960년 7월 의원내각제를 구현할 수 있는 새로운 정부조직법을 개정·발효했다. 국무원 통할하에 12개 행정각부를 두었으며 이 중 국가안보와 관련한 조직은 외무부와 국방부였다. 정보기관은 최초에는 설치하지 않았으나 1960년 11월 국무원 통할하에 '중앙정보연구위원회'라는 정보기관을 설치했고, 1961년 3월 '시국정화운동본부'라는 국무총리 직속의 비공개 정보기관을 설치했다. 모든 행정부처는 공통으로 정무차관과 사무차관 2인 체제로 바뀌었다. 대통령 소속 감찰원이 국무총리 소속 감찰위원회로 변경되었으며, 내무부의 치안과 소방 업무를 담당하는 치안국을 폐지하고 국무원 아래 공안위원회를 신설했다.[32]

윤보선·장면 정부에서도 국무원이 최고의 의결기관이었다. 개정된 정부조직법 제4조 2항에 '행정기관의 설치와 조직은 법률로써 정하고'라고 하여 변함이 없었지만 '그 보조기관의 설치와 조직은 국무원령으로 정한다'라고 명기하였다. 이로써 국무총리는 국무원령을 통해 행정각부에 대한 보조기관을 의회 동의 없이 설치 및 폐지할 수 있는 권한을 확보하였다. 이를 근거로 대통령비서실과 국무총리비서실을 국무원령에 의거 직제화하였다. 특히 장면 정부는 총리가 국무위원과 행정각부를 강력하게 통제할 수 있도록 '국무원사무처'를 장관급 총리직속 보좌기관으로 운영하였다. 하지만 이승만 정부 시기 운영했던, 대통령을 위원장으로 하는 심의기관인 국방위원회를 의원내각제에 부합하도록 개정하지 않았다.

윤보선·장면 정부 국가안보정책 결정체계도

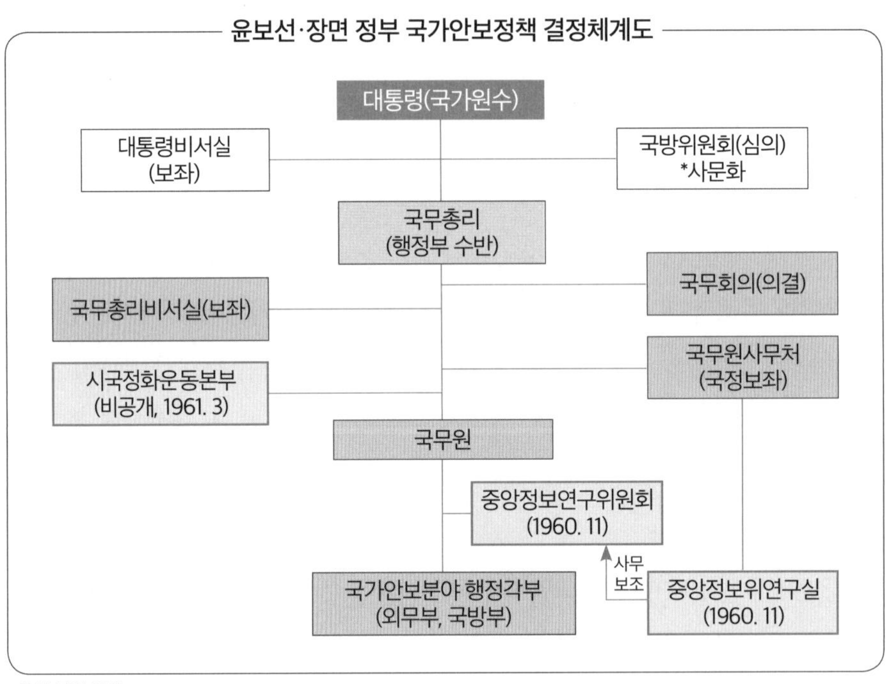

출처: 필자 정리

특히 실질적인 국군통수권자가 누구인지 명확하지 않은 상황이 지속되어 윤보선 대통령과 장면 국무총리 간에 갈등이 발생했다.[33] 게다가 당시 강력한 리더십을 발휘하지 못했다는 평가를 받고 있는 장면 총리로서는 국무회의 의결과정에서 뜻을 달리하는 국무위원들과도 치열한 토의과정을 거쳐야 했다. 예를 들어 육군참모총장을 임명하려면 헌법 제72조에 의거하여 국무회의 의결이 필수적이었다. 장면 총리는 국무회의에서 당시 정일형 외무부 장관과 많은 논쟁을 벌인 후 6개월 만에 최경록 육군참모총장을 경질하고 후임에 장도영 장군을 임명할 수 있었다고 한다. 또한 국무총리비서실, 국무원사무처, 국무총리 직속 정보기관 혹은 총리실 직속의 상황실 설치 등 국가안보 관련 보좌체제가 제대로 안정되지 못한 상태여서 국가위기상황을 사전에 예방하고 대처할 수 없었다.

국가안보정책 결정기관 종류

(1) 의결기관: 국무원(국무회의)

제2공화국은 의원내각제 정부 형태로 헌법상 국무원은 국가정책을 의결하는 최고의 정책결정기관으로서 행정권을 보유하였다. 장면 정부에서의 국무원은 국무총리와 국무위원으로 조직되고 민의원에 대하여 연대책임을 지도록 하였다. 국무총리는 국무위원을 임면할 수 있고 국무위원의 수는 8인 이상 15인 이내로 하되 과반수는 국회의원이 맡도록 하였다. 국무총리는 국무회의 의장으로서 국무회의를 소집할 권한이 있었다. 국무회의 의결을 요하는 사항은 헌법 제72조의 15개 항목이었다. 이 중에서 국가안보와 관련된 항목은 2항(조약안, 선전, 강화), 6항(계엄안, 해엄안), 7항(군사에 관한 중요사항), 11항(각 군 참모총장 임명)으로 이승만 정부 시기 헌법 조항과 비슷하였다. 국무총리는 국무회의 의장으로서 국무회의 소집 및 의제 설정에서 주도권을 갖고 국무원을 통제함으로써 실질적인 행정수반의 역할을 수행했다.

윤보선·장면 정부의 국가안보정책 결정기관 현황

구 분	내 용
의결기관	• 국무원(국무회의) * 의장: 국무총리 * 국무위원(8~15명)
대통령 · 국무총리 보좌기관	• 대통령비서실 • 국무총리비서실 • 국무원사무처: 장관급 처장 1명, 차관급 차장 2명 * 예하에 총무국, 인사국, 법제국, 공보국, 방송관리국 편성 * 예하에 중앙정보위연구실 추가 설치(1960. 11)하여 중앙정보연구위원회 지원
행정각부	• 외무부, 국방부
정보기관	• 국무총리 직속 중앙정보연구위원회(1960. 11)
	• 시국정화운동본부(국무총리 직속 비공개정보기관) 설치(1961. 3. 28)

출처: 필자 정리

(2) 대통령 보좌기관: 대통령비서실

윤보선·장면 정부는 다른 내각제 국가에서도 흔히 찾아볼 수 있는 일반적인 특징을 가졌다. 대통령은 국가원수로서 상징적이고 의례적인 역할을 담당하도록 했고, 국무총리가 내각을 실질적으로 책임지도록 하였다. 당시 장면 정부는 공식 문서를 통해 '제2공화국 대통령의 권한'이라는 제하로 대통령 지위와 실질적·형식적 권한에 대해 설명하였다.

〈제2공화국 대통령의 권한 해설(1960. 8)[34]〉

"제2공화국의 원수 첫 대통령은 8월 12일 상오 양원합동회의에서 선출되었다. 『대통령』하면 제1공화국 때의 잠재의식이 되살아나 마치 『폭정의 상징』같이 들리지만 **새 헌법하의 대통령은 그 권한이 극히 제한되어 국가의 상징적인 원수**로 되어 있을 뿐이다. 종래 대통령에 집약되어 있던 모든 행정권이 국무총리와 국무원에 옮겨지고 정치적 중립이 엄격히 요구되고 있으므로 제2공화국의 대통령은 『독재와는 무관한』 국가의 대표라 할 수 있다. **다만 대통령이 2차에 걸친 국무총리지명권을 가졌으며 또 국군통수권 및 긴급재정처분권 및 계엄선포거부권 등을 가지고 있으므로, 국가비상시 또는 정국에 안정 세력이 결여된 때에는 상당한 정치적 영향력을 끼칠 수 있으며, 때로는 초연한 입장에서 조정역도 할 수 있는 위치**에 있다. 이 밖에도 대통령은 국무회의의 의결에 의하여 ① 조약비준, 선전포고 및 외교사절을 신임접수하며 ② 사면, 감형, 복권을 명하며 ③ 계엄을 선포하는 등 형식적 권한도 가지고 있다."

〈지위〉

1. 국가원수 - 국가의 원수이며 국가를 대표한다.(헌법 51조)
2. 정치적 중립 - 정당에 가입할 수 없으며 대통령직 외에 공직 또는 사직에 취임하거나 영업에 종사할 수 없다.(동 53조)
3. 임기 - 5년으로 하고 재선에 의하여 1차 중임할 수 있다.(동 55조)

〈실질적 권한〉

1. 국무총리지명권 - 국무총리는 대통령이 지명하여 민의원의 동의를 얻어야 한다. 단 대통령이 민의원에서 동의를 얻지 못한 날로부터 50일 이내에 다시 지명하거나 2차에 걸쳐 민의원이 대통령의 지명에 동의를 하지 아니할 때에는 국무총리는 민의원에서 이를 선거한다. 전항의 동의나 선거에는 민의원 의원재적과반수의 투표를 얻어야 한다.(동 69조)

2. 긴급재정권처분권 - 내우, 외환, 전재(戰災), 지변 또 중대한 재정경제상의 위기에 제(際)하여 공공의 안녕질서를 유지하기 위하여 긴급한 조치를 할 필요가 있을 때에는 대통령은 국회의 집회를 기다릴 여유가 없는 때에 한하여 국무회의의 의결에 의하여 재정상 필요한 처분을 할 수 있다.(동 제57조) 전기처분(前記處分)이나 명령은 지체 없이 국회에 보고하여 그 승인을 얻어야 하며 그 승인을 얻지 못할 때에는 그 처분이나 명령은 그 때부터 효력을 상실한다.(동 58조)
3. 국회에 대한 의견 표시권 - 국회에 출석하여 발언하거나 또는 서한으로 의견을 표시한다.(동 60조)
4. **국군통수권 - 헌법과 법률의 정하는 바에 의하여 국군을 통수한다.** 국군의 조직과 편성은 법률로써 정한다.(동 61조)
5. 면책특권 - 내란 또는 외환의 죄를 범한 때 이외에는 재직 중 형사상의 소추를 받지 아니한다.
6. 계엄선포거부권한 - 계엄의 선포가 부당하다고 인정될 때에는 대통령은 국무회의의 결의에도 불구하고 그 선포를 거부할 수 있다.(동 64조)

〈형식적 권한〉

1. 공무원임면 확인권 - 헌법과 법률의 정하는 바에 의하여 공무원을 확인한다.(동 62조)
2. 외교권 - 국무총리의 의결에 의하여 조약을 비준하며 선전선포와 강화를 행하고 외교사절을 신임 접수한다.(동 59조)
3. 사면권 - 국무회의의 의결에 의하여 사면, 감형과 복권을 명한다. 일반사면을 명함에는 국회의 동의를 요한다.(동 63조)
4. **계엄선포권 - 국무회의의 의결에 의하여 계엄을 선포**한다.(동 64조)

이러한 이유로 윤보선 대통령비서실은 이승만 대통령비서관장실보다 더 축소된 기능을 가지고 있었다. 이승만 정부와 비교하면 대변인 1인과 국방담당비서관 1인이 신설된 반면 서무, 문서담당 비서관을 없앴고 대통령비서실에서 경호업무를 분리하였다. 초대 대통령비서실장은 주일 총영사였던 이재항이었다.

윤보선 대통령비서실(1960. 8) 기구도[35]

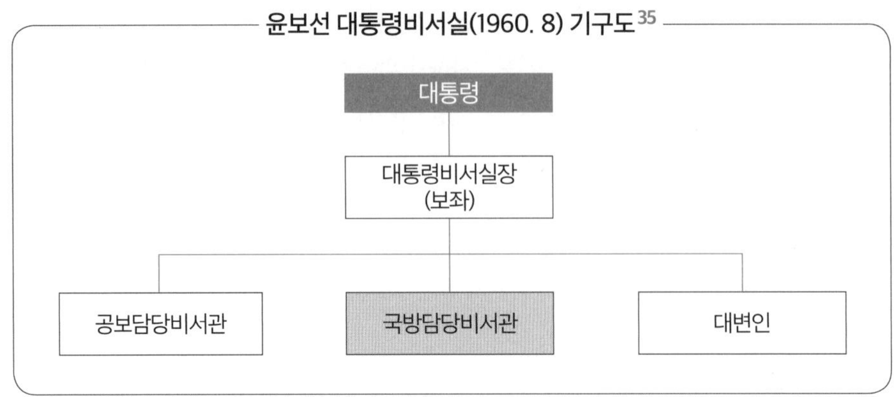

1960년 8월 13일부로 대통령비서실직제(국무원령 66호, 1960. 8. 25)에 의거 비서실장(1급 공무원 상당) 1명과 비서관 10명(일반직 2급 공무원 상당 4인, 일반직 3급 갑류 공무원 상당 4인, 일반직 3급 을류 공무원 상당 2인) 및 비서 4명을 두었다.[36] 대통령기록관 공개 자료를 통해 윤보선 대통령에게 보고된 총 8건의 문서를 보면 당시 대통령비서실은 헌법에 명시된 대통령의 권한만을 보좌했음을 알 수 있다.

특히 대통령이 군의 통수권자임을 강조하기 위해 국방담당비서관을 편성하였다.[37] 이완범(한국학 중앙연구원)은 '윤보선 대통령 공개전환 기록물 해제'에서 '1960년 6월 15일에 제정된 헌법 제61조 1항에 대통령은 헌법과 법률이 정하는 바에 따라 국군을 통수한다고 되어 있었으나 장면 정부 출범 후에도 관련 사항에 대한 법률을 개정하지 않아 대통령의 군통수권은 적어도 법적으로는 제한을 받지 않았다'고 하였다.[38] 강준만은 '1960년 가을 윤보선은 비밀리에 대한민국 국군통수권이 누구에게 있는가를 국방부 장관과 의논했다'고 하였다.[39] 연구자들은 윤보선 대통령이 내각제임에도 불구하고 헌법에 근거하여 군통수권을 행사하려 했다고 주장하고 있다. 윤보선 대통령은 대통령의 위상과 법적 권한을 행사하기 위해 이승만 대통령이 사용한 경무대(후에 청와대로 명칭 변경)에서 집무를 보고 제2공화국 헌법을 공포하고 5·16 군사정변 이후 비상계엄상황하에서 계엄사령관 변경도 재가하였다.[40]

(3) 국무총리 보좌기관: 국무총리비서실, 국무원사무처

1) 국무총리비서실

헌법에 따라 국무총리가 행정부 수반으로서 실질적인 국정수행 권한을 보유하였다. 장면 정부는 공식문서를 통해 '제2공화국 국무총리의 권한'이라는 제하로 국무총리의 지위와 자격, 추퇴와 책임, 국무회의를 거쳐야 하는 권한에 대해 설명하였다.

〈제2공화국 국무총리의 권한 해설(1960. 8)[41]〉

"제1공화국 대통령이 전횡의 도구로 갖추었던 **행정·외교에 대한 모든 지휘감독과 국무위원 등 공무원임면권, 정당소추권, 명령제정권 등, 그밖에도 『국정의 기본계획과 정책의 수립 및 집행』을 위해 필요한 모든 권한이 총리에 집중**되어 있는 것이다. 뿐만 아니라 국회에 대한 의견표시권, 개헌안권, 법률안제안권 등과 경우에 따라서는 민의원해산권도 있어 입법부에 대한 상당한 영향력을 미칠 수도 있는 위치에 있다. 이렇게 보면 국무총리는 제1공화국 때 횡폭(橫暴)했던 『대통령의 재판(再版)』 같기도 하지만 이에는 **중요사항에 관해 합의체인 국무회의 의결을 거쳐야 하는 제약과 민의원의 신임을 뒷받침 받아야 하는 견제**가 있어 이(李) 정권 때와 같은 폭정은 다시는 할 수 없도록 되어 있다. 민의원의 동의 또는 선거로 뽑히고 또 그 신임여하에 따라 물러서야 하는 총리에게 모든 국정의 최고 권한이 맡겨진 정치제도 - 이것이 곧 의원내각제의 요체인 것이다. 헌법상 총리의 지위 추퇴(推退) 및 권한에 관한 규정은 다음과 같다."

〈지위와 자격〉

1. **행정부 수반 - 행정권은 국무원에 속한다. 국무원은 국무총리와 국무위원으로 조직한다.**(헌법 제68조 2항) **국무총리는 국무원을 대표하여 행정각부를 지휘감독**한다.(동 70조 3항)
2. 국무회의 의장 - 국무총리는 국무회의를 소집하고 의장이 된다.(동 70조 1항)
3. 자격 - 국무총리와 국무위원의 과반수는 국회의원이어야 한다.(동 69조 6항)
4. 권한 대행자 - 국무총리가 사고로 인하여 직분을 수행할 수 없을 때에는 법률(현행행정조직법으로는 외무, 내무, 재무, 법무의 순)이 정하는 순위에 따라 국무위원이 그 권한을 대행한다.(동 70조 4항)

〈추퇴와 책임〉

1. 선임 - 국무총리는 대통령이 지명하여 민의원의 동의를 얻어야 한다. 단, 대통령이 민의원에서 동의를 얻지 못한 날로부터 5일 이내에 다시 지명하거나 2차에 걸쳐 민의원이 대통령의 지명에 동의를 하지 아니할 때에는 국무총리는 민의원에서 이를 선거한다. 전항의 동의나 선거에는 민의원 의원재적과반수의 투표를 얻어야 한다.(동 69조 1, 2항)
2. 연대책임 - 국무원은 민의원에 대하여 연대책임을 진다.(동 68조 3항)
3. 불신임결의로 인한 총리직 - 국무원은 민의원에서 국무원에 대한 불신임 결의안을 가결한 때에는 10일 이내에 민의원 해산을 결의하지 않는 한 총사직하여야 한다.(동 71조 1항)
4. 대통령권한대행권 - **대통령이 궐위되거나 사고로 인하여 직분을 수행할 수 없을 때에는 참의원의장, 민의원의장, 국무총리의 순위로 그 권한을 대행**한다.(동 50조 2항)
5. 국회에 대한 의견진술권 - 국무총리와 국무위원과 정부위원은 국회에 출석하여 의견을 진술하고 질문에 응답할 수 있다.(동 43조)

〈국무회의 의결을 거쳐야 하는 권한〉 * 헌법 4호에 명시된 15가지 항목과 동일 내용

국무총리비서실은 1960년 8월 19일부로 국무총리비서실직제(국무원령 제67호, 1960. 8. 25)에 의거 국무총리비서실에 비서실장(일반직 2급 공무원 상당) 1명과 20명의 비서관(일반직 2급 공무원 상당 6명, 일반직 3급 갑류 공무원 상당 6명, 일반직 3급 을류 공무원 상당 8명) 및 비서 12명을 두었다.[42] 윤보선 대통령비서실의 2배 규모였다. 이외에 총리는 특별고문을 5인 이내로 둘 수 있었다. 장면 총리비서실은 정책결정과 같은 정책 보좌와 감독·통제를 위한 체계적인 조직을 구비하지 못했다는 평가를 받고 있다.[43] 회고록 등 관련 기록들에 비서실장(김흥환), 의전비서관(이홍렬), 경제비서관(장영식), 정보비서관(이귀영), 공보비서관(송원용)이라는 직책이 나오지만 구체적인 조직도에 대해서는 추가확인이 필요하다.

2) (장관급)국무원사무처

장면 총리는 1960년 7월 1일부로 정부조직법을 전면개정(법률 제552호)하여, 국무총리제를 폐지한 이승만 정부에서 수석국무위원인 외무부 장관이 지휘감독

하게 되어 있었던 국무원사무국을 국무총리 직속의 국무원사무처로 대폭 확충하여 설치하였다. 국무원사무처의 임무는 "국무회의에 상정될 의안을 정리하고 국무원의 공보, 법제, 인사, 상훈, 방송관리와 기타 국무원의 서무에 관한 사무를 장리하며 국가의 행정사무로써 타 중앙행정기관의 소관에 속하지 아니하는 사무를 처리하는 것"이었다.[44] 이승만 정부에서는 국무원사무국이 국무회의를 지원하는 기능에 한정되었지만, 장면 내각에서는 국무총리 직속의 국무원사무처로 대폭 확대하여 모든 통치보좌기구를 국무원사무처 내로 부속시켰다.

국무원사무처는 공무원의 조직관리 및 인사통제를 위해 총무국과 인사국을 두었고, 행정각부의 입법 활동을 직접적으로 지휘·감독하기 위하여 법제국을 부속시켰다. 정부정책의 홍보 및 여론관리를 위하여 공보국과 방송관리국을 내부기관으로 흡수하였다. 국무위원급 사무처장 1인 이외에 사무처장 2인을 추가하는 등 국무원사무처의 위상과 기능을 대폭 확대하여 실질적인 국무총리의 통치보좌기관으로서의 면모를 갖추었다.[45] 결국 장면 총리에게는 국무원사무처가 헌법 제72조가 부여한 국무총리 권한인 '군사에 관한 중요사항' 등을 처리할 수 있는 유일한 보좌기관이었다고 판단되는데, 사무처 예하에 안보를 전담하는 조직은 편성하지 않았다. 게다가 이승만 정부가 대통령령으로 설치한 국방위원회를 국무원령에 의거하여 국무총리 주재 심의기관으로 변경하는 조치도 하지 않았다.

(4) 정보기관

1) 중앙정보연구위원회(중앙행정기관, 1960. 11. 11)

이승만 정부의 정보기관들이 정리되면서 국방부 정보기관인 '79호실'도 자동적으로 해체되었다. 1960년 내각출범 이후 정치체제의 안정을 위해 민주당은 물론 미국 중앙정보국도 장면 총리에게 총리 직속의 특별기관(정보기관 등) 설치 필요성을 여러 번 권고하였다. 하지만 장면 총리는 이승만 정부에서의 정보기관들의 해악을 지적하면서 처음에는 정보기관 설치 권고를 받아들이지 않았다.[46] 그러다가 장면 총리는 1960년 11월 11일 중앙정보연구위원회규정(국무원령 제98호)에 근거하여 국무원에 중앙정보연구위원회(약칭 중앙정보위 또는 정보연위)를 신설하였다.

중앙정보연구위원회는 행정각부, 처에 근거한 국가안전에 관련되는 내외정보를 종합적으로 연구, 검토하기 위하여 국무원에 설치한 중앙행정기관이었다.(국무원령 제98호 제1조) 위원장은 장면 총리로 하고 국무원사무처장, 외무·내무·재무·법무·국방부 장관으로 구성하였다. 2명의 부위원장에 정헌주 국무원사무처장과 이귀영 국무총리비서실 정보비서관을 임명하였다. 1960년 11월 중앙정보연구위원회를 중앙행정기관으로 신설하면서 국무원사무처에 중앙정보연구위원회를 지원하기 위한 중앙정보연구위원회 연구실을 설치하였다. 차관급 중앙정보위연구실장에는 이후락 소장을 예편시킨 후 임명하였고 부연구실장을 두었다.

2) 시국정화운동본부(국무총리 직속, 1961. 3. 28)

장면 총리는 중앙연구위원회 설치 후 4개월여 지난 시점인 1961년 3월 28일 국무총리 직속으로 비공개 정보기관인 '시국정화운동본부'(약칭 시국정화단)를 설치하였다. 본부장에 국무총리비서실 정보비서관 겸 중앙정보위 부위원장 이귀영을 임명하였다. 시국정화운동본부는 국내 및 북한정보와 해외정세를 수집하는 임무를 수행하였다.[47] 중앙정보연구위원회와 시국정화운동본부는 5·16군사정변 직후인 1961년 6월 24일 각령 제25호에 의해 폐지되었다.

3. 박정희 정부(1963. 12~1979. 12)

국정비전과 국가안보정책 결정체계

1961년 5·16 군사정변 이후 국가재건회의 기간을 거쳐, 1963년 12월 17일 제5대 박정희 대통령이 취임하였다. 박정희 정부는 제2공화국의 의원내각제를 폐지하고 정부의 국회 해산권을 없애는 대신 국회 동의 없이 대통령이 국무총리를 임명할 수 있게 하였다. 국가긴급행정권 등을 보장하여 행정부의 권한을 강화한 대통령 중심제로 시작하였다. 박정희 대통령은 제3공화국 출범 초기인 1963년에는 '정신적 주체의식 확립, 사회적 근대화, 경제적 산업혁명을 통해 국가를 재건하고 민족을 중

흥한다'고 천명하였다. 이후 경제정책 성과를 바탕으로, 1966년 1월 8일 국회에 보내는 연두교서에서 '조국 근대화'라는 간결한 형태의 국정비전을 제시하였다.[48]

1963년 12월에 출범한 박정희 정부는 '혁명공약'에 따라 국가의 두 가지 기능인 경제발전과 국가 안전보장을 목표로 행정부서를 신설·개편하였다.[49] 1963년 12월 14일 공포된 정부 조직법에 근거하여 대통령을 행정수반으로 하여 국무총리 직속기관을 제외하고 중앙행정기관을 13부 6청으로 구성하였다. 중앙행정기관 중 국가안보와 관련된 조직은 외무부, 국방부, 중앙정보부였다. 중앙정보부는 대통령 소속 정보기관으로 국가안보와 관련된 정보 수집, 대공수사 등을 담당하였다. 국가안전보장회의 예하에 비상기획위원회(대통령령)를 편성하였다. 통일논의에 본격 대비하기 위해 1968년 7월 정부조직법을 개정하고, 1969년 1월 29일 국무총리 직속으로 국토통일원을 설치하였다.

국무회의를 심의기관으로 변경하여 대통령이 국무회의 의결에 구속받지 않게 하였다. 국가안전보장과 관련하여 이승만 정부 시기 국방 관련 심의기관인 국방위원회(대통령령)를 폐지하고, 헌법에 근거한 대통령 자문기관인 '국가안전보장회의'를 설치하였다. 이후 법률에 근거하여 국가안전보장회의의 구성과 직능을 규정하였고, 대통령령에 의거하여 사무국 설치와 회의운영 규정을 신설하는 등 국가안전보장회의 조직을 확대·개편하였다. 대통령훈령으로 1급 이상의 협의·조정기구인 국가안전보장회의 실무자회의를 설치하였다.

이승만·장면 정부의 대통령비서실(국무원령)과 달리, 정부조직법에 근거한 대통령 보좌기관으로 대통령비서실과 대통령경호실을 설치하였다. 이를 통해 대통령 중심제의 전문영역별 임무수행체계로 발전시켰다. 대통령비서실 정무수석실에 외무·국방·통일원 업무를 담당하는 비서관을 두었으며[50] 대통령경호실에 군사와 치안상황을 확인하는 상황실을 설치했다.[51] 그리고 대통령비서실과 별도의 대통령 직속 안보·외교 특별보좌관을 편성하였다. 이를 통해 이승만·장면 정부의 미흡했던 국가안보정책 결정체계를 보완하였다. 전·평시 위기관리를 포함한 중요한 국가안보정책은 우선적으로 소관부처가 입안하고, 관계부처와의 협의 및 국가안전보장회의 토의와 국무회의 심의를 거쳐 대통령이 최종 결정하는 국가안보정책 결정체계를 구축하였다. 지금도 큰 틀에서 이와 같은 체계를 유지하고 있다.

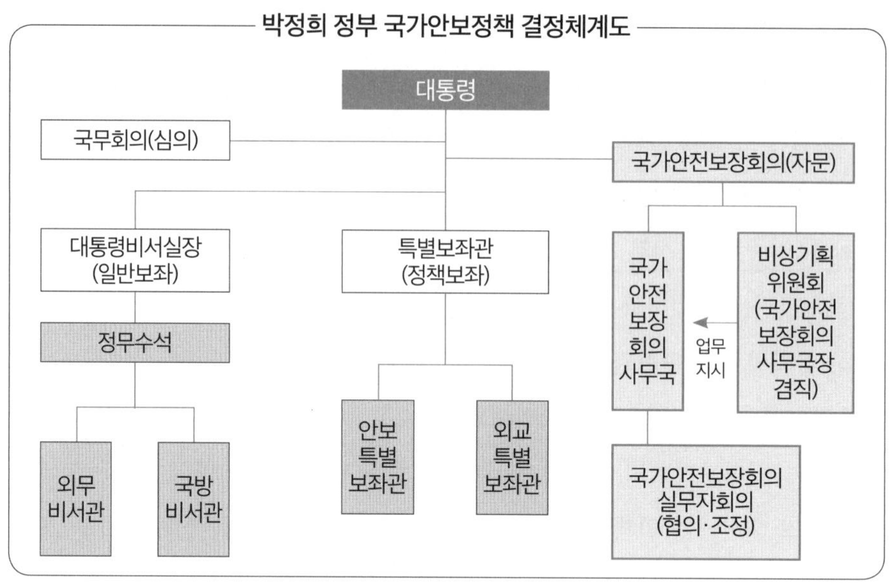

출처: 필자 정리(국가안보 관련 행정부처와 직속 정보기관은 생략)

이승만 정부와 비교해 보면 국무회의를 의결기관이 아닌 최고의 정책심의기관으로 변경하고, 국가안보 관련 대통령 자문을 위해 헌법에 국가안전보장회의 설치 근거를 마련했다. 법률에 기초하여 대통령 보좌기관인 대통령비서실을 체계화하였다. 박정희 정부는 중앙정보부장을 국가안전보장회의 위원에 포함시켜 국가안보와 관련된 국내외 정보를 수집·평가하여 회의에 보고하게 하였다. 또한 군의 권위를 고려하여 국가안전보장회의에 합참의장이 출석할 수 있도록 명시한 점은 의미가 컸다. 반면 대통령비서실장을 정식위원이 아닌 배석자로 지정한 점은 주목되는 부분이다. 또한 국가안전보장회의가 단순한 회의체에 머물지 않도록 국가안전보장회의 예하에 사무국과 조사·연구기관인 비상기획위원회를 설치하고 운영하였다.

국가안보정책 결정체계가 잘 작동한 사례는 1964년부터 이루어진 국군의 베트남 전쟁 파병이었다. 국가안보정책 결정체계에 의해 현지 상황에 대한 정보 수집, 미국과 당시 남베트남 정부의 요청, 박정희 대통령 주재 국가안전보장회의 개최, 한미 국방 당국 간의 협조, 국무회의 심의·의결, 국회 국방위원회 및 외무위원회 심의, 국회 본회의 상정·가결, 파병부대 출발 등 일련의 절차가 이루어졌다. 이러한 파병정책 결정절차는 김영삼 정부에서의 최초의 유엔평화유지군(PKO) 파병과 노무현 정부의 이라크 전쟁 파병 정책결정 등에 영향을 주었다.

박정희 정부의 국가안보정책 결정기관 현황

연도	내용
심의기관	• 국무회의를 의결기관에서 심의기관으로 변경(1962. 12)
대통령 자문기관	• 국가안전보장회의 신설(1962. 12) * 의장: 대통령 * 사무국장: 국가안전보장회의 상근위원 * 위원(10명): 대통령, 국무총리, 경제기획원 장관, 외무부 장관, 내무부 장관, 재무부 장관, 국방부 장관, 무임소국무위원, 중앙정보부장, 상근위원, 필요시 합동참모회의 의장 * 회의 주기: 매월 첫째 주 수요일 * 배석: 국가안전보장회의 사무국장, 대통령비서실장 • 국가안전보장회의 실무자회의 신설(심의·조정기구: 1964. 11~1969. 9) * 실무회의 의장: 국가안전보장회의 위원 중 대통령이 임명 • 국가안전보장회의 사무국 신설(1963. 12), 편성 확대(1974. 12) * 국가안전보장회의 상근위원이 사무국장 겸직 • 비상기획위원회에서 국가안전보장회의 사무국 통제(1979. 2)
대통령 보좌기관	• 대통령비서실 정무수석실 예하에 외무·국방비서관(1964. 2~1979) * 통일원·방위산업담당비서관 단기간 보직(1973. 12~1974. 1)
	• 대통령비서실과 별도로 안보 및 외교특별보좌관(1974. 1. 28~1979)
행정각부	• 외무부, 국방부 • 국무총리 소속 국토통일원 신설
정보기관	• 대통령 소속 중앙정보부 신설
조사·연구기관	• 비상기획위원회 신설(1969. 3) * 국가안전보장회의 상근위원이 사무국장과 비상기획위원장 겸직
한미안보협력기구	• SCM 신설(1968. 2)

출처: 필자 정리

1953년에 체결된 한미상호방위조약 제2조에 기초하여 한미동맹을 유지·강화시키기 위해 1968년에 '한미안보연례협의회의'(SCM)를 설치하고 1978년에 '한미연합군사령부'(CFC)를 창설하였다.[52] 이를 통해 한미합동 군사훈련 및 작전과 한반도 유사시 한미 간에 공동의사결정이 가능해지는 등 한미동맹의 기반을 공고하게 하였다.[53] 1972년에 '7·4남북공동성명'을 발표한 이후 6·25전쟁 이후 최초의 남북대화기구인 '남북조절위원회'를 구성하여 첫 남북대화를 진행했다. 대통령의 통치행위 차원에서 중요한 남북협의는 관련 부처의 협의보다는 소수회의를 통해 이루어지는 특징을 보였다.

국가안보정책 결정기관 종류

(1) 심의기관: 국무회의

박정희 정부는 1962년 12월 26일 개정된 헌법 제86조를 통해, 국무회의를 정부의 권한에 속하는 중요정책을 심의하는 기관으로 변경시켰다. 국무회의는 대통령과 국무총리 그리고 10인 이상 20인 이내의 국무위원으로 구성했고, 대통령의 권한이 확대됨에 따라 국무회의 심의사항은 17개 항목으로 증가하였다. 헌법상 국무회의 심의를 요구하는 항목은 반드시 심의해야 하나, 의결을 요하는 것은 아니었다. 통상 국무회의에서 심의 후 의결하도록 되어 있지만, 법적으로 대통령은 국무회의 의결에 구속받지 않게 하였다.

1961년 8월 26일, 제정된 '각의규정'(각령 제1,257호)을 폐지하고 대통령령으로 국무회의 규정을 제정하였다. 매주 2회(화, 금) 정례국무회의를 소집하고 의안을 사전에 제출하며 차관회의에서 사전심의를 거쳐 국무위원 과반수가 출석하여 2/3 이상의 찬성으로 의결하게 하였다. 1972년, 필요시 서울특별시장이 배석할 수 있게 개정하였다. 국가안보 관련 사항은 국무회의 심의에 앞서 국가안전보장회의의 자문과 대통령비서실의 보좌, 차관회의를 거치도록 정책결정절차를 체계화했다.

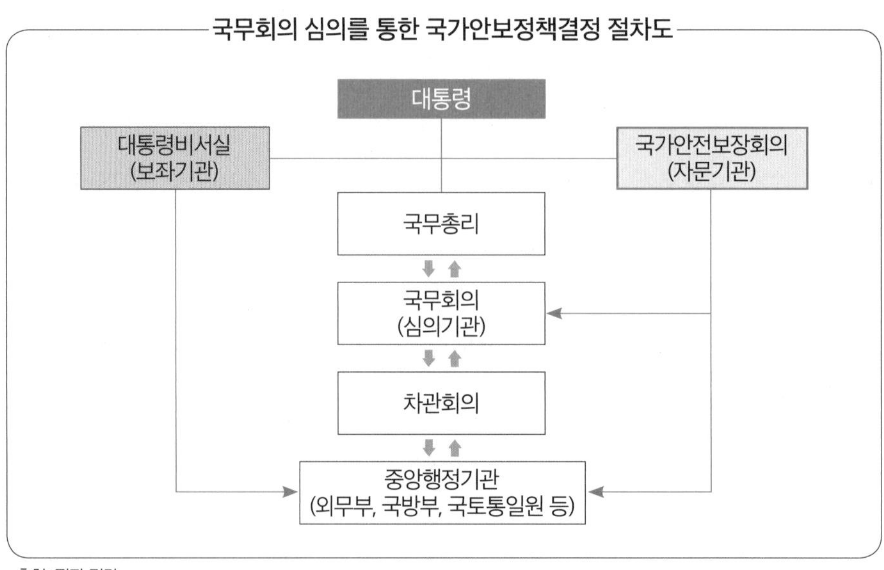

출처: 필자 정리

(2) 대통령 보좌기관: 대통령비서실

1) 초반부(1963. 3~1969. 3): 정무수석실에서 행정각부 업무 통합

박정희 대통령은 이동원 대통령권한대행 비서실장의 후임 대통령비서실장으로 이후락을 임명하였다. '대통령의 직무를 보좌하기 위하여 대통령비서실을 둔다'라는 정부조직법 제9조에 근거하여, 정부 최초로 대통령비서실 직제에 의해 현대적 의미의 대통령비서실을 설치하였다. 이전 이승만·장면 정부에서의 단순한 비서업무에 비해 업무가 획기적으로 늘어났고, 예산과 인원 면에서도 비교가 안 될 정도로 증가하였다. 박정희 정부 초기 대통령비서실은 장관급 대통령비서실장 예하에 1급 정무수석비서관과 2급 총무비서관 등 별도의 업무를 담당하는 5명의 비서관을 두었다. 이 중 정무수석비서관이 행정부 업무를 담당하는 비서관들을 통합하였다.[54] 이러한 이유로 정무수석실 외무비서관실에서 일반적인 외무와 국방 관련 업무를 처리하였다. 국가안보 관련 정책기획과 협의는 주로 국가안전보장회의 사무국에서 담당했다.

박정희 정부 초반부(1964) 대통령비서실 기구도[55]

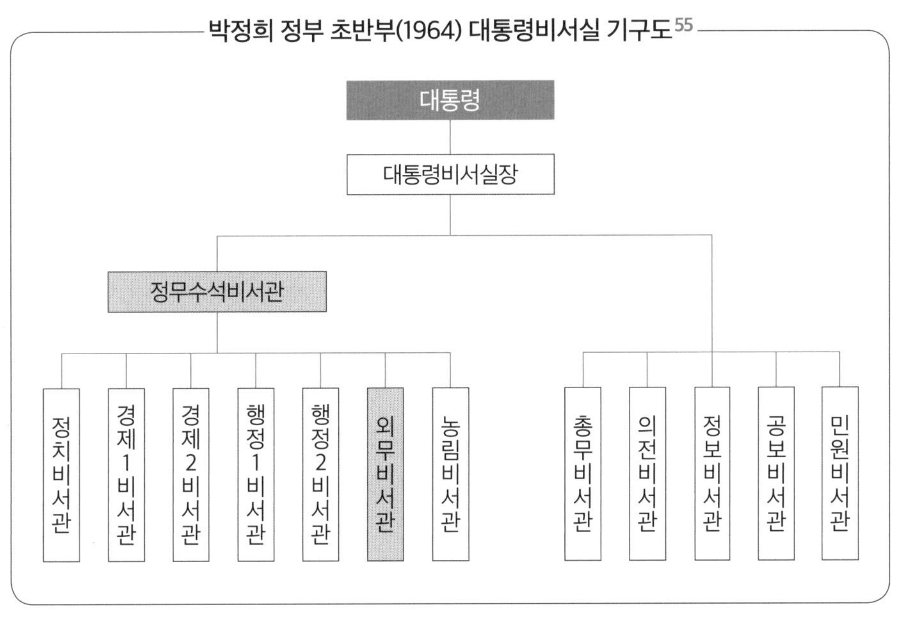

정무수석실이 안보 관련 업무를 수행한 사실은 1965년 1월 7일 박정희 대통령에게 보고한 '아세아반공연맹의 긴급회의 소집을 제의함'(문서)에서 알 수 있다. 1964년 12월 18일 존슨 대통령이 브라운 주한미국대사를 통해 박정희 대통령에게 추가적인 베트남 전쟁 지원을 요청했다. 1965년 1월 2일 외무부는 월남정부로부터 공병부대와 수송부대 증파를 요청하는 서한을 접수하였다. 이에 대통령비서실 양달승 정무수석비서관은 1월 7일 보고서를 통해 미국으로부터 경제·외교·국방상의 보장을 받고 3월에 개회 예정인 '아시아·아프리카회의' 이후에 비정규군인 의용군을 모집해 파병하는 것이 바람직하다고 건의하였다. 구체적으로는 '아세아반공연맹' 긴급회의를 소집하여 회원국들에게 월남에 대한 공산침략의 심각성과 공동대처의 필요성을 인식하게 하고 의용군을 모집해 파월하도록 하자는 의견이다.[56] 그렇게 하면 한국주도로 만든 아세아반공연맹을 발전시킬 수 있고, 아세아반공연맹은 민간기구이기 때문에 의용군 모집에 대한 정부책임도 최소화할 수 있다는 내용이었다. 그러나 박정희 대통령이 국방부에 월남전 파병검토를 지시한 후였고, 12월 29일 국무회의에서 2차 파병 동의안이 심의 의결된 후 국회에 상정하기 전이었다. 이를 보면 대통령비서실이 부처업무에 대한 협의·조정보다는 대통령에 대한 직접 보좌임무에 충실했다는 점을 알 수 있다.

베트남 전쟁 파병 관련 정무수석실 보고서(1965. 1. 7)[57]

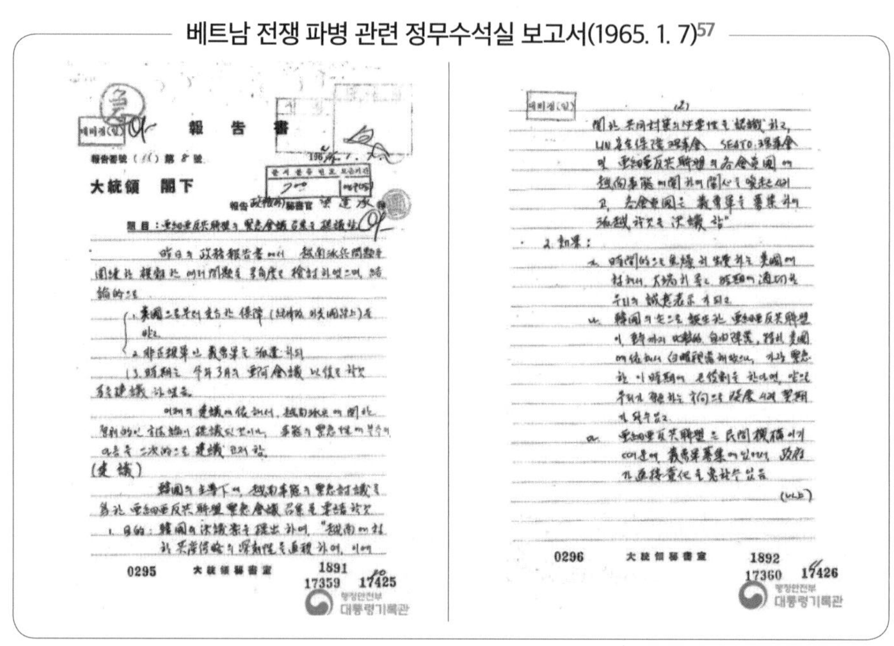
報告書

大統領 閣下

0295 大統領秘書室 1891 17359 17425

0296 大統領秘書室 1892 17360 17426

2) 중반부(1969. 3~1974. 1월 말): 비서실장-분야별 수석비서관-비서관으로 개편

1969년 3월 대통령비서실을 대폭 강화하는 기구개편을 단행했는데, 정무수석실 예하 경제 관련 기능을 경제수석비서관실로 이관하였다. 각 분야별 수석비서관은 장관급 내지 차관급으로 보했으며 예하에 2급 상당의 비서관 4~5명이 업무영역에 따라 세분화된 분야를 담당하였다. 외무와 국방 관련 업무는 정무수석실에서 계속 수행하였다. 대통령 내외를 보좌하는 부속실과 대통령비서실장 직속 보좌관직을 신설하였다.[58] 오원철 경제수석으로 대표되는 경제수석실은 과학기술 업무를 담당하면서 중화학공업과 방위산업 육성임무를 수행하였다. 1971년 12월 오원철 경제수석이 국방과학연구소(ADD)에 최초의 지대지미사일인 '백곰' 개발에 대한 박정희 대통령의 친필메모를 전달한 일화는 유명하다.[59]

박정희 정부 중반부(1970. 5) 대통령비서실 기구도[60]

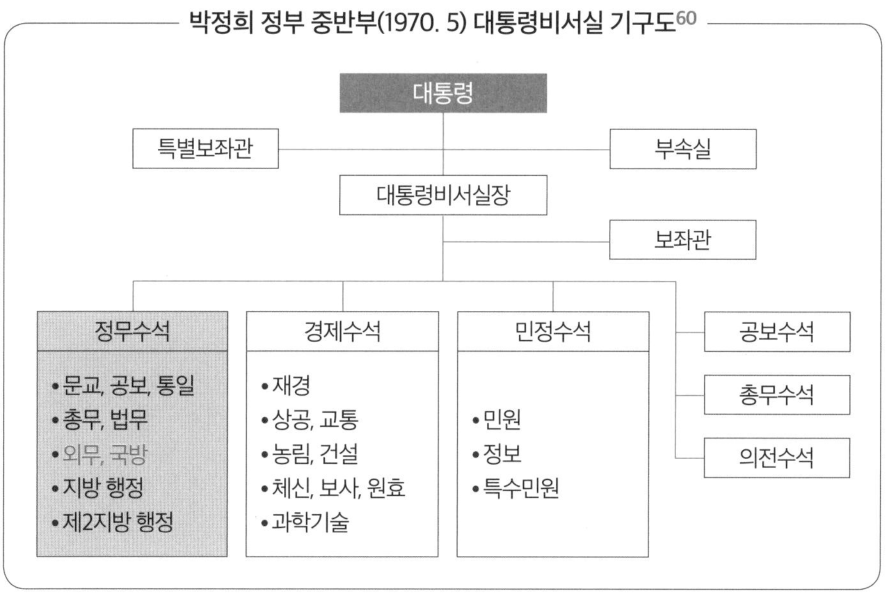

3) 후반부(1974. 1~1979. 12월 말): 행정적 보좌와 정책적 보좌로 구분

1974년 1월경부터 대통령 보좌기관을 행정적 보좌와 정책적 보좌 기능으로 분리하였다. 행정적 보좌는 기존의 각 분야 수석비서관을 중심으로 한 대통령비서실이 담당했고, 중장기 정책입안 및 정책결정을 위한 보좌기능은 특별보좌관이 수행하였다. 경제수석실은 1971년에 경제2수석을, 1972년에는 경제3수석을 신설하며 확대했다가 1973년 이후에는 경제3수석을 폐지하였다. 정무수석실은 정무1수석과 정무2수석으로 분할하였다. 1969년 3월경부터 1973년 말까지는 소수의 장관급 특별보좌관을 두었으나, 1974년 초부터는 업무담당(정치, 안보, 외교, 경제, 사회, 교육문화) 특보단과 사정특보를 임명하였다.

국가안보업무 중 행정적 업무는 주로 대통령비서실 정무수석실에서 담당했고, 정책적 업무는 안보 및 외교특별보좌관이 수행하였다. 특별보좌관은 주로 장관급으로 보임하여 수석보좌관보다 상위였다. 특별히 군 장성으로 구성된 특별보좌관실과 검사로 구성된 사정특별보좌관실을 편성하였다.[61]

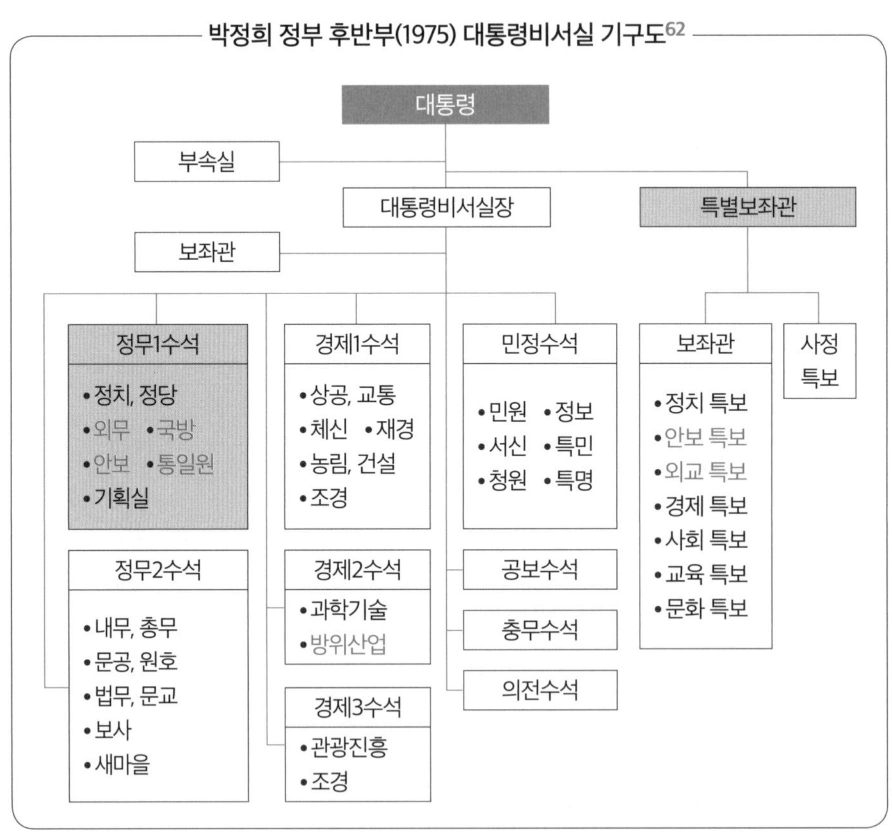

대통령 기록관에서 공개한 박정희 정부 비서실의 해제문서목록 현황을 보면 대통령비서실이 매우 적극적으로 대통령 업무를 보좌한 점을 확인할 수 있다. 이를 통해 박정희 정부 때부터 대통령비서실이 현대적 의미의 체계를 완비한 것을 알 수 있다.

박정희 정부의 대통령비서실 해제문서목록 현황[63]

구 분	목록 제목
국방 관련 문서(80건)	① 1960년대 중후반 한반도 위기와 예비군 창설 및 군 재조직 문제 ② 미국으로부터 군사지원 관련 ③ 유도탄 개발 등 한국군 현대화 관련 ④ 한미일 관계 문서 ⑤ 닉슨 독트린 이후 변화된 안보상황에 대한 대응 ⑥ 한국군의 월남전철수 문제와 관련한 자료 등
일본 관련 문서(33건)	① 한일협정과 재일교포 문제 ② 닉슨-사토 회담과 한일관계 ③ 한일협정 이후의 경제문제 등
미국 관련 문서(164건)	① 한미경제관계 ② 월남 파병 ③ 군사원조 ④ 미군 철수 ⑤ 유엔관계 ⑥ 4자회담 ⑦ 미국과 중공관계 ⑧ 과학기술분야 등
월남전 관련 문서(109건)	① 아세아반공연맹의 긴급회의 소집 제의 ② 월남정책에 관한 정부 내 의견 통일의 필요성 ③ 한국의 월남 후방지원과 한월 경제협력 ④ 월남 정세와 파리평화협상 ⑤ 한국군의 월남전 철수 ⑥ 사이공 함락과 한국교민 철수 등
대공산권 정책 관련 문서(148건)	① 불란서의 중공승인, 닉슨 대통령의 중공과 소련 방문 등 한국의 장래 ② 공산지역과의 교역문제 ③ 중국 대표권 문제 관련 일본 외무성의 견해 ④ 북괴, 중공, 소련의 관계 분석을 통한 정세전망 및 대책 ⑤ 최규하 외교특별보좌관의 태국 방문 결과보고 등
대북정책 관련 문서 (199건)	① 한국의 유엔 정책 관련 문서 ② 남한과 북한의 서방정책 관련 문서 ③ 한국의 중립국정책 관련 문서 ④ 남한과 북한의 비동맹정책 관련 문서 ⑤ 남한과 북한의 공산국정책 관련 문서 ⑥ 남북관계 관련 문서 ⑦ 한국의 국제기구정책 등

(3) 대통령 자문기관: 국가안전보장회의

1) 헌법에 근거한 국가안전보장회의 신설(1962. 12. 26)

국무회의는 국정전반에 관한 심의기관이므로 고도의 정보 및 전문성을 요하는 국가안보정책의 심의·조정에 한계가 있었다. 더구나 심의안건에 대해 종합적이고 심층적인 사전분석 및 협의를 할 수 있는 기구가 없어서, 실질적인 정책심의를 할 수 없었다. 특히 국가위기와 같은 안보상황 발생 시에 회의소집 절차와 준비가 복잡했고 국무회의 위원 수가 많아 신속성과 기밀성 보장이 제한되어, 국무회의는 위기관리기구로서 부적합하였다.[64] 이러한 점에 착안하여 1962년 12월 26일 전부 개정된 헌법 제6호 제87조에 '국가안전보장에 관련된 대외정책, 군사정책과 국내정책의 수립에 관하여 국무회의 심의에 앞서 대통령의 자문에 응하기 위하여 국가안전보장회의를 둔다'는 조항을 두었다. 이로써 국가안전보장회의의 강력한 설치근거를 마련하였다.

이러한 국가안전보장회의와 관련한 헌법 조항은 제4공화국 헌법 제67조(1972. 12. 27), 제5공화국 헌법 제67조(1980. 10. 27), 제6공화국 헌법 제91조(1987. 10. 29)로 조항만 변동되어 현재까지 1962년 제정 당시와 동일하게 이어지고 있다.[65]

〈국가안전보장회의 관련 헌법 조항[66]〉

헌법 제6호(1962. 12. 26, 전부개정) 제87조

① 국가안전보장에 관련되는 대외정책, 군사정책과 국내정책의 수립에 관하여 국무회의 심의에 앞서 대통령의 자문에 응하기 위하여 국가안전보장회의를 둔다.

② 국가안전보장회의는 대통령이 주재한다.

③ 국가안전보장회의의 조직·직무범위 기타 필요한 사항은 법률로 정한다.

이어서 1963년 12월 14일 국가안전보장회의법(법률 제1508호)을 제정하여 회의의 구성과 직능 등을 규정하였다. 이를 통해 국가안전보장회의가 대통령의 국가안보정책 자문기관으로서 기능할 수 있는 법적 근거를 마련하였다. 제2조(구성)는 이승만 정부의 국방위원회와 비슷하게 경제기획원 장관 등을 포함하여 9명의 위원으로 편성하도록 했고, 제3조(직능)에 대통령 자문에 응한다는 임무를 명시하였다. 한편 제5조(합동참모회의 의장의 회의 출석권)를 통해 군의 위상을 고려하였다. 제8조(중앙정보부와의 관계)에 '중앙정보부는 국가안전보장에 관련된 국내외 정보를 수집·평가하며 이를 회의에 보고하여 심의에 자하여야 한다'고 명시하여, 장면 내각에서 미흡했던 국가정보기관의 역할을 명확하게 부여하였다. 제9조(사무국)를 통해 국가안전보장회의 관련 업무를 할 수 있는 사무기구 설치 근거를 마련하였다. 이후 2021년 현재 문재인 정부까지, 10여 차례 법률을 개정했지만 큰 틀에서 관련 내용을 유지하고 있다.

〈국가안전보장회의법(법률 제1508호, 1963. 12. 14)[67]〉

제1조(목적) 이 법은 국가안전보장회의(이하 '회의')의 조직·직무범위 기타 필요한 사항을 규정함을 목적으로 한다.

제2조(구성) ① 회의는 대통령·국무총리·경제기획원 장관·외무부 장관·내무부 장관·재무부 장관·국방부 장관·대통령이 정하는 무임소국무위원 및 중앙정보부장과 대통령이 위촉하는 약간의 위원으로서 구성한다. ② 대통령은 회의의 의장이 된다.

제3조(직능) 회의는 국가안전보장에 관련되는 대외정책·군사정책과 국내정책의 수립에 관하여 대통령의 자문에 응한다.

제4조(의장의 직무) ① 의장은 회의를 소집하고 이를 주재한다. ② 의장은 국무총리로 하여금 그 직무를 대행하게 할 수 있다.

제5조(합동참모회의 의장의 회의 출석권) 합동참모회의 의장은 회의에 출석하여 발언할 수 있다.

제6조(의견의 진술) 의장은 필요하다고 인정하는 경우에는 관계부처의 장 기타의 관계자를 회의에 출석하게 하여 의견을 진술하게 할 수 있다.

제7조(관계부처의 협조) 회의는 관계부처에 대하여 자료의 제출 및 기타 필요한 사항에 관하여 협조를 요구할 수 있다.

제8조(중앙정보부와의 관계) 중앙정보부장은 국가안전보장에 관련된 국내외 정보를 수집·평가하며 이를 회의에 보고하여 심의에 자하여야 한다.

제9조(사무국) ① **회의에 상정될 의안의 정리·자료의 준비 및 연구 기타 서무에 관한 사무를 처리하기 위하여 회의에 사무국을 둔다.** ② 사무국에 국장과 기타 필요한 직원을 둔다. ③ 국장은 1급인 일반직 국가공무원으로 보하며 대통령이 임명한다. ④ 국장은 의장의 명을 받아 사무국의 사무를 통할하며 소속직원을 지휘·감독한다.

제10조(위임규정) 회의와 사무국에 관하여 필요한 사항은 대통령령으로 정한다.

2) 국가안전보장회의 사무국 설치(1963. 12. 16)

1963년 12월 16일 국가안전보장회의 사무국직제(대통령령 제1754호)에 근거하여 총 47명 규모의 사무국을 편성하였다.

국가안전보장회의 사무국(1963. 12. 16) 기구도[68]

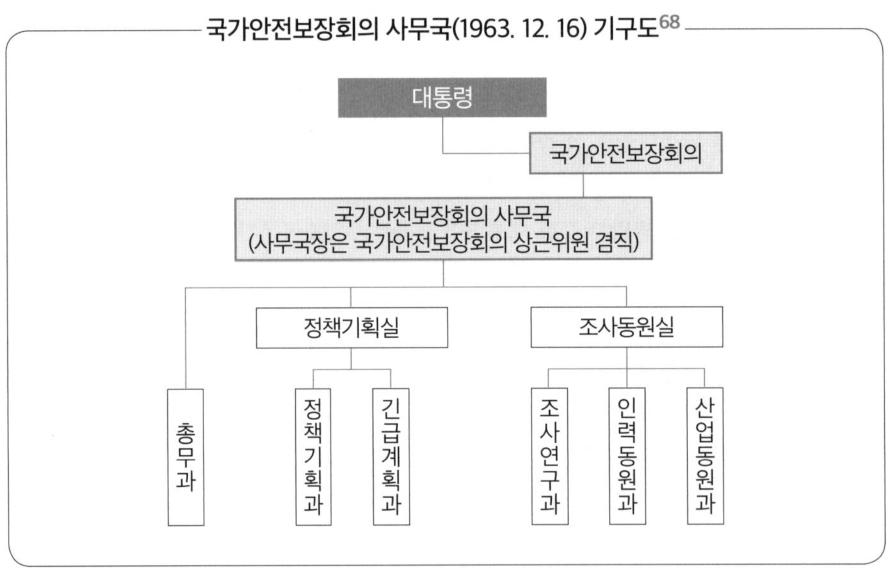

국가안전보장회의 사무국에 총무과, 정책기획실, 조사동원실을 두었고 국가안전보장회의 의장(대통령)의 지휘감독하에 국가안전보장회의에 상정할 의안의 정리 및 자료준비와 연구, 기타 서무업무에 관한 사항을 관장하도록 하였다. 국가안전보장회의 송석하 초대 사무국장은 1964년 2월 1일 부로 1급 일반직 국가공무원으로서 국가안전보장회의 상근위원을 겸직하였다. 사무국은 경복궁 내에 있던 중앙청 본관에 위치했으며, 1964년 2월 15일부터 업무를 개시하였다. 3월 7일 박정희 대통령이 주재한 최초의 국가안전보장회의에서는 국가안전보장회의 운영규정을 심의하였다. 그 결과 1964년 6월 8일 국가안전보장회의 운영규정(대통령령 제1833호)을 신설하여 회의 운영을 구체화하였다. 특히 제7조(회의보고)에, 회의에서 결의된 사항은 물론 소수의견도 회의록에 첨부하여 대통령에게 문서로 보고하고 그 부본을 위원에게 배부한다는 규정을 넣어 회의의 투명성과 역사성을 보장하였다. 그리고 대통령비서실장과 의사지원을 담당하는 사무국장은 위원이 아닌 배석자로 구분하였다. 참고로 국토통일원 장관의 경우 박정희 정부에서 국가안전보장회의에 참석하지 않았다. 전두환 정부 출범 이후 배석자로 포함했다가, 노태우 정부가 출범한 이후에 통일원 장관을 국가안전보장회의 위원으로 포함하였다.

〈국가안전보장회의 운영규정(대통령령 제1833호, 1964. 6. 8)[69]〉

제1조(목적) 이 영은 국가안전보장회의법 제10조의 규정에 의하여 국가안전보장회의의 운영에 관하여 필요한 사항을 규정함을 목적으로 한다.

제2조(회의소집) ① **회의는 정례회의와 임시회의**로 구분한다. ② **정례회의는 매월 첫 주 수요일에 소집**한다. 다만, 첫 주 수요일이 공휴일인 때에는 그 다음 주 수요일로 한다. ③ 임시회의는 필요에 따라 의장이 수시로 소집한다. ④ 회의는 비공개로 한다.

제3조(의안) ① **의안은 결의사항과 보고사항으로 구분**한다. ② **결의사항은 대통령이 자문한 사항 및 위원이 특히 필요하다고 인정하여 제안한 사항으로 한다.** ③ **보고사항은 위원이 회의의 심의에 자하기 위하여 필요하다고 인정하여 회의에 보고하는 사항으로 한다.** ④ 위원이 의안을 제출하고자 할 때에는 회의개회 7일 전까지 회의사무국에 제출하여야 한다. ⑤ 회의사무국장은 의안을 회의개회 5일 전까지 의사일정과 함께 위원 및 제5조의 규정에 의한 배석자에게 배부하여야 한다. 다만, 긴급임시회의의 경우에는 예외로 한다.

제4조(의사정족수) **회의는 재적위원 3분의 2 이상의 출석으로 개의하고, 출석위원 과반수의 찬성으로 결의**한다.

제5조(배석) 회의는 위원 외에 **사무국장·대통령비서실장을 배석**하게 할 수 있다.

제6조(회의록) ① 사무국장은 회의의 진행에 관하여 회의록을 작성하여야 한다. ② 회의록에는 회의에 출석한 위원 1인과 사무국장이 서명·날인하여야 한다. ③ 회의록의 작성을 위하여 필요하다고 인정한 때에는 사무국의 직원을 회의에 참석하게 할 수 있다.

제7조(회의보고) **사무국장은 회의에서 결의된 사항과 소수의견을, 회의록을 첨부하여 대통령에게 문서로 보고하고, 그 부본을 위원에게 배부**하여야 한다.

제8조(위원의 보수) 위원 중 상근하는 위원에 대해서는 국무위원상당의 보수를 지급하고, 회의에 출석한 비상근위원에 대해서는 일당 및 실비를 지급한다.

3) 국가안전보장회의 실무자회의(심의·조정기구, 1964. 11. 30)

1964년 11월 국가안전보장회의의 실무적 협조가 원활하게 이루어지도록 국가안전보장회의 예하에 1급 이상에 해당하는 공무원으로 구성된 '실무자회의'를 신설하였다. 국가안전보장회의 실무자회의는 1969년 9월 10일(대통령훈령 제26호)에 폐지되었다가, 김대중 정부에서 NSC 상임위원회와 NSC 실무조정회의 형태로 나타난다.

〈국가안전보장회의 실무자회의 규정(대통령훈령 제7호, 1964. 11. 30)[70]〉

제1조(설치) 국가안전보장에 관련되는 관련부처와의 실무적 협조를 긴밀하게 하고 **상정될 의안의 효율성을 심의조정하기 위하여 국가안전보장회의에 실무자회의**를 둔다.

제2조(회의의 구성) ① 회의는 국가안전보장회의법 제2조 제1항에 의한 **대통령이 위촉한 국가안전보장회의위원 중 동 의장이 지명한 위원 1인과 국가안전보장회의 위원이 속하는 원·부 및 국가안전보장회의 사무국의 국가공무원 1급 이상에 해당하는 공무원으로 구성**한다. ② 회의에 의장을 두되 의장은 전항의 의장이 지명한 위원이 된다. ③ 회의위원은 회의의장이 위촉한다.

제3조(의장의 직무) ① 의장은 회의를 대표하며 회무를 통리한다. ② 의장이 사고가 있을 때에는 국가안전보장회의위원의 구성순위에 따라 그 직무를 대행한다.

제4조(회의) ① 회의는 의장이 필요하다고 인정한 때에 소집한다. ② 회의는 의안의 심의조정이 필요한 관계 원·부·처의 위원 중 의장이 소집하는 위원의 출석으로 개의하고 출석위원전원의 찬성으로 합의한다.

제5조(의견의 진술) 회의의장이 필요하다고 인정한 때에는 관계자로 하여금 회의에 출석하여 의견을 진술하게 할 수 있다.

제6조(간사) ① 회의에 간사 약간 명을 둔다. ② **간사는 국가안전보장회의 사무국 직원 중에서 회의의장의 요청에 의하여 사무국장이 위촉**한다. ③항 생략

4) 국가안전보장회의 비상기획위원회 설치(1969. 3. 24)

1965년 2월 24일 국가안전보장회의 예하에 민방위제도의 개선 및 민방위조직에 관한 조사와 연구 활동을 하는 ‘민방위개선위원회’(대통령령 제2053호)를 설치하였다. 1966년 5월 20일 국가동원체제를 조사·연구하기 위해 ‘국가동원체제연구위원회’(대통령령 제2537호)를 설치하고, 민방위개선위원회를 해체하였다. 1968년 1월에는 국가동원체제연구위원회에 충무계획반을 추가하여 충무계획을 수립하고 정부연습 차원에서 ‘태극연습’을 실시하였다.[71]

1968년 1·21사태 이후 박정희 정부는 북한의 4대 군사노선 추진에 대비하는 차원에서 민방위업무 및 국가동원체계 등을 연구하기 위해 비상기획위원회를 설치했다.[72] 1969년 3월 24일 비상기획위원회 규정(대통령령 제3818호)에 의거 국가안전보장회의 예하에 신설하였다. 비상기획위원회는 국가동원체제연구위원회를 모체로 하였고,[73] 위원장과 부위원장을 포함하여 25명 규모였다. 국가안전보장회의 상근위원 겸 사무국장이 비상기획위원장을 겸하였다.

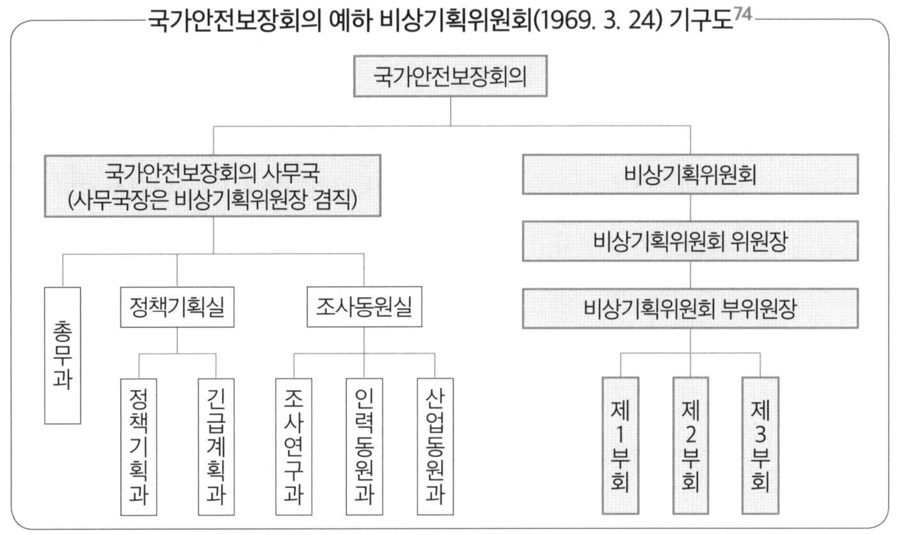

5) 국가안전보장회의 사무국 조직 보강(1974. 12. 31)

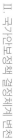

1974년 12월 31일 국가안전보장회의 사무국의 정책업무를 보다 효율적으로 수행하기 위해 조직을 보강하였다. 정책기획실을 정책기획관, 운영담당관, 대외정책연구관, 국내정책연구관으로 세분화하여 확대하였다. 조사동원실을 조사분석실로 개칭하면서 조사분석담당관과 자료관리담당관을 신설하였다. 그리고 사무국장 직속의 기획관을 두어 사무국 규모는 총 88명이 되었다.

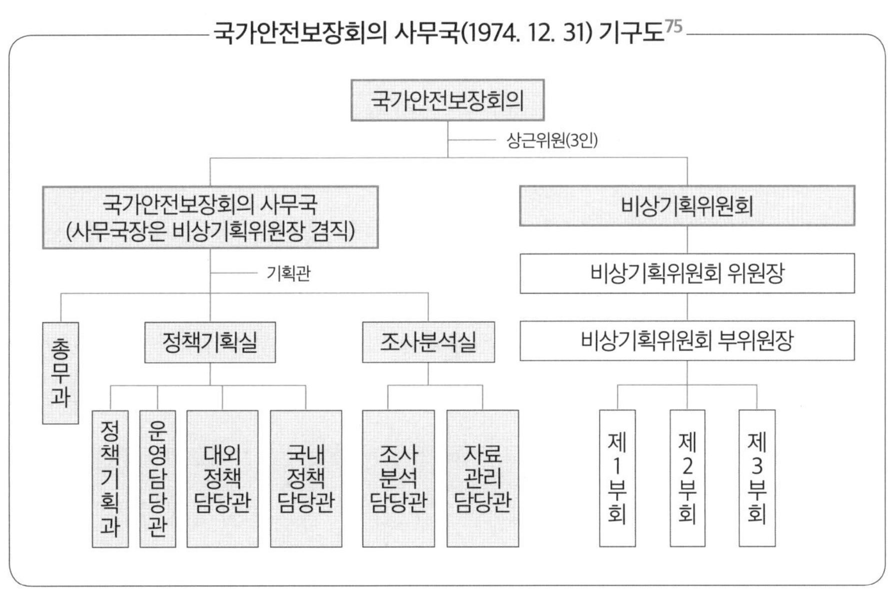

6) 비상기획위원회에서 국가안전보장회의 사무국 통제(1979. 2. 15)

1979년 2월 15일 대통령령 제9329호에 의거하여, 국가안전보장회의 사무국을 총무과와 의사과로 대폭 축소하여 국가안전보장회의의 의사지원 및 서무업무만 전담하게 하였다. 대부분의 임무와 조직을 비상기획위원회로 이관하였다. 사무국장을 관리관급으로 조정하고 비상기획위원장의 지휘 하에 소관업무를 수행하게 하였다. 비상기획위원회에 국가비상사태와 관련된 제반사항의 소요와 현황을 관리·유지하기 위해 종합상황실을 설치하였다.

비상기획위원회와 국가안전보장회의 사무국과의 관계도[76]

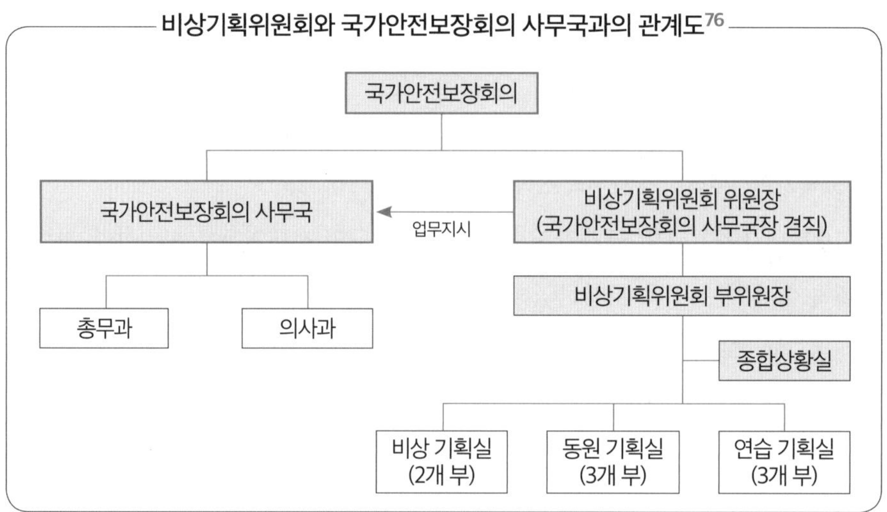

7) 국가안전보장회의 운영현황

1964년 3월 7일부터 1979년 말까지, 국가안전보장회의를 보고회의와 정책토의로 구분하여 대통령 또는 국무총리 주재하에 비공개로 총 30회 개최하였다.[77] 1964년에서 1967년까지는 월남 파병에 관한 문제와 환율개정에 따른 경제안정대책, 북한의 휴전선 일대 침범과 철도 폭파사건 등을 다루었다. 1970년부터 1979년까지는 국가안전보장 기본정책과 충무계획 심의 위주로 운영했으나, 1976년에는 8·18 판문점사태 후의 전반적인 국내외 안보정세를 분석·토의하였다. 법규에 의해 안전보장회의 위원과 배석자를 엄격하게 통제하였다. 그 예로 1971년 12월 6일 제85회 국무회의와 합동으로 개최된 1971년 1차 회의에서 중앙정보부장을 대리하여 참석한 중앙정보부 차장을 위원이 아닌 배석자로 한 것을 통해 알 수 있다.

〈1971-1차 국가안전보장회의(1971. 12. 6)[78]〉

중공의 유엔가입 등 국제정세의 급변과 북괴의 남침 준비 등으로 우리나라 안보가 위기에 처해 있다고 판단, 국가안보태세 강화를 위한 필요성에서 비상사태를 선포하기 위하여 개최하였다.(제85회 국무회의와 합동회의)

1. 일시: 1971. 12. 6
2. 장소: 국무회의실
3. 주재: 대통령
4. 참석자
 - 안보회의 위원
 국무총리 김종필, 부총리 김학렬, 외무부 장관 김용식, 내무부 장관 김현옥, 재무부 장관 남덕우, 국방부 장관 유재흥, 상근위원 이현진
 - 배석자
 문교부 장관 민관식, 문화공보부 장관 윤주영, 대통령비서실장 김정렴, 합동참모회의 의장 심흥선, 중앙정보부 차장 김치열, 육군참모총장 서종철, 해군참모총장 장지수, 공군참모총장 옥만호, 해병대사령관 정광호, 수도경비사령관 윤필용
5. 의안(결의사항): 국가비상사태 선포

(4) 한미 안보협력체제 구축: SCM 신설, CFC 창설

1) 한미연례국방각료회의 신설(1968. 2), SCM으로 확대

한미 간의 주요 안보현안 관련 회의는 1968년 제1차 회의를 시작으로 2020년까지 모두 52차례 개최되었다. 양국의 국방부 장관을 수석대표로 연례적으로 개최하는 SCM을 통해 협의·조정하고 있다. 1968년 1·21사태와 미 해군정보함 푸에블로(Pueblo)호 납치사건(1. 23)이 발생하였다. 이를 해결하기 위해 2월 12일 밴스(Cyrus R. Vance) 미 국무부 장관이 존슨(Lydon B. Johnson) 미 대통령 특사로 방한하였다. 당시 한반도의 긴장고조와 한국의 베트남 파병에 따른 양국 간의 우호적인 군사협력 분위기가 조성된 상황에서, 양국의 안전보장문제를 협의하기 위해 국방 각료급 연례회의를 교대 개최하기로 합의하였다. 1968년 4월 17일 박정희 대통령과 존슨 대통령 간의 한미정상회담 시 이를 구체화하여, 1968년 5월 27일부터 28일까지 워싱턴에서 '한미연례국방각료회의'(Annual U.S.-ROK

Defense Offical Meeting)를 개최하였다.[79] 1971년 2월, 한미 정부 간 합의에 따라 한미연례국방각료회의를 '한미안보협의회의'로 개칭하고 위상을 승격시켰다. 이를 통해 국방각료 만의 회담이 아닌 국방부 장관을 수석대표로 하는 국방외교를 통합한 정부 차원의 안보협의체가 되었다. 1971년 7월 13일 4차 회의부터 SCM 명칭을 공식 사용하기 시작했다.

SCM은 본회의와 실무위원회로 나눈다. 본회의는 양국 국방부 장관이 공동 주도한다. 실무위원회는 정책검토위원회(PRS),[80] 안보협력위원회(SCC),[81] 군수협력위원회(LCC),[82] 방산기술협력위원회(DTICC),[83] 공동성명위원회(JCC)[84] 5개 분과로 구성하며 SCM 개최 이전에 의제 선정 및 협상방향을 상호 검토하고 발전시키는 역할을 한다. 군사위원회(MC)는 본회의와 상설회의로 나눈다. 본회의는 한반도의 군사위협 분석과 군사대비책을 협의하고 연합사 연간 업무보고를 청취하며, 연합 군사전략의 발전방향을 종합적으로 검토하여 한미연합군사령관에게 전략지시와 작전지침을 부여한다. 본회의는 연 1회 SCM 전에 개최하고 정식위원은 5명으로, 한미 합참의장과 양국 의장이 지명한 대표 각 1명(통상 합참 전략본부장, 태평양사령관) 및 양국을 공동 대표하는 한미연합군사령관으로 구성한다. 상설회의는 한미 어느 일방이 요청할 경우 개최하며, 양국 대표는 한국 합참의장과 미 합참의장을 대리하는 주한미군 선임장교(주한미군사령관 겸직)가 맡는다.

SCM 구성도[85]

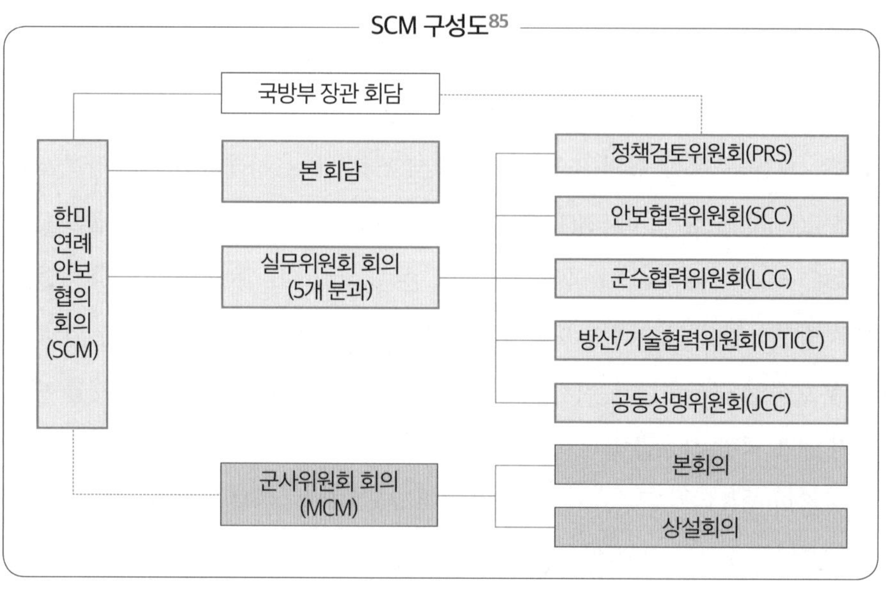

박정희 정부는 1968년 5월 27일 제1차부터 1979년 10월 18일 제12차 SCM까지 개최하였다. 1969년 6월 서울에서 개최된 제2차 회의에서는 울진·삼척지구 무장간첩사건[86] 이후 안보환경을 평가하고 한국군의 현대화 계획을 논의하였다. 1971년 호놀룰루에서 열린 제3차 회의에서는 북한과 한반도 주변 적성국의 위협 평가, 주한미군 병력 수준, 한국군현대화 추진 계획, 방위산업 육성 지원 등을 논의하였다.[87] 1970년 이후의 SCM에서는 유엔사의 역할 변화에 따른 한미군사위원회(MC)와 한미연합군사령부(CFC) 창설과 관련하여 협의하고 성과를 분석했다.

2) 한미군사위원회(MC)와 한미연합군사령부(CFC) 창설(1978. 11. 7)

1970년대에 들어서면서 1969년 닉슨독트린 이후 주한 미 제7사단 철수(1971. 3. 17), 한미 제1군단 창설(1971. 7. 1) 등 기존의 한미연합지휘체제에 변화가 생겼다.[88] 그리고 1972년 6월 한국전쟁 참전 유엔회원국 중 마지막 남은 태국군이 철수함으로써, 한국에 주둔하는 유엔군은 미군만 남게 되었다. 게다가 유엔의 적대국인 중국이 유엔안보리 상임이사국이 됨으로써 더 이상 유엔군이라는 명분을 유지하기 어려웠다. 이에 미국은 1974년부터 유엔사 해체가능성에 대비하여 정전협정 대안을 마련하기 시작하였다. 이러한 배경하에 1974년 4월부터 한미는 한미연합군사령부 창설 협의를 시작했다. 1976년 5월 14일 박정희 대통령의 지시로 제9차 SCM에서 한미연합지휘체제에 관한 한국 측 안을 미국 측에 제의하면서 본격적인 논의에 들어갔다. 당시 박정희 대통령의 지시는 '① 소수의 주한미군을 지휘하는 미군 장성이 한국군을 일방적으로 작전통제함은 모순이므로 계획 작성 및 작전통제권 행사과정에 한국군의 적극 참여가 필요하다. ② 과거 월남은 분리된 각개 군사 지휘체제 유지로 주월 미군의 철수가 용이하였으며 이는 결과적으로 공산화의 촉진을 초래하였다. ③ 한미연합지휘체제를 유지할 경우 양국이 합의한 연합사령부 해체는 미군철수 결정 후에도 최소한 1년간의 소요 시간이 필요할 것이다'라는 판단에 근거하였다.[89]

한미연합군사령부(CFC) 창설 관련 한미 협의과정

구분	주요 내용
1974년	• 4월 28일, 미국 정부가 한국 정부에 최초 제의 * '유엔군사령부를 대체하여 한국군의 작전통제권을 주한미군 선임장교 지휘하에 한미연합군사령부로 이양한다'
	• 5월 1일, 미국 정부의 제의에 대한 한국 정부의 기본입장 제시 ① 한미연합군사령부의 상부기구로 군사위원회(MC) 설치 ② 연합군사령관과 연합사령부의 작전통제를 받는 한, 한미 양국군 부대목록은 합의하에 결정 ③ 한미합의의사록을 수정하고 기타 사항은 외교경로를 통하여 협의
1975년	• 5월 28일, 미국 정부의 기본입장 제시 ① '상당 수준의 미군'이 주둔하는 한, 연합군사령관에 미군 대장을 임명 ② 유엔사의 작전통제하에 있는 한국군은 한미연합군사령관이 계속 작전통제 ③ 미군은 한미상호방위조약에 따라 적의 무력공격 시 전투부대 제공 ④ 한국 정부가 제의한 한미군사위원회 설치는 일부 변경할 것을 고려
1976년	• 5월 14일, 박정희 대통령 지침 하달 ① 미국 정부에 제시한 한국 정부의 기본입장(1974. 5. 1) 재확인 ② 지극히 애매한 표현인 '상당 수준의 미군'을 '현 수준 또는 양국이 합의한 미군이 주둔하는 한, 연합군사령관에 미군 대장을 임명한다'로 수정 ③ 한미 양군을 작전통제 하는 것이 연합 지휘체제의 기본개념에 합치되므로 부대목록은 양국 합의에 따라 결정 ④ 군사위원회의 구성, 형태, 기능은 쌍방의 합의로 결정
	• 5월 26일, 제9차 SCM에서 한미 양국(안) 협의
1977년	• 7월 26일, 제10차 SCM에서 한미연합군사령부(CFC) 창설 합의
1978년	• 7월 27일, 제11차 SCM에서 한미연합군사령부(CFC) 조직 및 기능 합의
	• 1978년 11월 7일 00:01부로 한미연합군사령부(CFC) 창설

출처: 필자 정리

한미연합군사령부 창설 이후, 한미국가통수기구(NCA)가 SCM을 통해 한미군사위원회(MC)에 전략지침을 하달하면 한미군사위원회가 한미연합군사령부에 전략지시를 내리는 한미연합지휘체계가 작동하게 되었다.[90] 이를 통해 6·25전쟁 직후인 1950년 7월 17일부터 유엔군사령관에게 위임되었던 한국군에 대한 작전통제권을 한국군이 참여하는 한미연합군사령관에게 전환함으로써, 향후 한미 군사관계가 더욱 발전하는 계기가 되었다. 한미연합군사령부가 창설됨에 따라 효율적인 연합작전을 수행할 수 있도록 한미 동률로 연합참모부를 구성하여 한국의 입장을 강화했고, 유엔군사령부는 정전협정에 관한 업무만을 수행하게 하였다. 한미연합군사령부와 유엔군사령부는 상호 지원·협조관계이나, 정전관리 업무에 관해서는 유엔군사령관이 한미연합군사령관을 통제하도록 하였다. 한국 합동참모본부는 국방부 장관의 군령 보좌기능을 수행하면서, 한미군사위원회를 통해 한미연합군사령부에 전략지시와 작전지침을 부여할 권한을 갖게 되었다.

(5) 남북대화기구: 남북조절위원회

박정희 정부는 1969년 3월 1일 국토통일원을 설치하여 자주적이고 신축적인 대북정책을 모색하였다. 1970년 1월 9일 박정희 대통령은 연두기자회견에서 1970년대 통일정책의 기본방향을 밝혔으며, 같은 해 8월 15일 광복 제25주년 경축사에서 '평화통일구상'을 발표하였다.[91] 이러한 노력으로 1971년 중반 이후 남북대화의 물꼬가 트이기 시작하였다. 북한은 1971년 8월 6일부터 더 이상 한미간·한일 간의 조약 폐지를 통일의 조건으로 내세우지 않았다. 그리고 더 이상 박정희 대통령의 축출을 요구하지도 않았으며, 김일성은 공개적으로 남한의 모든 당사자들과 통일에 대해 논의하자고 주장하였다. 이에 한국은 8월 12일 이산가족 문제를 토의하기 위해 북한에 남북적십자대표회담을 제의했고, 북한이 응하면서 남북대화가 시작되었다. 8월 14일 판문점에서 개최된 남북적십자예비회담은 정전협정 체결 이후 남북한 간의 최초의 직접 접촉이었다.

남북적십자예비회담이 진행되는 동안 남북 최고당국자의 비공개 특사들이 막후 협상을 벌였다. 당시 비밀 접촉을 진행한 이유는 남북적십자회담이 정치적으로 변질되지 않도록 예방하고, 남북 간에 직접적인 대화통로를 마련하여 한반도 평화정착의 계기를 마련하고자 했기 때문이다.[92] 1972년 5월 2일부터 5월 29일까지 서울과 평양에서 실무회담을 거쳐, 남북으로 분단된 지 27년 만인 7월 4일 오전 10시에 첫 남북합의서인 '7·4 남북공동성명'을 서울과 평양에서 각각 발표하였다. 7·4 남북공동성명 6항에 따라 이후락 중앙정보부장과 김영주 북한 노동당 조직지도부장은 남북조절위원회 공동위원장회의를 개최했다. 1972년 11월 4일 '남북조절위원회 구성 및 운영에 관한 합의서'에 합의하고, 11월 30일 정식으로 남북조절위원회를 구성·발족시켰다. 당시 최규하 대통령 외무특별보좌관이 남북조절위원회 위원으로 참석하였다.

그러나 이후 진행된 남북조절위원회 회의에서 북한은 7·4 공동성명의 조국통일 3원칙에 따라 남측이 ① 반공정책을 포기하고 공산주의를 용납해야 하며 ② 통일과 관련하여 더 이상 자유민주주의 체제를 옹호하지 말아야 하고 ③ 유엔도 외세이기 때문에 유엔은 어떠한 형태로든 한반도 통일문제에 개입하지 말아야 하고 ④ 주한미군은 즉시 철수해야 하며 ⑤ 국군의 전력증강은 물론 군사훈련도 중지되어야 한다고 주장하였다. 박정희 정부는 이러한 북한의 주장은 소위 '남조선 혁명' 수행에 유리한 여건을 조성하려는 의도를 드러낸 것이라고 판단하였다. 이로 인해 1973년 6월 15일 평양에서 개최된 제3차 남북조절위원회 회의는 아무런 합의 없이 끝났다. 이후에도 북한은 박정희 대통령의 '6·23 평화통일외교정책선언'과 반공법·국가보안법 폐지 및 주한미군 철수라는 전제조건을 내세웠다. 게다가 1974년 8월 박정희 대통령에 대한 권총암살기도 사건이 발생하고 11월 고랑포 땅굴이 발견되면서, 남북대화는 중단되었다.

미주

1. 일민주의는 계급의 구분에 입각해 국가 사회를 건설하려는 공산주의와는 달리 빈부의 구별, 반상(班常)의 구별, 남녀의 구별, 지방의 구별 없이 사회구성원 모두가 동등하게 국가 건설 과정에 참여하자는 내용이다. 박영준, 『한국 국가안보전략의 전개와 과제』(파주: 한울엠플러스, 2017. 3. 3), p.30.

2. 1948년 12월 4일 설립되어 국가 수입과 지출 계산의 검사·보고와 국가기관의 회계를 감독하는 임무를 수행하였다. 이후 1963년 3월에 공무원의 직무를 감찰하는 감찰위원회와 합쳐져 감사원이 되었다. 한국민족문화대백과, 심계원 검색결과, 〈http://encykorea.aks.ac.kr/〉, 2020. 7. 26.

3. 국무원 관련 사무는 국무총리 소속의 총무처에서 담당하다가 1954년 헌법 개정과 1955년 2월 정부조직법을 개정하여 고시위원회와 총무처를 통합한 국무원사무국으로 이관되었고 국무총리제 폐지에 따라 수석국무위원의 지휘감독을 받게 하였다. 법제처 국가법령정보센터, 정부조직법 검색결과, 〈http://www.law.go.kr/〉, 2019. 8. 3.

4. 최초의 정부조직법상 대통령비서관장실은 행정조직이 아닌 행정보조기관으로 간주하였다.

5. 박정희 정부 시기 최초로 청와대 내의 상황실을 대통령 경호실에 설치하였으며 군사 및 치안상황을 점검하였다.

6. 참고문헌을 기초로 필자가 정리하였다. 김용빈, "6·25전쟁 전후 이승만 정부의 위기관리 및 조치: 정부 수립 이후부터 서울 피탈 시까지를 중심으로", 『한국행정사학회지』 제33호 (서울: 한국행정사학회, 2013. 12)

7. 법제처 국가법령정보센터, 정부조직법 검색결과, 〈http://www.law.go.kr/〉, 2019. 3. 3.

8. 행정안전부 국가기록원, 제1공화국 국무회의록 검색결과, 〈http://www.archives.go.kr/〉, 2019. 3. 3.

9. 당시 국무원 사무국장으로 재직하여 국무회의에 참석했던 신두영이 작성하여 보관했던 비망록 형식의 국무회의(1958. 1. 2~1960. 4 12) 자료를 이의영 씨가 영인본으로 발간하였다. 1958년 1월 이전에는 이승만 대통령의 발언요지만 기록했다고 하며 1957년 6월 신두영이 2대 국무원 사무국장으로 임명되면서 국무회의 기록을 체계적으로 남겼다. 김용삼, "최초 발굴 제1공화국 국무회의록", 『월간조선』 2017년 3월호 (서울: 월간조선, 2017)

10. 말과 행동을 이르는 의미이다. 표준국어대사전, 운위 검색결과, 〈https://ko.dict.naver.com/〉, 2020. 7. 26.

11. '퀘모이'는 대만 맞은편의 중국 해안선 근처에 있는 섬으로 1955년부터 대만과 중국 사이에 마찰이 빚어졌으며, 1959년 중국 공산군의 포격을 받자 미 7함대가 이 지역에 배

치되어 국제적인 외교 분쟁이 일어났던 지역으로 당시 대만어로 호칭했다. 현재 '마저'는 마조도를 칭하고 '퀘모이'는 금문도를 칭한다. 국가안보전략연구원 박병광 박사 인터뷰 결과, 2020. 1. 3.

12. 박중훈, "대통령비서실의 조직과 기능", 『KIPA 연구보고서』 95-15 (서울: 한국행정연구원, 1996. 12), p.44.

13. 박윤성·이미애, "정부조직법에 근거한 강력한 행정부의 대두와 대통령비서실의 역할: 제1공화국을 중심으로", 『한국행정사학지』 제27호 (서울: 한국행정사학회, 2010. 12), p.102.

14. 대통령기록관의 역대 대통령비서실 편제에는 비서관이 아닌 수석 명칭으로 명시하고 있으나, 담당비서관으로 명시하는 것이 타당하다. 행정안전부 대통령기록관, 이승만 대통령 검색결과, 〈http://www.pa.go.kr/〉, 2019. 3. 23.

15. 김정렴, 『김정렴 회고록: 한국경제정책 30년사』 (서울: 중앙일보사, 1996)

16. 박중훈, "대통령비서실의 조직과 기능" 『KIPA 연구보고서』 95-15 (서울: 한국행정연구원, 1996. 12), p.44.

17. 한국행정연구원, 『대한민국 역대 정부 주요 정책과 국정운영』 제1권(이승만·장면 정부) (서울: 대영문화사, 2014. 12. 31), p.139.

18. 함성득, 『대통령비서실장론』 (파주: 나남출판, 2002. 11. 5), p.80.

19. "제26화, 경무대사계(30) 고재봉 〈제자 윤석오〉", 『중앙일보』 (1972. 3. 9)

20. 행정안전부 대통령기록관, 이승만 대통령 검색결과, 〈http://www.pa.go.kr/〉, 2019. 3. 23.

21. 법제처 국가법령정보센터, 합동참모회의규정 검색결과, 〈http://www.law.go.kr/〉, 2019. 3. 3.

22. 백기인, "국방정책 형성의 제도화 과정(1949~1970)", 『국방연구』 제47권 제2호 (서울: 국방대학교 안보문제연구소, 2004. 12), p.107.

23. 국방부, 『한국전쟁사』 제1권 개정판 (서울: 국방부 전사편찬위원회, 1997), p.587.

24. 박재하·정길호 공저, "국가안전보장회의의 활성화 방안 연구" 『국방정책연구』 제7호 (서울: 국방연구원, 1988. 12)

25. 법제처 국가법령정보센터, 국방위원회 검색결과, 〈http://www.law.go.kr/〉, 2019. 3. 23.

26. 비상기획위원회, 『비상대비30년사』 (서울: 성진문화, 1999. 5. 21), pp.67~68.

27. 김교식, 『다큐멘터리 박정희』 제3권 (서울: 평민사, 1990), p.21.

28. 김종필, 『김종필 증언록』 제1권 (서울: 미래앤, 2016. 2. 24), p.139.

29. 이후락 국방부 중앙정보국 운영실장은 소위 라오스 밀파 활동과 라오스 파병 검토 이후 국무회의에 참석하여 국제정세를 브리핑하기도 하였다. “남산의 부장들 HR의 복귀”, 『동아일보』(1991. 5. 3)

30. 국방부, 『한미동맹과 주한미군』(서울: 오성기획인쇄사, 2003. 6. 5), p.36.

31. 이승만 정부의 외무부 장관이었다. 이승만 대통령이 4·19 혁명으로 물러나고 당시 장면 부통령도 국정에 대한 책임을 지고 4월 23일 사임했기 때문에 국무위원 서열상 외무부 장관이 권한대행 1순위가 되었다.

32. 법제처 국가법령정보센터, 정부조직법 검색결과, 〈http://www.law.go.kr/〉, 2019. 8. 3.

33. 사실 국군통수권 문제는 헌법상으로는 대통령에게 부여되어 있는 것 같지만 내각책임제하에서는 정치적인 책임이 국무총리에게 있으므로 실질적인 통수권은 국무총리에게 있는 것 같기도 해서 해석이 구구했다. 이에 대해 장면은 11월 30일 기자회견에서 ‘헌법상 대통령에게 통수권이 주어져 있다 하나 대통령에게는 계엄령 선포 거부권이 있을 뿐, 그밖에는 의례적인 통수권만이 부여되어 있을 뿐이다. 군 인사, 행정, 작전 등의 통수권은 총리에게 있다’고 했다. 홍순호, “제2공화국 대외정책의 이상과 현실”, 『한국민족운동사연구(제29권)』(한국민족운동사학회, 2001), p.446.

34. 대한민국 정부, “제2공화국 대통령의 권한 해설”, 『지방행정』 제9권 83호 (대한지방행정공제회, 1960. 8), pp.4~5.

35. 행정안전부 대통령기록관, 윤보선 대통령 검색결과, 〈http://www.pa.go.kr/〉, 2019. 3. 23.

36. 행정안전부 국가기록원, 관보 제2,656호(1960. 8. 25) 검색결과, 〈http://www.archives.go.kr/〉, 2019. 7. 23.

37. 대통령기록관의 역대 대통령비서실 편제에는 국방수석으로 명시하고 있으나, 필자의 판단으로는 국방담당비서관으로 호칭하는 것이 타당하다고 본다. 실제 수석이라는 용어는 박정희 정부에서부터 시작되었다.

38. 행정안전부 대통령기록관, 윤보선 대통령 검색결과, 〈http://www.pa.go.kr/〉, 2019. 7. 23

39. 강준만, 『한국현대사산책: 1960년대편』 제1권 (서울: 인물과 사상사, 2006), p.81.

40. 행정안전부 대통령기록관, 윤보선 대통령 검색결과, 〈http://www.pa.go.kr/〉, 2019. 7. 13.

41. 대한민국 정부, “제2공화국 국무총리의 권한 해설”, 『지방행정』 제9권 83호 (대한지방행정공제회, 1960. 8), pp.6~8.

42. 행정안전부 국가기록원, 관보 제2,656호(1960. 8. 25) 검색결과, 〈http://www.archives.go.kr/〉, (2019. 7. 23)

43. 안해균, “제2공화국의 행정체제 분석-민주당정권 하의 정치행정과정”, 『행정논총』 18

권 1호 (서울: 서울대학교 한국행정연구소, 1980), p.184

44. 법제처 국가법령정보센터, 정부조직법 검색결과, 〈http://www.law.go.kr/〉, 2019. 3. 28.

45. 이미애·박윤성, "제2공화국의 행정권력에 관한 소고", 『한국행정사학지』 제28호 (한국행정사학회, 2011. 6), p.50.

46. 강준만, 『한국현대사산책: 1960년대편』 제1권 (서울: 인물과 사상사, 2006), p.87.

47. 정윤재, 『정치리더십과 한국 민주주의』 (파주: 나남출판, 2003), p.274

48. 박영준, 『한국 국가안보 전략의 전개와 과제-한반도, 동아시아 그리고 평화』 (파주: 한울 엠플러스, 2017. 3. 3), p.55.

49. 전일욱, "박정희 정부의 중앙정부조직 개편에 관한 동기와 목표", 『한국행정사학지』 제41호 (한국행정사학회, 2017. 12), p.30.

50. 국토통일비서관은 단기간 보직되었다.

51. 법제처 국가법령정보센터, 대통령 경호실 검색결과, 〈http://www.law.go.kr/〉, 2019. 3. 23.

52. 한미상호방위조약 제2조 "당사국 중 어느 일방의 정치적 독립 또는 안정이 외부로부터의 무력침공에 의하여 위협을 받고 있다고 어느 당사국이든지 인정할 때에는 언제든지 당사국은 서로 협의한다.(중략)"

53. 전일욱, "박정희 정부의 중앙정부조직 개편에 관한 동기와 목표", 『한국행정사학지』 41호 (한국행정사학회, 2017), p.38.

54. 대통령기록관(〈http://www.pa.go.kr/〉)에는 대통령비서실을 1실장 6수석 22비서관으로 설명하고 있으나, 박중훈은 1급 정무비서관과 2급 비서관(총무, 의전, 정보, 공보, 민원)을 모두 비서관으로 설명하고 있다. 여기서는 2급 비서관과 차별을 위해 정무수석비서관으로 명시하였다. 박중훈, "대통령비서실의 조직과 기능", 『KIPA 연구보고』 95-15 (서울: 한국행정연구원, 1996. 12), p.47.

55. 행정안전부 대통령기록관, 박정희 대통령 검색결과, 〈http://www.pa.go.kr/〉, 2019. 3. 23.

56. '아시아민족반공연맹'(APACL)을 지칭하며 연맹 결성에 이승만 정부가 주도적인 역할을 하였다.

57. 행정안전부 대통령기록관, 공개기록물 해설(박정희 대통령) 검색결과, 〈http://www.pa.go.kr/〉, 2019. 3. 23.

58. 박중훈, "대통령비서실의 조직과 기능", 『KIPA 연구보고』 95-15 (서울: 한국행정연구원, 1996. 12), p.47.

59. 당시 ADD에서 '백곰' 탄도미사일 개발을 담당했던 이경서 박사는 보안유지를 위해

미사일개발단 명칭을 '항공공업 육성사업단'으로 했다고 증언하였다. 이경서 박사는 2019년 12월 4일 "방위산업과 박정희"라는 주제로 국방대학교에서 석사과정 학생을 대상으로 강의하였다.

60. 행정안전부 대통령기록관, 박정희 대통령 검색결과, 〈http://www.pa.go.kr/〉, 2019. 3. 23.

61. 박중훈, "대통령비서실의 조직과 기능", 『KIPA 연구보고』 95-15 (서울: 한국행정연구원, 1996. 12), p.47.

62. 행정안전부 대통령기록관, 박정희 대통령 검색결과, 〈http://www.pa.go.kr/〉, 2019. 3. 23.

63. 행정안전부 대통령기록관, 공개기록물 해설(박정희 대통령) 검색결과, 〈http://www.pa.go.kr/〉, 2019. 3. 23.

64. 국가안전보장회의 비상기획위원회, "안보정책결정체제의 발전방안연구"(1994. 6. 1), p.39.

65. 문재인 정부에서 2018년 3월에 발표한 대통령 개헌안에도 동일한 내용으로 되어 있다.

66. 법제처 국가법령정보센터, 대한민국 헌법 검색결과, 〈http://www.law.go.kr/〉, 2019. 3. 23.

67. 법제처 국가법령정보센터, 국가안전보장회의법 검색결과, 〈http://www.law.go.kr/〉, 2019. 3. 23.

68. 비상기획위원회, 『비상대비 30년사』 (서울: 성진문화, 1999. 5. 21), p.71.

69. 법제처 국가법령정보센터, 국가안전보장회의법 검색결과, 〈http://www.law.go.kr/〉, 2019. 3. 23.

70. 국무총리 비상기획위원회, 『연혁집』 (서울: 성진문화사, 2002. 5), pp.195~196.

71. 충무계획은 전시 또는 국가비상사태 시에 국가가 능동적으로 대처하기 위하여 평시에 준비하는 국가적 차원의 비상대비계획이다. 1968년 1·21사태를 계기로 박정희 대통령 지시에 따라 비정규전 상황에 대처하기 위하여 국가안전보장회의 주관으로 중앙청에서 최초로 정부연습을 실시했다.

72. 북한이 1962년 12월 조선노동당 제4기 5차 전원회의에서 국방에서의 자위원칙으로 채택한 군사노선으로 ① 전인민의 무장화, ② 전국의 요새화, ③ 전군의 간부화, ④ 장비의 현대화를 말한다.

73. 국무총리 비상기획위원회, 『연혁집』 (서울: 성진문화사, 2002. 5), pp.103~106.

74. 국무총리 비상기획위원회, 『연혁집』 (서울: 성진문화사, 2002. 5), p.115.

75. 비상기획위원회, 『비상대비 30년사』 (서울: 성진문화, 1999. 5. 21), p.73.

76. 비상기획위원회, 『비상대비 30년사』 (서울: 성진문화, 1999. 5. 21), p.73.

77. 국방대학원, 『한반도 위기관리 전략과 제도의 발전방향』 (국군인쇄창, 1995), p.65.

78. 비상기획위원회, 『비상대비 30년사』 (서울: 성진문화, 1999. 5. 21), pp.86~87.

79. 당시 한국의 최영희 국방부 장관과 클리포드(Clark Clifford) 미 국방부 장관이 공동 주재하여 북한의 위협을 평가하고 한국군의 대간첩작전 능력을 강화하는 내용을 논의하였다.

80. 정책검토위원회의 기능은 주요현안 토의 및 고위급 실무차원의 사전 정책협의를 통해 장관회담을 보좌하는 것이다. 2021년 현재는 한미통합국방협의체(KIDD)가 역할을 하고 있다.

81. 안보협력위원회의 기능은 FMS 지위향상, 수출허가 등 안보지원분야를 협의하는 것이다.

82. 군수협력위원회의 기능은 한미 탄약 등 군수협력분야를 협의하는 것이다.

83. 방산기술협력위원회의 기능은 방산기술 협력사항과 첨단 군사과학 기술 자료를 교환하는 것이다.

84. 공동성명위원회의 기능은 SCM의 공동성명서를 작성하는 것이다.

85. 국방부, 『국방백서 1988』 (국방부, 1988. 12), p.124.

86. 1968년 11월에 120명의 북한 무장공비가 울진·삼척지역에 침투하였다.

87. 조성훈, 『한미군사관계의 형성과 발전』 (서울: 국방부 군사편찬연구소, 2008), pp.217~218.

88. 한미 제1군단은 1971년 7월 1일부터 1980년 3월 14일까지 군단이었다가 1980년 3월 14일 한미연합야전군사령부로 개편되었다. 이후 1992년 7월 1일 대한민국 제3야전군으로 이양 시까지 존재했던, 대한민국 육군과 주한미군 육군의 다국적 연합부대였다. 주한 미 제1군단과 제7사단이 한반도에서 철수하자 남아 있는 미 제2보병사단의 전력을 이용하여 대한민국 육군과의 연합지휘체제를 구축하기 위해 미 8군 예하에 창설되었다.

89. 국방부 군사편찬연구소, 『한미군사관계사(1871~2002)』 (서울: 오성기획인쇄사, 2002. 12. 27), p.596.

90. 미국의 국가통수기구(NCA)는 대통령과 국방부 장관으로 구성한다. 국가통수 및 군사지휘기구(NCMA)는 대통령, 국방부 장관, 합참의장으로 구성한다. 한국의 국가통수기구(NCA) 또는 국가통수 및 군사지휘기구(NCMA)의 구성은 법적으로 설치근거가 없으나 한국 외무부 장관과 주한 미 대사가 확인 체결한 교환각서(1978. 7. 27)에 의거한 '한미군사위원회 및 연합군사령관 권한위임사항'을 근거로 위기관리 및 전쟁지도를 위한 일반적인 개념으로 사용하고 있다. 합동참모본부, 『야전교범 3-0-1 군사용어사전』 (국군인쇄창, 2012. 12. 1), p.48.

91. 국방부 대북정책관실, 『남북군사회담 자료집』 (국군인쇄창, 2020. 5. 8), p.69.

92. 국토통일원, 『남북대화백서』 (국토통일원 남북대화사무국, 1988), p.57.

4장

부처 주도의 국가안보정책 결정체계

1. 전두환 정부(1980. 9~1988. 2)

국정비전과 국가안보정책 결정체계

전두환 대통령은 1980년 9월 1일에는 제4공화국 헌법에 의해 제11대 대통령으로, 그리고 1981년 3월 3일에는 제5공화국 헌법에 의해 7년 단임 대통령으로서 제12대 대통령에 취임하였다. 전두환 정부는 '선진조국 창조와 정의사회 구현'을 국정목표로 하고 4대 국정지표로 '민주주의 토착화, 복지사회의 건설, 정의사회의 구현, 교육혁신과 문화 창달 실현'을 선정하였다. 당시 소련의 군사력 팽창과 북한의 군사력 증강이 지속되고 있는 동북아정세를 감안하여, 국가안보가 모든 국정지표의 근간이라는 점을 강조하며 국가안보분야 국정지표는 별도로 선정하지 않았다.

전두환 정부는 1981년 10월 5일에 있었던 '10·5 행정개혁'이라 불리는 조치를 통해 정부조직의 유사 중복기능을 통폐합하고 행정의 관여범위를 축소하여 행정의 민주화와 능률화를 도모하고자 하였다. 1986년 12월 20일에 개정 공포된 정부조직법을 기준으로 전두환 정부의 조직은 2원 16부 4처 13청 3외국으로 출범하였다. 박정희 정부의 중앙정보부를 국가안전기획부로 명칭을 변경하였다.

박정희 정부와 마찬가지로 국무회의를 심의기관으로 운영하였다. 박정희 정부 후반기에 설치한 장관급 대통령 특보제도를 폐지하고, 대통령비서실장만 장관급으로 하고 모든 수석비서관을 차관급으로 조정하였다. 정무수석실 업무를 확대하여 정무1·2수석실로 분리했으며, 정무1수석실에서 주로 국가안보 관련 업무를 수행했다. 전두환 정부의 대통령비서실은 비교적 장기간 재임기간에도 1985년 법무수석실을 신설한 것을 제외하고는 직제상 큰 변화 없이 안정적으로 유지했다. 이를 통해 전두환 정부의 대통령비서실은 대통령을 보좌하는 본연의 임무에 충실하고, 제반 행정은 대통령비서실보다 각 부처 장관들에게 권한을 위임하여 장관 주도로 운영할 수 있도록 했다.[1] 이러한 국정운영 스타일은 '일선행정기관은 지휘관 중심으로 운영되어야 한다는 기본철학'에 따른 것으로 기존의 장관급 수석비서관도 차관급으로 조정하였다.[2]

〈전두환 대통령 회고: 내각과 비서실[3]〉

> 나는 김재익 수석 때도 그랬고 그 후임인 사공일, 박영철 경제수석비서관에게 보다 많은 역할을 맡겼지만 한편으로는 한계를 분명히 지키도록 사전에 주의를 주었다. **경제수석비서관이 나의 위임에 따라 경제부처 장관에게 나의 지시를 전하고 업무협의를 하되 정책추진의 권한과 책임은 어디까지나 장관에게 있는 만큼 정책 수행의 전면에는 나서지 말라고 지시했다. 군의 경우를 비교해서 말하자면 청와대 보좌진은 지휘관의 참모이고 장관은 예하부대 지휘관인 셈인데 상급부대 참모와 예하부대 지휘관 사이의 업무의 한계를 분명히 가려주어야 한다**고 생각했다. 나의 이런 지침에 따라 경제수석비서관뿐만 아니라 그 밖의 다른 수석비서관들도 나의 재임기간 중 정책 수행과 관련해 국민과 언론을 직접 상대하는 일에는 나서지 않았다.

헌법에 근거한 자문기관인 국가안전보장회의는 그대로 유지하였으나 국가안전보장회의 사무국을 폐지하였고, 비상기획위원회도 국가안전보장회의 예하에서 장관급 국무총리 보좌기관으로 전환하여 국가안전보장회의를 지원하도록 했다. 국가안전보장회의 배석자에 대해 대통령이 지명한 자로 융통성을 부여함으로써, 국토통일원 장관을 포함하였다. 이와는 별도로 대통령의 평화통일정책 자문을 위해 헌법기관인 '평화통일정책자문회의'를 신설하였다.

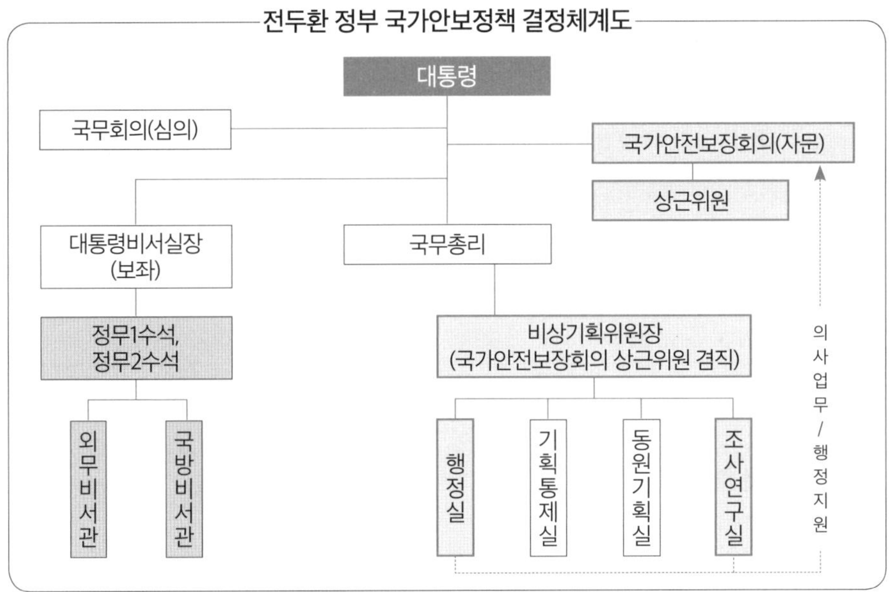

출처: 필자 정리(평화통일정책자문회의, 국가안보 관련 행정부처와 직속 정보기관은 생략)

전두환 정부의 주요 회의를 박정희 정부와 비교해 보면 국무회의와 국가안전보장회의 등 외형 면에서 보면 거의 차이가 없으나, 국가안전보장회의 사무국 폐지로 업무 조정·협의 기능은 약화되었다. 사무국이 폐지됨으로써 국가안전보장회의는 정책개발과 안보정책 조정 기능을 수행할 수 없었고, 부처가 정책개발의 중심이 되었다.

전두환 정부의 국가안보정책 결정기관 현황

구분	내용
심의기관	• 국무회의
대통령 자문기관	• 국가안전보장회의 * 의장: 대통령 * 간사: 비상기획위원회 조사연구실장 * 위원(10명): 대통령, 국무총리, 경제기획원 장관, 외무부 장관, 내무부 장관, 재무부 장관, 국방부 장관, 무임소국무위원, 국가안전기획부장, 상근위원, 필요시 합동참모회의 의장 * 회의 주기: 월 1회에서 필요시 개최로 변경 * 배석: 비상기획위원장과 대통령비서실장 등 대통령이 지명한 자 - 국토통일원 장관은 1984년 2월 15일 이후 배석위원에 포함 * 국가안전보장회의 사무국, 축소 후 폐지(1986) • 비상기획위원회를 국무총리 예하 기관으로 전환(1981) * 비상기획위원회에서 국가안전보장회의 의사 지원 • 평화통일정책자문회의 신설(1980. 10)

구분	내용
대통령 보좌기관 (대통령비서실)	• 정무1수석실 * 1980. 9~1982. 3: 외무담당비서관, 국방담당비서관 * 1982. 3~1982. 12: 외무국방담당비서관 • 정무1·2수석실(1982. 12~1988. 2) * 외교비서관(정무1수석실), 국방비서관(정무2수석실)
행정각부	• 외무부, 국방부 • 국무총리 소속 국토통일원
정보기관	• 대통령 소속 국가안전기획부
한미안보협력기구	• SCM 유지

출처: 필자 정리

국가안보정책 결정기관 종류

(1) 심의기관: 국무회의

제5공화국으로 헌법을 개정하면서, 국무회의 관련 헌법 조항은 기능이나 내용 면에서 큰 변화가 없었다. 단지 국무위원만 15인 이상 30인 이하로 구성하여 국무위원 수를 늘렸다. 이는 점점 복잡해지고 전문화되어 가는 행정에 부응하도록 한 것으로 볼 수 있다. 반면 국무회의 규정은 대폭 개정하였다. 주 2회 개최하던 정례국무회의를 매주 목요일 주 1회 개최로 조정하였다. 중요정책을 충분히 심의할 수 있도록, 필요한 법령안을 제출할 때는 그 정책의 내용을 심의하기 위한 자료를 제출하도록 하였다. 의장이 필요하다고 인정하는 경우, 서울특별시장뿐만 아니라 중요 직위에 있는 법률에 정한 공무원도 국무회의에 배석할 수 있도록 하였다. 그리고 국정운영에 중요한 사항을 명시하여 국무회의 시 수시로 보고하도록 하였다.

(2) 대통령 보좌기관: 대통령비서실

전두환 정부의 대통령비서실은 박정희 정부의 제4공화국 체제와 유사하지만 비서실의 위상, 역할 및 직제 측면에서 변화가 있었다. 먼저 전두환 대통령은 취임과 동시에 특별보좌관제를 폐지하고 수석비서관들의 예우를 하향 조정하였다.[4] 1980년 9월 3일부로 김경원 대통령비서실장을 포함하여 1실장(장관급) 9수석(차관급) 32비서관 1보좌관(차관급)으로 편성하였다. 그중 정무수석실을 두 개로 분리하고, 국가안보 관련 업무를 위해 박정희 정부가 1979년 12월에 개편한 대통령 비서실 직제와 비슷하게 정무1수석실 혹은 정무2수석실에 외무와 국방업무를 담당하는 비서관을 두었다.[5]

전두환 정부(1980. 9) 대통령비서실 기구도[6]

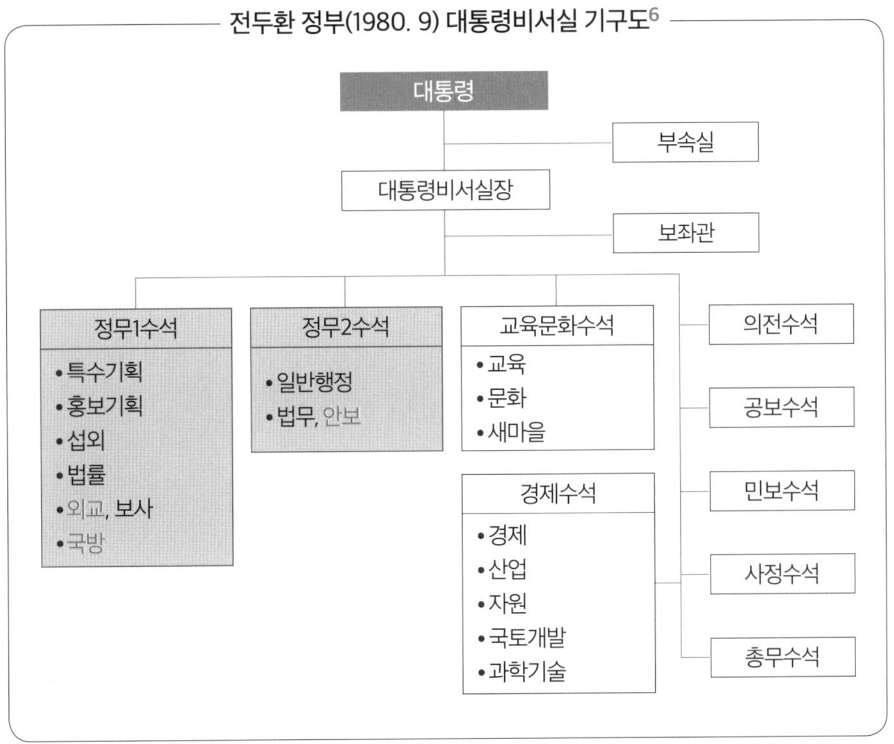

(3) 대통령 자문기관: 국가안전보장회의, 평화통일정책자문회의

1) 국가안전보장회의

① 헌법기관으로 유지

제5공화국 헌법 제67조에 '국가안전보장에 관련된 대외정책, 군사정책과 국내정책의 수립에 관하여 국무회의 심의에 앞서 대통령의 자문에 응하기 위하여 국가안전보장회의를 둔다'는 조항을 그대로 유지하였다.

② 국가안전보장회의 사무국, 축소 후 폐지

전두환 정부 출범과 더불어 정부조직 정비방침에 따라 1981년 11월 2일 국가안전보장회의 사무국을 폐지하면서 국가안전보장회의법 제9조(사무국) 조항을 삭제하였다.[7] 그리고 1981년 11월 2일 '국가안전보장회의의 운영 등에 관한 규정'을 개정(대통령령 제10610호)하여 국가안전보장회의 예하 행정실로 축소 개편하였다. 행정실은 비상기획위원회 서무업무를 지원함과 동시에 국가안전보장회의에 상정되는 의안의 정리·배부 등 의사업무만을 관장토록 하였다. 회의도 월 1회 첫 주 수요일에 개최되는 정례회의를 없애고 필요에 따라 소집하는 것으로 변경하였다.[8]

1986년 6월 5일 '국가안전보장회의의 운영 등에 관한 규정'을 추가 개정(대통령령 제11913호)하여 행정실을 폐지하고 국가안전보장회의 정원 대부분을 국무총리 예하 비상기획위원회로 승계·전환하였다.[9] 이로써 박정희 정부 시기인 1963년에 국가안전보장회의 사무국을 설치한 지 23년 만에 국가안전보장회의를 운영하는 상설기구를 없애고, 대신 비상기획위원회 조사연구실이 의사지원을 하도록 하였다.

③ 비상기획위원회를 국무총리 보좌기관으로 전환(1984. 8. 4)

1984년 8월 4일 '비상대비자원관리법'(법률 제3745호)과 '비상기획위원회 규정'(대통령령 제11914호, 1986. 6. 5) 시행으로 국가안전보장회의 예하에 있던 비상기획위원회가 국무총리 소속 보좌기관으로 바뀌었다. 그리고 비상기획위원회 위원장은 국가안전보장회의 상근위원을 겸임하도록 하였다. 비상기획위원회는 국가안전보장회의법 위임규정에 근거하여 국가안전보장회의 운영지침(1984. 4. 2, 안보예규 제43호)을 작성하여 회의 시 처리하여야 할 절차 등을 규정하는 역할을 하였다.[10] 회의 지원은 비상기획위원회에서 하고, 청와대 내 업무처리는 의전수석 외에 정무2수석비서관실을 통해서 하도록 했다. 이를 통해 정무수석실이 국가안보 관련 업무를 담당한 것을 확인할 수 있다.

④ 국가안전보장회의 개최현황

전두환 정부에서 대통령 혹은 국무총리가 주재한 국가안전보장회의는 1980년부터 1987년까지 총 13회였다. 1980년도에서 1982년까지는 충무기본계획 등에 대한 서면결의나 국무회의시 합동회의 형식으로 운영하였다. 1983년 10월 9일 오전 10시경 아웅산 암살테러사건 직후 전두환 대통령은 순방일정을 취소하고 귀국하였다. 귀국 후 일요일 밤 9시부터 10시 10분까지 국무총리 주재로 개최된 비상국무회의 등에서 비상경계태세와 순국외교사절 합동국민장을 의결하였다.[11] 이와 관련한 국가안전보장회의는 11월 5일 국무총리 주재로 개최했다. 10월 9일 아웅산 테러사건과 이에 따른 10월 20일 전두환 대통령 특별담화 후속조치 차원이었다. 1984년부터는 대통령 주재하에 중·소의 개혁 개방 정책과 미·소의 아시아전략 등 국제정세와 북한 군사정세 보고 위주로 진행하였다.

전두환 정부의 국가안전보장회의는 국가안전보장회의 위원 외에 대통령비서실장과 대통령경호실장 등 수석 및 비서관 등도 배석하는 방식으로, 중요 사안에 대한 심의라기보다는 정보를 공유하는 보고회의 형태였다. 한편 박정희 정부에서 출범한 국토통일원 장관은 1984년 2월 15일 개최된 국가안전보장회의부터 참석했다. 그러나 참석 자격은 정식위원이 아닌 배석위원이었다.[12] 국토통일원 장관이 국가안전보장회의 위원으로 포함된 것은 노태우 정부 시기인 1990년 12월 27일 국가안전보장회의법을 개정하면서부터이다.[13]

〈1984-2차 국가안전보장회의(1984. 2. 15)[14]〉

1984년 2월 15일 국제정세에 대한 구두보고 이후 동년 3월에 안보정세보고방식을 개선, 국방부 정보본부장이 보고하던 북한 군사정세를 안기부 북한국장이 보고토록 하고 교육 및 홍보측면을 고려 참석자를 확대하였으며 1987년 제1차 회의까지 동일한 성격으로 개최하였다.

1. 일시: 1984. 5. 15
2. 장소: 청와대 회의실
3. 주재: 대통령
4. 참석자

• 안보회의 위원: 국무총리 진의종, 부총리 겸 경제기획원 장관 신병현, 외무부 장관 이원경, 내무부 장관 주영복, 재무부 장관 김만제, 국방부 장관 윤성민, 국가안전기획부장 노신영, 상근위원 차규헌
• 배석
- 행정부: 법무부 장관 배명인, 문교부 장관 권이혁, 문공부 장관 이진희, **통일원 장관 손재식,** 정무1장관 이태섭, 합동참모회의 의장 이기백, 치안본부장 이해구
- 청와대: 비서실장 강경식, 경호실장 장세동, 의전수석 김병훈, 정무1수석 정순덕, 정무2수석 유흥수, 교육문화수석 손재석, 경제수석 사공일, 공보수석 황선필, 민정수석 이학봉, 사정수석 정관용, 정무제1담당비서관 홍순영, 공보담당비서관 김기도, 국방담당비서관 박세환

5. 의안(보고사항)
• 국제정치정세: 대외연구원장 박근
• 세계군사정세: 국방대학원 안보문제연구소장 김종휘
• 최근 북괴정세: 안전기획부 북한국장 김태서

2) 평화통일정책자문회의 신설(1980. 10. 27)

전두환 정부는 평화통일정책의 수립에 관해 대통령에게 자문할 수 있도록 '평화통일정책자문회의'를 헌법기관으로 신설하였다. 이 헌법 조항은 제6공화국에서 명칭만 '민주평화통일자문회의'로 변경되었다. 이어 1981년 3월 평화통일정책자문회의법을 제정하여 평화통일정책자문회의의 조직·직무범위, 기타 필요한 사항을 규정하였다. 대통령이 의장이고 전체회의는 2년에 1회, 상임위원회 회의는 1년에 1회 개최토록 하였다. 7,000명 이상의 자문위원을 둘 수 있도록 하여 실제 정책적 기능보다는 헌법기관이라는 상징적인 위상을 가지고 있었다.

(4) 한미안보협력기구: SCM

레이건 정부가 출범한 지 1주일 만인 1981년 1월 워싱턴에서 개최된 레이건(Ronald Wilson Reagan) 대통령과의 한미정상회담을 시작으로 한미 간 협력관계는 지속되었다. 박정희 정부에서 설치된 SCM은 전두환 정부 출범 전인 1980년도에만 개최되지 않았고, 1981년 4월 29일 제13차부터 1987년 5월 5일 제19차 회의까지 7차례 열렸다. 특히 제19차 SCM에서 1987년 대외군사판매차관(FMS) 종료, 작전통제권 이양 등을 논의하기 시작했다.

(5) 남북교류: 비군사분야 남북교류

북한은 남북관계에서 주도권을 잡기 위해, 전두환 정부 출범 후인 1980년 10월 10일 조선노동당 제6차 당 대회에서 김일성이 '고려민주연방공화국 창립방안'을 제시하였다. 이에 대해 전두환 대통령은 1981년 1월 12일 새해국정연설에서 남북한 당국 최고책임자 상호방문을 제의했으나, 북한은 김일 부주석 겸 조평통위원장 명의로 거부성명을 발표하였다. 대신에 전두환 정부가 받아들일 수 없는 5개항의 선결조건을 제시하였다.[15] 이후 전두환 대통령은 6월 5일 평화통일정책자문회의 첫 회의 개회사를 통해 남북한 최고책임자 간의 직접회담을 제의하였다. 그러나 김일성은 7월 1일 '재북평화통일촉진협의회' 결성 25주년 기념식 축하문을 통해 거부의 뜻을 분명히 하였다.

1981년 1월 한미정상회담과 동년 9월 서울올림픽 개최가 확정되자 전두환 대통령은 1982년 1월 22일 국정연설을 통해 '민족자결, 민주적 절차, 평화적 방법'을 원칙으로 하는 제5공화국의 통일방안인 '민족화합민주통일방안'을 발표하였다. 또한 '남북한 기본관계에 관한 잠정협정' 체결과 이 문제를 협의하기 위한 남북한 당국 최고책임자 회담을 재차 제의하였다. 이어 다음 달 2월 1일에 손재식 국토통일원 장관 성명을 통해 '20개 시범실천사업'을 제안하였다. 하지만 북한은 주한미군, 반공정책, 2개 조선 정책 등 통일의 장애가 먼저 제거되어야 하며 고려민주연방공화국 창립방안을 논의하기 위해 한국 정부를 배제한 남북 정치인 연합회의를 소집하자는 주장을 하면서 전두환 정부의 제안을 거부하였다.

1983년 북한의 '버마 아웅산 폭파테러사건'을 계기로 남북한 간에 긴장이 고조되었으나, 1984년 9월 전두환 정부는 북한의 수재물자 지원 제의를 받아들이기로 결정하였다.

〈노신영 국가안전기획부장 회고: 북한 수재물자 인수[16]〉

1984년 8월 31일부터 9월 4일까지 5일간, 우리나라 중부지방에 집중호우가 내려 많은 인명피해와 재산손실이 있었다. 수해가 발생하자 북한은 토요일인 9월 8일 방송을 통해 수재지역 이재민들에게 쌀 5만 섬, 포목 50만 미터, 시멘트 10만 톤과 의약품 등을 보내겠다고 제의하였다. 남북한 간에 재해가 발생하면 서로 돕겠다는 제의는 하였으나, 어느 쪽도 받아들인 일은 없었다. 북한의 원조제의가 있자 **청와대와 관계부처의 실무자 회의에서는 (진정성이 없어) 이 제의를 거절하기로 하였고,** 이에 따라 통일원에서는 북한의 원조를 받아들이지 않는 것으로 대통령의 재가를 받았다.(중략) 나는 청와대로 대통령을 찾아가서 **다음과 같은 이유를 들어 북한의 원조제의를 받아들이도록 건의했다. 첫째로, 한국의 경제력이 북한 대비 월등하다는 것은 이미 세상이 다 알고 있는 사실이므로, 북한의 수재물자 원조제의를 받아들였다고 해서 우리의 체면이 손상될 것은 없다. 둘째로, 그러므로 북한의 원조제의 수락은 우리의 자신감과 포용력을 보여주는 것이 된다. 셋째로, 남북한 간에 물자를 주고받는 것은 남북대화를 촉진시키고 화합분위기를 조성하는 데 도움이 된다.**(중략) 전 대통령은 "왜 그런 건의를 미리 하지 않았느냐?"고 하면서 **하루 전의 재가를 취소하고 나의 건의를 받아들였다.** 진의종 국무총리를 찾아가 말씀드린 후 관계 장관과 국무위원들에게 설명하였다.

이에 따라 적십자회담, 경제회담 및 국회회담 예비접촉에 이어 국제올림픽위원회(IOC) 중재하에 체육회담이 이루어졌다. 1985년 9월 20일 남북 이산가족 고향방문이 성사되었고 22일까지 예술 공연단의 동시 교환방문이 실현됨으로써, 분단 40년 만에 처음으로 남북 민간교류시대를 열었다. 그리고 전두환 대통령은 1985년 1월 국정연설을 통해 남북한 당국 최고책임자 회담에 응해줄 것을 촉구했다. 이를 계기로 남북 정상회담 개최를 위해 남북특사단이 서울과 평양을 방문했다. 9월 4일부터 6일까지 북한의 허담 특사가 서울을 방문했고, 10월 15일부터 18일까지 장세동 국가안전기획부장과 박철언 국가안전기획부 특별보좌관 등이 판문점을 경유하여 평양에서 김일성을 만났다. 그러나 북한은 10월 20일 일요일 새벽 무장간첩선을 부산 청사포 해안에 침투시키는 등의 도발을 했고, 1986년 1월 20일 1986년 팀스피리트 훈련을 구실로 모든 남북대화를 연기한다고 일방적으로 발표하였다.

2. 노태우 정부(1988. 2~1993. 2)

국정비전과 국가안보정책 결정체계

1987년 '6·29 선언' 이후 5년 단임제의 직선제로 변경하는 제6공화국 헌법을 10월 29일 공포하고, 1988년 2월 25일 노태우 대통령이 취임하였다. 노태우 정부는 '위대한 보통사람의 시대를 열자'를 국정목표로 하고 '민족자존, 민주화합, 균형발전, 통일번영'을 국정지표로 설정하였다. 이 중 통일번영이 국가안보분야 국정지표이다. 특히 공산권 국가와의 수교, 남북관계의 제도화, '민족자존'에 입각한 한미동맹관계의 구축 등에서 성과를 이루어냈다.

노태우 정부는 중앙행정기관을 1989년 12월 30일 공포된 정부조직법(법률 제4183호)에 의해 2원 16부 6처 12청 3외국으로 구성하였다. 특별히 대북관계에서의 경제적 우위와 군사력 대등화를 발판으로 한반도 통일기반을 조성하기 위해 국토통일원 장관을 부총리급 통일원 장관으로 격상하였다.[17] 노태우 대통령은 국가전략의 방향을 분명하게 설정하고, 국내적으로 이를 수행할 수 있는 적임자들을 청와대 수석이나 관련 부서의 장에 임명하였다. 박철언, 김종휘 등의 청와대 참모와 강영훈 국무총리, 이홍구 통일원 장관, 서동권 국가안전기획부장, 임동원 외교안보연구원장 등을 발탁하여 북방정책의 전략과 실제 이행방안에 대해 의견을 조율하면서 정책을 추진하였다.[18]

최고의 정책심의기관인 국무회의, 헌법에 근거한 국가안전보장회의와 민주평화통일자문회의는 유지하였다. 대통령비서실은 전두환 정부에 비해 일부 축소되었지만 많은 변화과정을 거쳤다.[19] 전두환 정부 정무수석실에서 담당했던 국가안보 관련 업무를 안보보좌관실 혹은 외교안보수석실에서 전담하게 하였다. 대통령비서실에 정책보좌관과 안보보좌관을 두어 대통령의 관심정책을 추진하도록 하였다. 이후 안보보좌관실을 (장관급)외교안보수석실로 개편하여 김영삼 정부 이후 대통령비서실이 국가안보의 주요업무를 조정하는 기반을 마련하였다. 특히 대통령 자문기관이나 보좌기관과는 별도로, 국무총리 소속의 '남북 및 북방교류협력조정위원회'를 신설하여 북방정책을 총괄하게 하였다. 이 업무를 효율적으로 수행하도록 남북교류협력추진협의회와 북방외교추진협의회를 통일원과 외무부에 각각 설치하여 지원하였다.[20] 1991년 3월 23일 국무총리 예하에 통일원 장관이 주재하는 통일 관련 장관급 심의·조정기구인 '통일관계장관회의'를 신설하였다. 또한 남북 간 경제교류를 뒷받침하기 위해 법과 제도를 정비해서 본격적인 남북교류에 대비하였다.

노태우 정부 국가안보정책 결정체계도

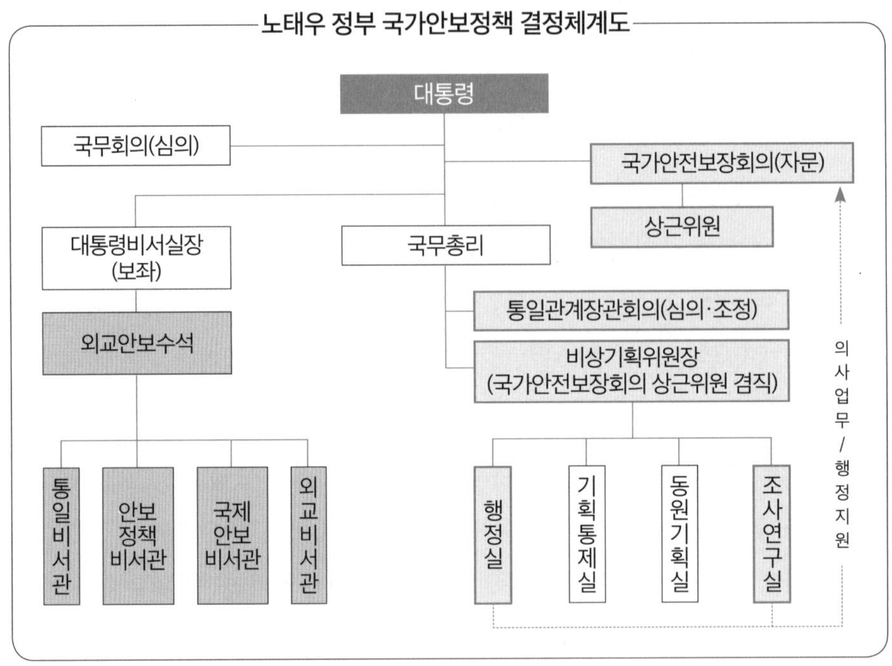

출처: 필자 정리(민주평화통일자문회의, 국가안보 관련 행정부처와 직속 정보기관은 생략)

전두환 정부와 노태우 정부의 안보 관련 정책은 소관부처가 입안하고 관계부처와의 협의를 거쳐 추진해 나가는 방식으로 비슷하였다. 다만 노태우 정부의 대통령비서실은 군 구조개편 문제나 평시 작전통제권 전환 문제 등 대통령 관심사항에 대한 보좌역할이 확대되었다. 통일 관련 정책 추진을 위해 통일원 장관을 국가안전보장회의 정식위원으로 편성하였고, 통일원 장관이 주재하는 장관급 심의·조정기구를 설치했다는 점도 차이가 있다.

노태우 정부의 국가안보정책 결정기관 현황

구분	내용
심의기관	• 국무회의
대통령 자문기관	• 국가안전보장회의 * 의장: 대통령 * 간사: 비상기획위원회 조사연구실장 * 위원(11명): 대통령, 국무총리, 경제기획원 장관, **통일원 장관**, 외무부 장관, 내무부 장관, 재무부 장관, 국방부 장관, 대통령이 지명하는 무임소국무위원 및 국가안전기획부장, 상근위원, 필요시 합동참모회의 의장 * 비상기획위원회 조사분석실에서 의사 지원 • 평화통일정책자문회의에서 민주평화통일자문회의로 명칭 변경
대통령 보좌기관 (대통령비서실)	• 정무수석실에 외교비서관, 행정수석실에 국방비서관 • 안보보좌관실에 안보정책, 국방관리, 안보협력, 국제안보비서관 • 1992년 2월 2일부로 안보보좌관실을 외교안보수석실로 재편 * 통일·안보정책·국제안보·외교비서관실로 편성
장관급 심의·조정기관	• 통일관계장관회의(심의·조정기관) 신설 * 의장: 통일원 장관 * 간사: 통일원 소속 공무원 * 위원: 통일원 장관, 경제기획원 장관, 외무부 장관, 내무부 장관, 재무부 장관, 법무부 장관, 국방부 장관, 교육부 장관, 문화부 장관, 체육청소년부 장관, 상공부 장관, 공보처 장관, 정무장관(제1) 등
행정각부	• 외무부, 국방부 • 국무총리 소속 통일원
정보기관	• 대통령 소속 국가안전기획부
한미안보협력기구	• SCM 유지
안보분야 남북대화기구	• 남북고위급회담 - 남북군사분과위원회회담 • 핵통제공동위원회

출처: 필자 정리

한미안보협력기구는 SCM을 중심으로 운영하였다. 노태우 정부 들어서서 비로소 안보분야 남북대화기구를 운영하기 시작하였다. 남북기본합의서(1991. 12. 31)와 한반도비핵화공동선언(1992. 1. 20) 합의를 계기로 '남북고위급회담'과 '남북군사분과위원회회담', '핵통제공동위원회' 등 공식기구를 설치·운영하였다.

국가안보정책 결정기관 종류

(1) 심의기관: 국무회의

개정헌법에도 국무회의는 정부의 권한에 속하는 중요한 정책 심의기관의 기능을 유지하였다. 전두환 정부의 제5공화국 헌법과 비교하면, 국무회의의 심의사항은 국회의 해산권을 삭제한 17개 항목이었다. 국무회의 규정을 개정하여 중앙행정기관 중 청장도 국무회의에 출석하여 발언할 수 있게 하였다.[21] 1992년 12월에 일부 개정하여 국무회의 간사를 총무처 총무국장에서 의정국장으로 변경하였다.

(2) 대통령 보좌기관: 대통령비서실

1) 전반부: 정무수석실(외무비서관), 행정수석실(국방비서관), 안보보좌관실

전두환 정부 후반부의 1실장 10수석에서 법무수석과 교육문화수석을 각각 민정수석과 행정수석실로 편입하였고, 2개의 정무수석실을 통합하여 초대 홍성철 비서실장을 포함하여 1실장(장관급) 7수석(차관급) 2보좌관 41비서관으로 편성하였다. 이때부터 정무수석실은 주로 당정업무와 의회 및 국민을 대상으로 하는 홍보담당 조직으로 축소되었다. 대통령비서실장과 일부 수석비서관들은 장관급으로 하고 기본적으로 수석비서관들은 차관급으로 하였다. 외무비서관은 정무수석실에, 국방비서관은 행정수석실에 두었다. 또한 정책보좌관실과 안보보좌관실을 대통령비서실장 예하에 편성하여 노태우 정부의 북방정책 추진에 있어 핵심적인 보좌역할을 부여하였다.[22] 정책보좌관에는 박철언을 보직하여 장기적 정책개발과 북방외교 및 국정전반에 관한 자문을 담당하게 하고, 안보보좌관에는 전두환 정부부터 국가안전보장회의에 발표자로 참석했었던 김종휘 국방대학교 안보문제연구소장을 보직하였다.

〈노태우 대통령 회고: '공식 채널, 막후 채널'[23]〉

> 나는 북방정책을 비롯한 외교정책의 수행 과정에서 김종휘 안보담당보좌관(후에 외교안보수석)과 박철언 정책보좌관(후에 정무장관)을 비롯한 참모진용의 보좌를 받은 경우가 많았다. 김 수석과 박 장관은 제각기 맡은 역할을 잘 수행해 주었다. 김 수석은 국방대학원 교수와 안보문제연구소장 등을 지낸 국방 및 국제정치분야 전문가였다. 나는 대통령에 취임하자마자 그를 안보담당보좌관으로 기용해 외교·안보정책의 실무참모로 삼았다. 그는 남북 고위급회담 대표, 대통령 외교안보수석 등으로서 외교정책을 내 뜻에 맞게 잘 펼쳐주었다.(중략) 대통령 취임 이후 안보분야에 대한 자

문을 받았는데 차츰 외교분야에까지 그 영역이 넓어졌다. 박철언 장관은 제5공화국 시절 안기부장 특보로서 남북 간 비밀접촉을 통한 정상회담의 추진, 대공산권 교류 협력 강화와 수교 추진 등을 비밀리에 담당했던 전문가였다. 나는 그를 청와대 정책보좌관, 제13대 국회의원, 정무1장관, 체육청소년부 장관 등으로 기용하는 한편으로는 북방외교의 개척자 역할을 겸하도록 했다. **나는 두 사람의 역할을 나누었는데, 공식적이고 공개적인 외교·안보 사항은 김 수석이 관장하고, 특사를 보내거나 비밀접촉을 해야 하는 비공식적인 일들은 박 장관에게 시켰다.**

안보보좌관실에 안보정책·국방관리·안보협력·국제안보비서관실을 편성하여 한미동맹 등 국제정세에 부합하는 안보정책 발전을 담당하게 하였다. 1988년 12월 안보보좌관실을 외교안보보좌관실로 개칭하였다.

노태우 정부(1988. 2) 대통령비서실 기구도[24]

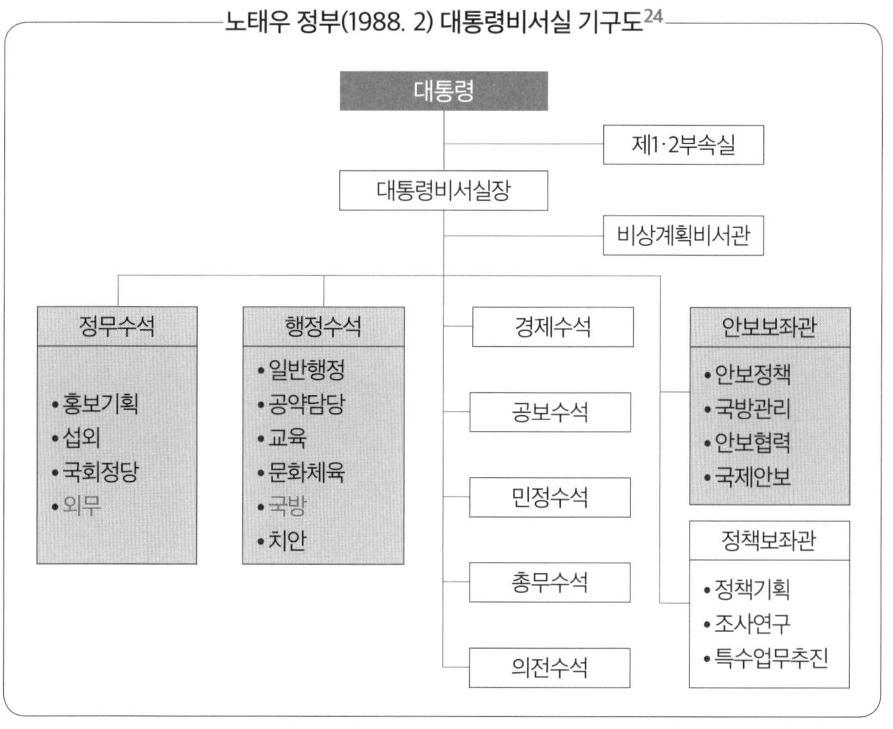

2) 후반부: 외교안보수석비서관실(1992. 8. 4)

정무수석실의 외교업무와 행정수석실의 국방업무를 외교안보보좌관실로 이관하고, 1992년 2월 2일부로 (장관급)외교안보수석실로 개편하면서 예하에 통일·안보정책·국제안보·외교비서관실 등 4개 비서관실을 두었다.[25] 대통령비서실에 최초로 통일비서관을 직제화하고 소관업무를 '남북관계, 통일분야 정책 및 현안의 협의·조정'으로 하였다. 노태우 정부 중반을 거치면서, 대통령비서실 외교안보수석실이 국내외 국가안보 관련 현안을 담당하는 전담 수석실이 되기 시작하였다. 이때 편성된 외교안보수석실의 조직 편성은 큰 틀에서 지금까지도 유지하고 있다.

노태우 정부(1992. 2) 대통령비서실 기구도[26]

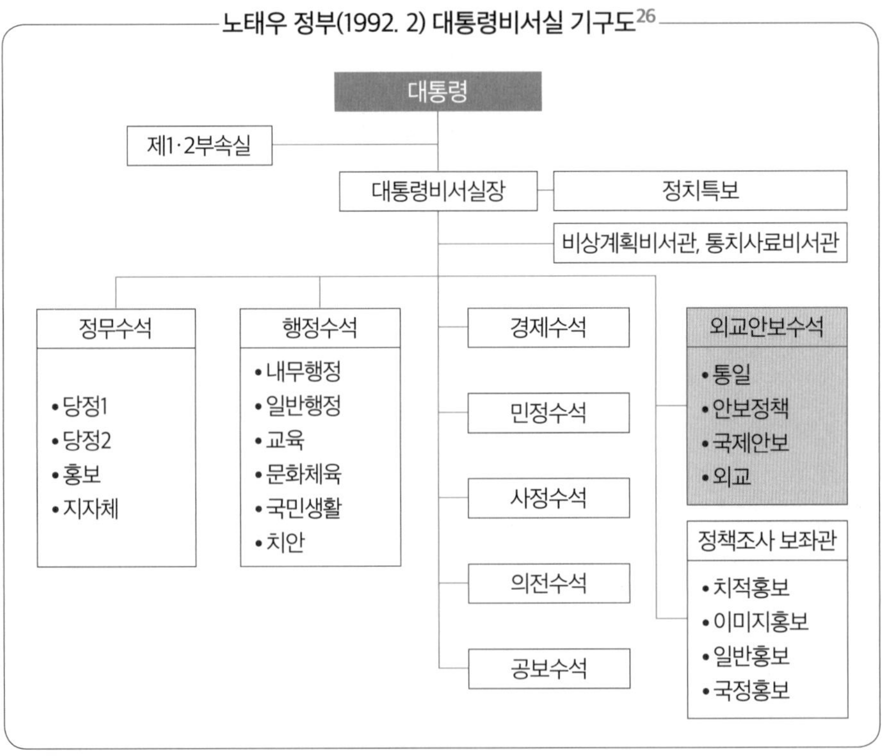

박정희 정부에서 대통령비서실 체계가 구축된 이후 노태우 정부까지의 국가안보 보좌조직의 변화과정은 다음과 같다.

대통령비서실(박정희 정부~노태우 정부) 안보 보좌 조직 현황

구분		편성
박정희 정부		• 정무수석실에 외무·국방비서관 • 대통령 직속 안보특별보좌관, 외무특별보좌관
전두환 정부		• 정무수석실(혹은 정무2수석실)에 외무비서관 및 국방비서관
노태우 정부	1988. 2~ 1992. 2	• 정무수석실에 외무비서관, 행정수석실에 국방비서관 • 안보보좌관실에 안보정책비서관, 국방관리비서관, 안보협력비서관, 국제안보비서관 • 안보보좌관실을 외교안보보좌관실로 명칭 변경(1988. 12. 9)
	1992. 2~ 1993. 2	• 외교안보보좌관실을 외교안보수석실로 명칭 변경 예하에 통일비서관, 안보정책비서관, 국제안보비서관, 외교비서관 * 정무와 행정수석실의 관련 비서관실 통합

출처: 필자 정리

(3) 대통령 자문기관: 국가안전보장회의, 민주평화통일자문회의

1) 국가안전보장회의

1987년 10월 29일 개정된 헌법 제91조에 '국가안전보장에 관련된 대외정책, 군사정책과 국내정책의 수립에 관하여 국무회의 심의에 앞서 대통령의 자문에 응하기 위하여 국가안전보장회의를 둔다'는 기존 조항을 원안 그대로 유지하였다.

국가안전보장회의는 대통령 임기 내 비공개로 총 5회 개최하였다. 의제는 주로 '88올림픽 대비', '북방정책', '중국의 천안문 사태', '중·소화해와 동북아안보정세' 등으로 당시 정부의 국정운영방향을 이해할 수 있다.[27] 정식위원은 물론 국무위원과 각군 참모총장, 청와대 주요 수석과 비서관들까지 참여하는 확대회의 방식으로 운영하여 전두환 정부와 큰 차이가 없었다. 국가안전보장회의에 대한 의사지원도 국무총리 보좌기관인 비상기획위원회 행정실과 조사연구실에서 담당했다.

〈1989-1차 국가안전보장회의[28]〉

1989년 4월 16일 소련공산당 서기장 고르바초프의 중국방문과 극동 소련군 약 12만 명 감축예정에 따라 중·소화해로 동북아안보정세 변화의 조짐, 그리고 1989년 4월 15일부터 발생한 중국 천안문 민주화 요구 시위가 우리의 안보에 미치는 영향을 분석하고 대책을 강구하기 위하여 소집하였다.

1. 일시: 1989. 6. 15
2. 장소: 청와대
3. 주재: 대통령
4. 참석자
   - 위원: 국무총리 강영훈, 경제기획원 장관 조순, 국가안전기획부장 박세직, 외무부 장관 최호중, 내무부 장관 이한동, 재무부 장관 이규성, 국방부 장관 이상훈, 정무1장관 정종택, 상근위원 최문규
   - 배석: 합동참모회의 의장 정호근, **통일원 차관 송한호**, 안보회의 간사 이인수, 대통령비서실장 홍성철, 대통령 경호실장 이현우, 정치담당특별보좌관 노재봉, 정보수석비서관 최창윤, 행정수석비서관 이연택, 경제수석비서관 문희갑, 공보수석비서관 이수정, 의전수석비서관 노창희, **정책담당보좌관 박철언, 외교안보담당보좌관 김종휘, 국제안보담당비서관(국제안보) 민병석**
5. 의안(보고사항)
   - 동북아 및 한반도에 미치는 영향 및 대응책: 외무부 장관 최호중
   - 북한 내부에 미치는 영향: 국가안전기획부장 박세직
   - 향후 북한의 대남전략과 대응책: 국가안전기획부장 박세직
   - 한국기업의 대중국 경제교류와 한국경제에 미치는 영향 및 대응책: 경제기획원 장관 조순
   - 국내 좌경세력에 미치는 영향 및 대응책: 통일원 차관 송한호
   - 평양청년학생 축전에 미치는 영향: 통일원 차관 송한호

전두환 정부에 이어 초기에는 국토통일원 장관을 국가안전보장회의 배석자로 지정했으나, 1990년 12월 국가안전보장회의법을 개정하여 통일원 장관을 국가안전보장회의 위원으로 조정하였다.[29] 국가안전보장회의 운영규정에 의해 전두환 정부와 동일하게 비상기획위원회 상근위원이 사무를 관장하고, 간사는 비상기획위원회 조사연구실장이 임무를 수행하도록 했다.

2) 민주평화통일자문회의

헌법을 개정하면서 전두환 정부에서 신설된 평화통일자문회의를 민주평화통일자문회의로 명칭만 변경하였다. 1988년 2월에 민주평화통일자문회의법을 개

정하여 부의장의 수를 15인 이내에서 20인 이내로 변경하고, 자문위원의 위촉대상 범위에 선출직 인사를 우선하도록 하였다. 이를 통해 시·도의회 의원 및 구·시·군 의회 의원, 이북5도 대표, 해외동포 대표, 국내외 각 지역에서 각 정당 대표가 추천하는 인사를 임명할 수 있게 하였다. 대통령선거가 직선제로 변경됨에 따라 대통령 선거인단을 위촉대상에서 제외하였다.

(4) 통일 관련 심의·조정기구: 통일관계장관회의(1991. 3. 23)

국가안전보장회의와 별도로 남북대화와 통일문제 관련 주요 정책을 종합적으로 심의·조정하기 위해, 법률이 아닌 대통령령에 의해 1991년 3월 23일 '통일관계장관회의'를 신설하였다.[30] 이는 당시 동구권의 몰락을 계기로 노태우 대통령의 북방정책을 추진하기 위한 조치였으며, 예하에 실무조정회의도 설치해 조정·심의 안건들을 처리하였다. 부총리 겸 통일원 장관을 의장으로 하여 행정각부의 장을 위원으로 하고 대통령비서실장, 비상기획위원회위원장, 민주평화통일자문회의 사무총장 등이 출석할 수 있게 하였다. 통일관계장관회의는 김영삼 정부까지 유지하였다. 김대중 정부에서는 NSC 상임위원회를 설치하면서 운영되지 않았고, 이명박 정부에서 2008년 9월 10일 '외교안보정책조정회의'를 신설하면서 폐지하였다.

(5) 한미안보협력기구: SCM

SCM은 1988년 6월 7일 제20차 회의부터 1992년 10월 7일 24차 회의까지 5차례 개최되었다. 1988년 제20차 SCM에서는 상호군수지원협정(MLSA)을 체결하였다.[31] 제22차 SCM에서는 주한미군 감축(7,000명)을 논의하였다. 1991년 제23차 SCM에서는 1995년까지 한국 정부가 주한미군 현지발생비용의 1/3수준까지 방위비를 분담하기로 합의하였다. 특히 1992년 제24차 SCM에서는 한국군의 평시 작전통제권 전환에 합의하였다.

〈노태우 회고: 평시 작전통제권 환수[32]〉

> 내가 대통령으로 취임한 1988년의 시대적 상황은 6·25 동란기나 CFC가 창설되었던 1970년대 말과는 많이 달라져 있었다. 이제 민족자존의 관점에서나 신장된 우리

의 국력과 군사력, 그리고 확대된 우리의 역할과 기여를 감안할 때 우리 군의 작전통제권 행사문제도 새로이 검토되고 재조정할 단계가 왔다고 생각했다.(중략) **818사업을 위해서라도 최소한 평시 작전권의 단독 행사는 필수 불가결했다.**(중략) 우리의 작전통제권 환수는 평시에 한정해 추진하였다. 미국은 과거 한미 안보 협의과정에서 평시 작전통제권을 한국에 되돌려 줄 수 있다고 공언해 왔다. 그런데 실상 우리가 공식으로 이를 제의하자 교섭에 난항을 겪었다. 결국 이 협상은 한중 수교 후 내가 처음으로 중국을 방문하고 귀국한 다음 날인 1992년 10월 1일 김종휘 외교안보수석을 찾아온 리스카시 한미연합군사령관과 그레그 주한 미국대사와의 직접 협상에서 타결되었다. **내가 1990년 2월 체니 국방장관에게 이 문제를 제기하고 2년 8개월 만이었다. 그 결과를 바탕으로 그해 10월 8일 워싱턴에서 개최된 제24차 SCM에서 미국은 평시 작전통제권을 늦어도 1994년 말까지 한국군에 전환하기로 합의**했다고 발표했고, 이의 실제 환수는 김영삼 정부의 집권기인 1994년 12월 1일에 이루어졌다.

(6) 안보분야 남북대화기구

1) 남북교류협력에 관한 법률 제정(1990. 8. 1)

노태우 정부는 1988년 '7·7 특별선언'을 발표하여 남북한 간 교류와 협력의 물꼬를 텄다. 1988년 광복절 경축사를 통해 남북정상회담을 제의하고, 1989년 9월 11일에는 남북연합 단계를 제시함으로써 북한의 현실적 존재를 공식적으로 인정하는 '한민족공동체통일방안'을 내놓았다. 한민족공동체통일방안은 역대정부 최초로 남북관계 개선과 통일과정 및 통일의 방식을 제시한 종합적이고 체계적인 통일방안으로, 현재까지 대한민국의 공식적인 통일정책으로 평가받고 있다. 남북 간 경제교류를 뒷받침하기 위해 국내법과 여러 제도를 정비하기 시작했으며, 국토통일원에 통일원 장관을 위원장으로 하는 남북교류협력추진위원회를 설치하는 등 본격적으로 남북관계의 변화에 대비하였다. 1990년 8월 1일에는 국무회의 심의와 국회승인을 거쳐 '남북교류협력에 관한 법률'을 제정하였다.[33] 이를 통해 국가보안법 등으로 북한과의 접촉을 근원적으로 차단했던 과거와 달리, 통일원 승인을 받고 합법적으로 북한과 접촉할 수 있게 하였다.

2) 안보분야 남북대화기구: 남북핵통제공동위원회

노태우 정부의 7·7특별선언과 한민족공동체통일방안 발표를 계기로 '남북국회회담'(1988. 8), '남북고위급회담'(1990. 9~1992. 9), '남북체육회담'(1989. 3~1990. 2)이 이어졌다. 남북고위급회담은 3개의 분과위원회로 구분하였다. 이 중 안보분야와 관련된 군사분과위원회를 개최했지만, 이행기구인 남북군사공동위원회 설치로 연결하지 못하였다. 한반도비핵화공동선언을 이행하기 위한 남북고위급회담접촉에서 '남북핵통제공동위원회'(1992. 3~1992. 12)를 설치하는 데 합의하였다. 당시 이루어진 남북 회담에 대통령비서실의 김종휘 안보보좌관, 김희상 안보정책비서관, 변종규 국제안보비서관이 대표로 참석하였다.[34] 참고로 당시 대표명단에는 국책연구기관장으로는 유일하게 임동원 외교안보연구원장을 포함하였다. 후에 임동원 원장은 김대중 정부의 초대 외교안보수석과 통일부장관, 국가정보원장을 역임하였다.

미주

1. 함성득, 『대통령 비서실장론』 (파주: 나남출판, 2002. 11. 5), p.162.
2. 박중훈, "대통령비서실의 조직과 기능", 『KIPA 연구보고』 95-15 (서울: 한국행정연구원, 1996. 12), pp.48~49.
3. 전두환, 『전두환 회고록』 제2권-청와대 시절 (파주: 자작나무숲, 2017. 3. 31), p.38.
4. 함성득, 『대통령 비서실장론』 (파주: 나남출판, 2002. 11. 5), p.159.
5. 1984년 9월 초 한일정상회담을 앞두고 정무1수석실에서 전두환 대통령에게 회담 자료를 목록으로 작성하여 보고했던 기록을 확인할 수 있다. 외교부, 『대한민국외교사료해제집』 1984(Ⅰ)(서울: ㈜미루기획, 2015. 12. 31), p.354.
6. 행정안전부 대통령기록관, 전두환 대통령 검색결과, 〈http://www.pa.go.kr/〉, 2019. 3. 23.
7. 법제처 국가법령정보센터, 국가안전보장회의법 검색결과, 〈http://www.law.go.kr/〉, 2019. 3. 23.
8. 법제처 국가법령정보센터, 국가안전보장회의법 검색결과, 〈http://www.law.go.kr/〉, 2019. 3. 23.
9. 법제처 국가법령정보센터, 국가안전보장회의법 검색결과, 〈http://www.law.go.kr/〉, 2019. 3. 23.
10. 비상기획위원회, 『비상대비 30년사』 (서울: 성진문화, 1999. 5. 21), p.549.
11. 행정안전부 대통령기록관, 국무회의록 검색결과, 〈http://www.pa.go.kr/〉, 2019. 3. 23.
12. 비상기획위원회, 『비상대비 30년사』 (서울: 성진문화, 1999. 5. 21), pp.98~99.
13. 법제처 국가법령정보센터, 국가안전보장회의법 검색결과, 〈http://www.law.go.kr/〉, 2019. 3. 23.
14. 비상기획위원회, 『비상대비 30년사』 (서울: 성진문화, 1999. 5. 21), pp.98~99.
15. ① 현 남조선 반공정권의 퇴진과 연공정권의 수립 ② 김대중을 비롯한 모든 정치범의 석방 ③ 반공 관련법 폐지 및 반공기관·단체 해체 ④ '6·23선언'의 철회 ⑤ 주한미군 철수 등이었다.
16. 국가안전기획부장 재직 시 회고내용이다. 노신영, 『노신영 회고록』 (서울: 고려서적, 2000. 7. 15), pp.336~338.
17. 국토통일원(1963. 3. 1~1990. 12. 26)은 1990년 12월 27일부로 부총리급 통일원으로 개칭되었고 이후 김대중 정부인 1998년 2월 28일부로 장관급 통일부로 변경되었다. 박

중훈, “역대 정부 조직개편에 대한 성찰과 전망”, 『KIPA 연구보고서』 2016-38 (서울: 한국행정연구원, 2016. 12. 31), p.145.

18. 박영준, 『한국 국가안보 전략의 전개와 과제』 (서울: 한울엠플러스, 2017. 3. 3), p.147.
19. 노태우 정부의 후반기 대통령비서실 정원은 392명이었다.
20. 한국행정연구원, 『대한민국 역대 정부 주요정책과 국정운영』 제4권(노태우 정부) (서울: 대영문화사, 2014. 12. 31), p.85.
21. 법제처 국가법령정보센터, 국무회의 규정 검색결과, 〈http://www.law.go.kr/〉, 2019. 3. 23.
22. 박영준, 『한국 국가안보 전략의 전개와 과제-한반도, 동아시아 그리고 평화』 (서울: 한울엠플러스, 2017. 3. 3), p.118.
23. 노태우, 『노태우 회고록』 하권-전환기의 대전략 (서울: 조선뉴스프레스, 2011. 8. 15), p.142.
24. 행정안전부 대통령기록관, 노태우 대통령 검색결과, 〈http://www.pa.go.kr/〉, 2019. 3. 23.
25. 당시 9개 수석비서관 중 정무, 경제, 민정, 외교안보 수석을 장관급으로 조정하였다.
26. 행정안전부 대통령기록관, 노태우 대통령 검색결과, 〈http://www.pa.go.kr/〉, 2019. 3. 23.
27. 비상기획위원회, 『비상대비 30년사』 (서울: 성진문화, 1999. 5. 21), pp.105~111.
28. 비상기획위원회, 『비상대비 30년사』 (서울: 성진문화, 1999. 5. 21), pp.108~109.
29. 법제처 국가법령정보센터, 국가안전보장회의법 검색결과, 〈http://www.law.go.kr/〉, 2019. 3. 23.
30. 법제처 국가법령정보센터, 통일관계장관회의 규정 검색결과, 〈http://www.law.go.kr/〉, 2019. 3. 23.
31. 양국군대가 평시와 전시에 각종 군수물품·용역을 지원하는 협정을 말하며, 일반적으로 MLSA로 부른다. 1988년에 체결된 한미상호군수지원협정은 미국이 NATO 이외에는, 이스라엘 다음으로 한국과 체결했다.
32. 노태우, 『노태우 회고록』 하권-전환기의 대전략 (서울: 조선뉴스프레스, 2011. 8. 15), p.402.
33. 법제처 국가법령정보센터, 남북교류협력에 관한 법률 검색결과, 〈http://www.law.go.kr/〉, 2019. 3. 23.
34. 국방부 정책기획관실, 『남북군사회담자료집』 (국군인쇄창, 2017. 11. 7), pp.91~95.

5장

대통령비서실 주도의 국가안보정책 결정체계

1. 김영삼 정부(1993. 2~1998. 2)

국정비전과 국가안보정책 결정체계

1993년 2월 25일 김영삼 대통령이 취임함으로써 제6공화국의 두 번째 정부인 김영삼 정부가 출범하였다. 김영삼 정부는 출범 당시 제2공화국을 계승한다는 취지로 '문민정부'를 공식 정부명칭으로 사용하였다.[1] 김영삼 정부는 국가목표를 달성하기 위해 국정비전을 '변화와 개혁을 통한 신 한국 창조'로 정하고 '깨끗한 정부, 튼튼한 경제, 건강한 사회, 통일된 조국, 세계화'를 4대 국정지표로 설정하였다.[2] 이 중 '통일된 조국'이 안보분야 국정지표이고 5번째 국정지표인 '세계화'는 1995년에 추가되었다.

김영삼 정부의 중앙행정기관 개편은 대통령의 강력한 리더십에 의해 주로 위로부터 이루어졌다.[3] '작고 효율적인 정부' 구현을 목표로 행정조직의 효율성과 민주성이라는 2가지 원칙하에 2원 14부 6처 15청 2외국으로 출범하였다. 행정각부 중 외무부, 국방부, 통일원, 국가안전기획부, 비상기획위원회 등 국가안보 관련 행정부처들은 거의 변화가 없었고 국방부 장관을 제외하고 외교안보수석까지 대부분 학자 출신들을 기용하였다.

최고의 정책심의기관인 국무회의, 헌법에 근거한 자문기관인 국가안전보장회의와 민주평화통일자문회의는 유지했으나 대통령 주재 국가안전보장회의는 임기 5년 동안 총 3회 개최하였다.[4] 대신 소수가 참여하는 별도의 대통령 협의기구인 '안보관계장관회의'를 설치하였다. 노태우 정부 시기 설치한 통일관계장관회의 외에 장관급 '통일안보정책조정회의'를 신설하였다. 특별히 안보 현안에 대한 관련 부처 장관의 조정이 필요한 경우를 위해 설치했고, 부총리 겸 통일원 장관이 주재하고 외교안보수석이 간사를 맡았다. 이 기구의 기능은 '통일, 안보 및 대북 관련 외교정책의 협의·조정'에 있었으며 매주 금요일 회의를 개최했다. 또한 외교안보수석실에 외교안보상황팀을 신설하여 안보상황을 점검하는 최소한의 체계를 구축했다.

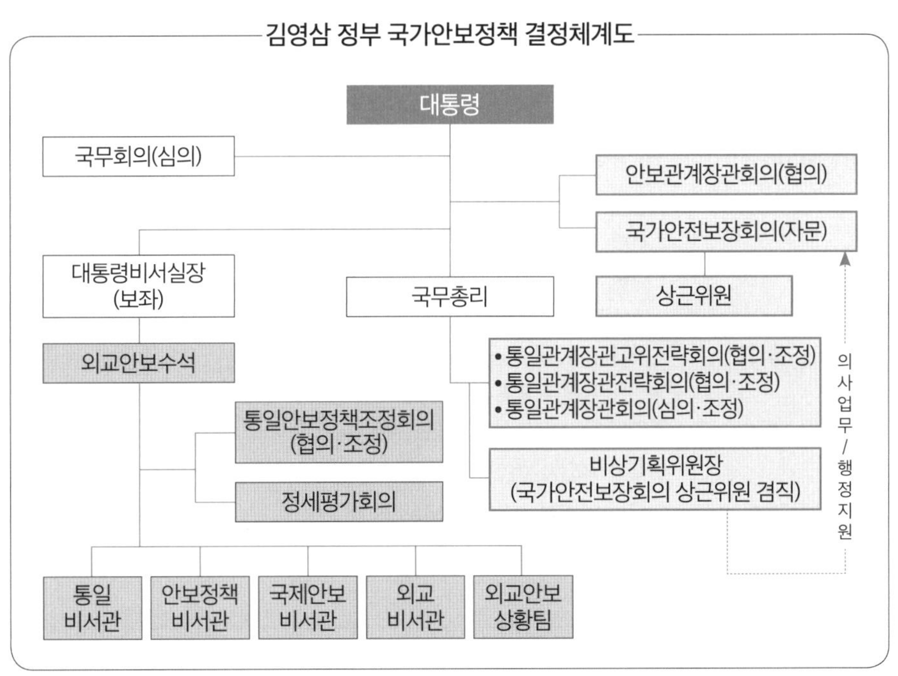

출처: 필자 정리(민주평화통일자문회의, 국가안보 관련 행정부처와 직속 정보기관은 생략)

김영삼 정부의 주요 안보정책 결정체계는 노태우 정부와 비교해 보면 국무회의와 국가안전보장회의 등은 차이가 없다.[5] 대통령 주재 협의기구인 안보관계장관회의와 장관급 협의·조정기구인 통일안보정책조정회의를 설치한 것이 가장 큰 차이점이다. 그러나 관련 협의기구를 설치함에 있어 법령에 의하지 않고 대통령 지시로 설치하여 자주 변경되게 한 점은 아쉬운 부분이다.

김영삼 정부의 국가안보정책 결정기관 현황

구분	내용
심의기관	• 국무회의
대통령 자문기관	• 국가안전보장회의 * 의장: 대통령 * 간사: 비상기획위원회 조사연구실장 * 위원(10명): 대통령, 국무총리, 재정경제원 장관, 통일원 장관, 외무부 장관, 내무부 장관, 국방부 장관, 무임소국무위원, 국가안전기획부장, 상근위원, 필요시 합동참모회의 의장 * 비상기획위원회에서 국가안전보장회의 지원 • 민주평화통일자문회의
대통령 협의기구	• 안보관계장관회의 설치 * 의장: 대통령 * 간사: 외교안보수석 * 위원: 외무부 장관, 국방부 장관, 국가안전기획부장, 외교안보수석 등
대통령 보좌기관 (대통령비서실)	• 외교안보수석실 * 통일·외교·국방·국제안보 4개 비서관과 외교안보상황팀 편성
장관급 협의·조정기구	• 통일안보정책조정회의 신설(1994. 3) * 주재: 통일원 장관(부총리) * 간사: 외교안보수석 * 위원: 통일원 장관, 외무부 장관, 국방부 장관, 국가안전기획부장, 대통령비서실장, 외교안보수석 * 회의 주기: 매주 금요일 • 통일원 장관 주재 통일관계장관회의(심의·조정기구) 유지 • 통일원 장관 주재 통일관계장관전략회의(협의·조정기구)와 국무총리 주재 통일관계장관고위전략회의(협의·조정기구) 추가 설치
행정각부	• 외무부, 국방부 • 국무총리 소속 통일원
정보기관	• 대통령 소속 국가안전기획부
한미안보협력기구	• SCM 유지

출처: 필자 정리

외교안보수석은 안보관계장관회의와 통일안보정책조정회의의 간사 역할을 하면서 다양한 통일관계장관회의의 정식위원에 포함되었다. 이러한 조치로 대통령비서실 외교안보수석실이 통일문제와 안보 및 대북 관련 정책을 협의·조정할 수 있는 기능을 갖추게 되었다. 그러나 법적·제도적 여건이 뒷받침되지 않아서 외교안보수석실이 실질적으로 관련 정책을 통할하기에는 한계가 있었다. 이러한 한계를 해결하기 위해 김대중 정부가 출범하면서 NSC 사무처 조직을 상설화하게 된다. 한미안보협력기구인 SCM은 계속 운영했으며, 남북관계 개선을 위한 공식적인 남북대화기구는 설치하지 않았다.

국가안보정책 결정기관 종류

(1) 심의기관: 국무회의

국무회의는 최고의 정책심의기관으로 계속 운영하였다. 1994년 2월 19일 국무회의 규정을 일부 개정(대통령령 제14172호)하여 정례국무회의 개최시기를 매주 목요일에서 월요일로 변경했다. 1995년 2월에는 국무회의 개최시기를 주 1회로 융통성을 부여하면서 비상기획위원회 위원장을 국무회의 배석자로 추가하였다.[6]

(2) 대통령 보좌기관: 대통령비서실

1) 외교안보수석실에 외교안보상황팀 설치

대통령비서실의 정무기능을 강화하기 위해 '사회문화수석비서관'을 신설하는 등, 1993년 3월 초대 박관용 대통령비서실장을 포함하여 (장관급)1실장 (차관급)9수석 49비서관으로 출발하였다.[7] 노태우 정부의 외교안보수석실은 유지하였다. 외교안보수석실에 통일·외교·안보정책·국방·국제안보 5개 비서관실을 두었고, 잠시 교민비서관실을 설치하였다가 1994년 말부터는 통일·외교·국방·국제안보 4개 비서관실로 통합·조정하였다. 특히 외교안보수석실에 외교안보상황팀을 편성하여 국내외 안보상황에 대해 모니터할 수 있도록 했다. 별도로 외교안보수석이 주관하는 '정세평가회의'를 운영하여 안보상황에 대해 일관성을 유지하도록 하였다.

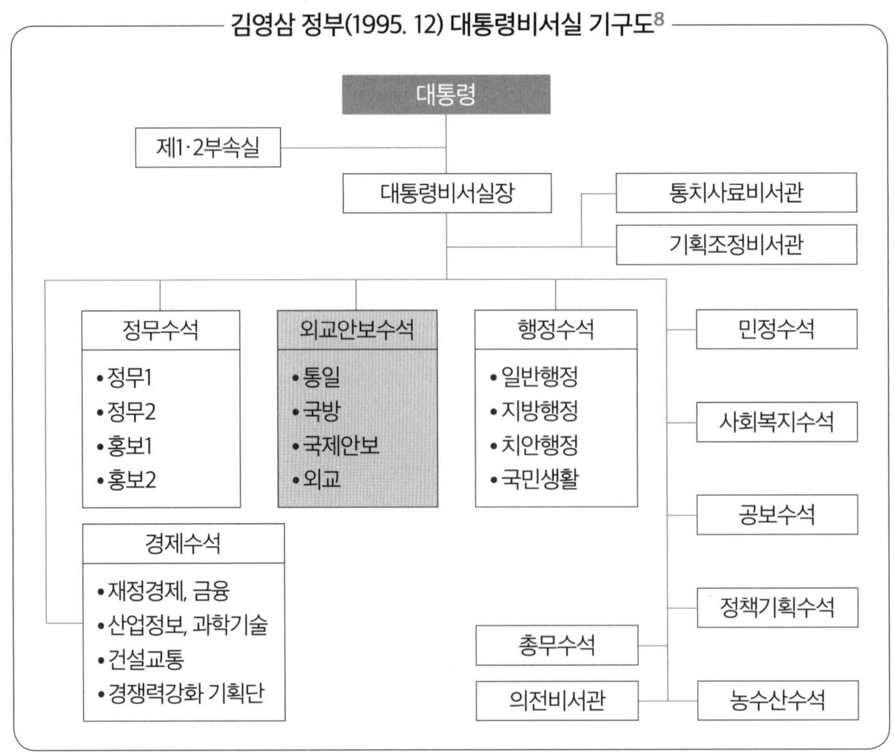

김영삼 정부(1995. 12) 대통령비서실 기구도[8]

1993년 3월 12일 북한이 핵확산금지조약(NPT)을 탈퇴하여 5월 11일 유엔 안보리 결의안이 채택되는 등 국제사회의 긴장이 고조되었다. 이러한 상황에서 북한 핵문제 등을 두고 대통령, 외교부, 통일부, 외교안보수석실 사이에 정세판단과 대응에 있어 종종 이견을 노출하였다. 이와 같은 문제점을 보완하기 위해 비상기획위원회는 1994년 6월 '안보정책결정체제의 발전방안 연구'를 보고하였다. 이 연구결과는 김영삼 정부에서 '통일안보정책조정회의' 설치에 영향을 주었고, 이후 김대중 정부와 노무현 정부의 국가안보정책 결정체계 강화에 기여했다.

〈비상기획위원회의 안보정책결정체제의 발전방안 연구(요약: 1994. 6)[9]〉

■ **주요국의 안보정책 관련기구**

- 대상국가: 대통령 중심제(미국, 프랑스), 내각책임제(일본, 영국)
- 공통적인 특징
  - 국정최고책임자 직속하에 전·평시 위기관리 및 안보정책결정 보필을 위한 회의기구 운영

- 회의체 산하에 각 분야 전문가로 구성된 상설 실무기구 설치, 운영

■ 우리나라의 안보 및 위기관리정책 결정체제

• 현행 정책결정체제

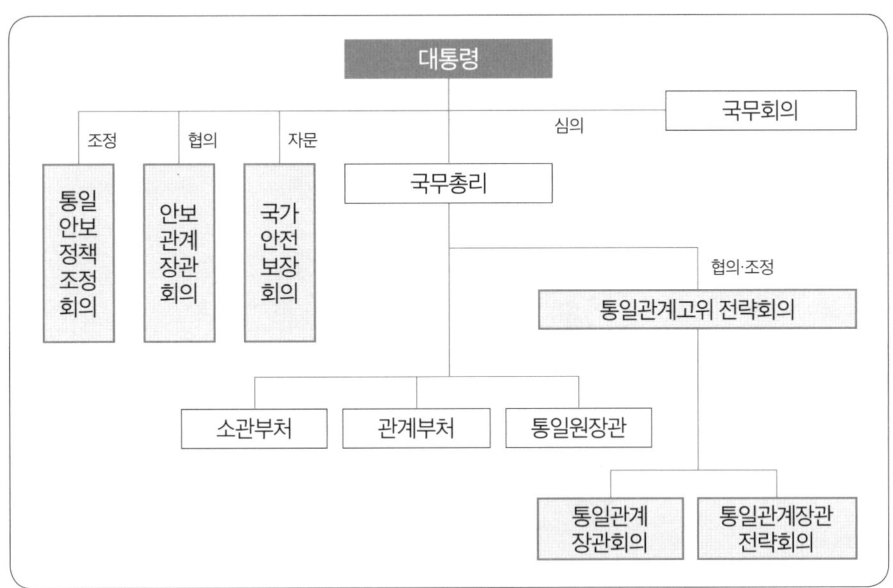

• 안보정책 관련기관의 기능

구 분	기 관	기 능
최고결정기관	대통령	국가안보정책에 관한 최종 결정
최고심의·자문기관	국무회의·국가안보회의	국가안보에 관한 정책심의 및 자문
중간조정기관	국무총리 비상기획위원회	• 안보 관련 정책에 관한 조정 • 비상대비업무의 종합·조정
집행기관	각 원·부·처	소관 안보정책의 수립·집행
정보기관	• 국가안전기획부 • 기무사, 정보본부 • 경찰청	• 안보 관련 대내·외 정보수집, 분석 • 군사 관련 정보의 수집, 분석 • 국내 정보의 수집, 분석
군사위기 대응기관	• 국방부 • 합참	• 군사기관 정보제공, 대응책 수립 • 한미연합사령관을 통한 군사조치

* 국가안보 및 위기관리와 관련된 주요 정책은 소관부처가 입안, 관계기관과의 협의와 통일관계장관회의, 통일안보정책조정회의, 국가안전보장회의 등의 조정·자문과 국무회의 심의를 거쳐 대통령이 최종 결정하는 체제

• 소결론

·정책 결정과정에서의 전문적이고 실무적인 조정·통합기구 역할 미흡

·국가적 차원의 통합된 위기관리체제 미흡

·안보정책조정회의의 다원화에 따른 체계성 미흡

■ **발전방향**

• 합리적인 정책조정 및 위기관리체제의 정립

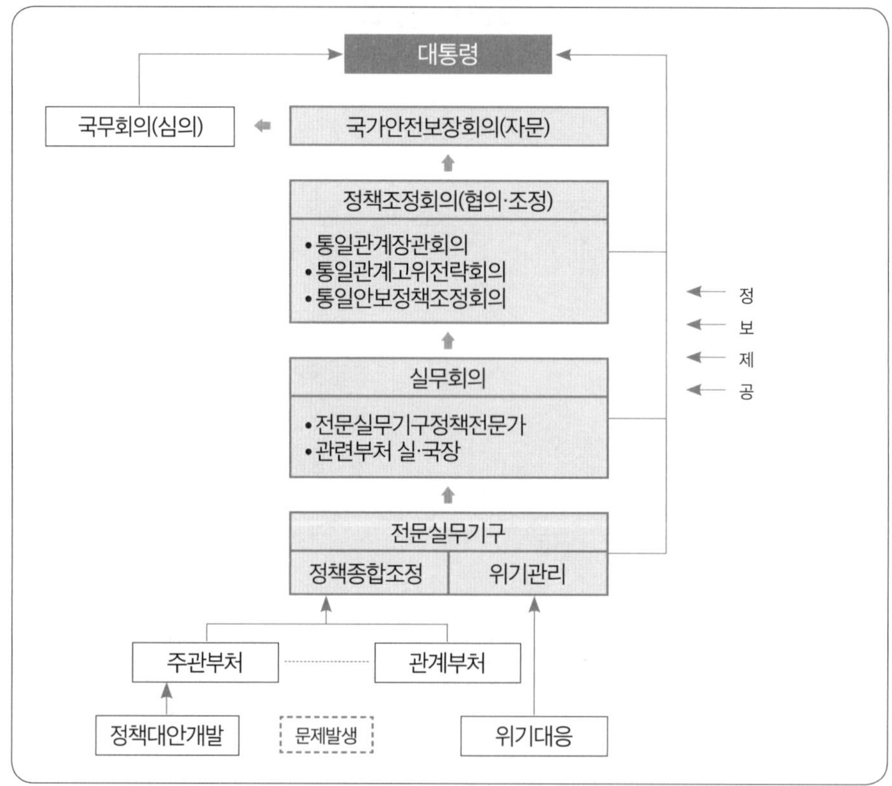

• 정책심의·조정을 위한 회의체 운영

·**국가안전보장회의는 현행대로 대통령 자문기관**으로 운영

·**국가안전보장회의 산하에 정책조정회의 설치** 운영

·**정책조정회의 산하에 안보 및 위기관리정책 종합토의·조정을 위한 실무회의** 운영 등

2) 장관급 협의·조정기구: 통일안보정책조정회의 신설(1994. 3)

1994년 3월 대통령 지시에 의하여 부총리 겸 통일원 장관이 주재하고 외무부 장관, 국방부 장관, 국가안전기획부장, 대통령비서실장, 외교안보수석비서관으로 구성한 주례 및 수시 장관급 협의·조정기구인 '통일안보정책조정회의'를 설치하

였다.[10] 이는 대통령 보좌기관인 대통령비서실 외교안보수석실에 협의·조정 기능을 부여한 최초의 제도적 장치이다. 외교안보부처 내에서 안보정세 판단을 공유하기 위해, 외교안보수석이 주관하는 관계부처 차관보급 정세평가회의도 정례적으로 개최하였다.[11] 주로 통일·안보 및 대북 관련 외교정책을 협의·조정했다.[12] 외교안보수석비서관이 간사를 맡았고 매주 금요일 정기회의를 개최하였다. 필요시 대통령도 회의에 직접 참석할 수 있도록 함으로써, 현안 발생 시 긴급대처 능력을 강화했다는 평가를 받았다.[13] 이를 계기로 외교안보수석실이 국가안보 관련 실질적인 정책의 협의와 조정 임무를 담당하기 시작하였다. 공개된 자료에 의하면, 주로 북한 핵문제와 개최 직전까지 갔었던 남북정상회담 추진 관련 사항을 논의하였다.[14]

김영삼 정부의 통일안보정책조정회의 규정[15]

구 분	내 용
설치 근거	대통령 지시(관련 법령 없음)
구 성	• 위원: 통일원 장관(주재), 외무부 장관, 국방부 장관, 국가안전기획부장, 대통령비서실장, 외교안보수석비서관 • 배석: **필요시 국무총리 비서실장** 등
기 능	통일, 안보 및 대북 관련 외교정책의 **협의·조정**
운영	• 매주 금요일 정기회의 소집 • 관계부처 장관 요청 시 회의 소집 • **의사업무는 외교안보수석비서관실에서 담당**

대통령제하에서는 국가안보와 관련하여 대통령과 국무총리 간에 갈등이 발생할 소지가 적지 않다. 이러한 사례로 통일안보정책조정회의 설치와 관련한 박관용 당시 대통령비서실장의 회고를 소개한다.

〈박관용 대통령비서실장 회고: 통일안보정책조정회의 설치[16]〉

“당시 북한의 NPT(핵확산금지조약) 탈퇴로 긴장이 고조됐는데 외교안보 관련 부서의 입장과 논평이 제각각이었고 언론은 정부 정책 혼선을 질타하였다. YS 초대 내각의 외교·통일 관련 부서 책임자들 모두가 대학교수 출신(한완상 통일부총리, 한승주 외무부 장관, 김덕 국가안전기획부장, 정종욱 외교안보수석)이라 그런지 개인 생각을 거리낌 없이 발표하는 게 가장 큰 이유였다. 그대로 방치해선 안 되겠다 싶어 **대통령 자문기구로서 통일안보정책조정회의를 발족시켰고 이후는 손발이 착착 맞았다. 이때 昌(이회창) 총리가 자신도 참석을 했으면 하기에 '외교안보에 관해 대통령을 보좌하기 위한 것이니만큼 총리의 직접 참여는 적당치 않다'고 양해를 구하였다.** 그러자 昌은 '나도 상황을 알아야 하니까 사람(이흥주 국무총리 비서실장)을 보내겠다'고 했고 당장 그러시라고 하였다. **조정회의 규정에 (국무총리 비서실장은) 명단에 없어 이 실장이 배석자로 회의내용을 정리해 총리에게 보고하는 형식이 됐다.** 그런데 국무회의 석상에서 남재희 노동부 장관이 '요즘 나오는 대북 정책은 어찌 된 것이냐'고 묻자 昌 총리가 '나도 모른다'고 해버린 것이다. 그리곤 '정부 정책은 내각의 논의과정을 거쳐 입안·결정돼야 한다. 조정회의에 회부된 안건도 관계 장관이 사전에 총리의 승인을 받아 시행토록 하라'고 지시하였다. 1994년 4월 21일의 소동이다."

3) 통일정책 관련 추가 협의·조정기구 설치: 통일관계장관전략회의 등

대통령 지시에 의해 노태우 정부의 통일관계장관회의보다 위원을 축소한 '통일관계장관전략회의'와 국무총리 주재 '통일관계장관고위전략회의'를 협의·조정기구 성격으로 추가 설치하였다. 그리고 대통령비서실 외교안보수석이 정식위원으로 참여하였다.

김영삼 정부에서 추가 설치된 통일 관련 협의·조정기구

구 분	통일관계장관전략회의	통일관계장관고위전략회의
근거	대통령 지시(관련 법령 없음)	
의장	부총리 겸 통일원 장관	국무총리
위원	외무부 장관, 국방부 장관, 국가안전기획부장, 대통령비서실장, **외교안보수석** * 필요시 참석자 조정	통일원 장관, 외무부 장관, 국방부 장관, 국가안전기획부장, **외교안보수석** * 필요시 참석자 조정
기능	통일 및 남북 관련 중요문제 발생 시 통일관계장관회의에서 위임한 사안에 대한 **토의 및 의견 조정**	통일 및 남북 관련 주요현안 발생 시 관계기관장 **의견 청취 및 조정**
의사 지원	• 현안 발생 시 필요에 따라 소집 • 통일원 남북대화사무국에서 의사지원	• 통일 및 남북 관련 문제 발생 시 소집 • 국무총리 행정조정실에서 의사지원

출처: 필자 정리

(3) 대통령 자문기관: 국가안전보장회의, 민주평화통일자문회의

관련 법규개정이 없었고 비상기획위원회의 국가안전보장회의 의사지원 임무도 유지하였다. 대통령 주재 국가안전보장회의는 북한 핵문제와 김일성 사망 시 등 특별한 안보상황이 있을 때만 소집하였다. 전두환 정부나 노태우 정부와는 달리 배석인원을 최소화하여 운영하였다. 회의는 안보회의 정식위원 외 대통령비서실장과 합참의장, 외교안보수석 등을 배석자로 하였다. 또한 민주평화통일자문회의도 변동 없이 유지하였다. 비상기획위원회가 정리한 자료에 의하면 북한 핵문제와 김일성 사망 관련 대책 등을 논의하였다.[17]

〈1994-1차 국가안전보장회의(1994. 6. 8)[18]〉

1994년 북한의 핵문제에 대한 영향을 분석하여 대응책을 마련하기 위하여 소집하였다.

1. 일시: 1994. 6. 8
2. 장소: 청와대(본관)
3. 주재: 대통령
4. 참석자: 15명
   - 안보회의 위원(10명)
     국무총리 이영덕, 경제기획원 장관 정재석, 통일원 장관 이홍구, 국가안전기획부장 김덕, 국가안전보장회의 상근위원 천용택, 외무부 장관 박건우, 내무부 장관 최형우, 재무부 장관 홍재형, 국방부 장관 이병태, 정무1장관 서청원
   - 배석 및 보고자(5명):
     대통령비서실장 박관용, 합동참모회의 의장 이양호, 외교안보수석비서관 정종욱, 경제수석비서관 박재윤, 공보수석비서관 주돈식
   - 안보회의 간사(2명)
     비상기획위원회 조사연구실장 황의백, 조사연구실 제2부장 신가균
5. 의안(보고사항)
   - 북한의 핵문제와 남북한 관계 전망 : 통일원 장관
   - 북핵 관련 주요국가 및 국제기구의 동향과 대응전략 : 외무부 장관
   - 북한의 최근 군사동향과 대비책 : 국방부 장관
   - 최근의 군사동향 등 : 국가안전기획부장

(4) 대통령 협의기구: 안보관계장관회의 설치(1993. 10)[19]

대통령 주재로 외무부 장관, 국방부 장관, 국가안전기획부장, 외교안보수석비서관이 참여하는 소수의 대통령 협의기구 성격의 회의체였다. 기능은 주요 안보현안에 대해 관계부처 간의 정보공유 및 대응책을 논의하는 것이었고, 외교안보수석실에서 회의를 지원했다. 공개된 자료에 의하면 주로 북한의 군사동향과 국내외 안보상황을 점검하였다.

(5) 한미안보협의기구: SCM

1993년 제25차 회의부터 1997년 제29차까지 5차례 개최하였다. 1993년 제25차 SCM에서는 북한의 핵개발 추진으로 인한 불확실성이 해소될 때까지 주한미군의 2단계 감축을 유보하기로 한 기존 합의사항을 재확인하였다. 또한 1994년 12월 1일부로, 한국군에 대한 평시작전통제권을 한미연합사령관으로부터 한국 합참의장에게 이양하기로 합의하였다. 1994년 제26차 SCM에서는 제24차 SCM 합의사항인 평시작전통제권 전환을 재확인하면서, 1978년도에 작성된 '군사위원회 및 한미연합군사령부 관련약정'(TOR for the Military Committee and ROK/US CFC) 개정안에 서명하였다. 1995년 제27차 SCM에서는 한국 정부가 향후 3년간 매년 10%씩 방위비분담금을 증액하는 새로운 방위비분담금특별협정에 합의하였다. 1996년 제28차 SCM에서는 팀스피리트 연습 관련 협의를 계속하기로 합의하였다. 1997년 제29차 SCM에서는 강력한 한미연합연습의 중요성을 확인하고, 한반도에서는 대인지뢰를 계속 사용하기로 합의하였다.

(6) 안보분야 남북대화기구

남북정상회담 개최를 위한 부총리 급 비공개 접촉과 1997년 12월 남·북한과 미국, 중국이 참여하는 1차 '4자회담'을 개최했으나 김일성 사망 등으로 성과를 거두지 못하였다. 노태우 정부에서 설치된 공식적인 남북대화기구도 운영하지 않았다.

2. 김대중 정부(1998. 2~2003. 2)

국정비전과 국가안보정책 결정체계

1997년 12월 소위 DJP 연합을 통해 수평적 정권교체를 이루면서 1998년 2월 25일 제15대 김대중 대통령이 취임하였다.[20] 김대중 정부는 김종필 자민련 총재를 국무총리로 하는 공동정부를 구성하고, 새 정부의 주권은 국민에게 있다는 의미에서 '국민의 정부'로 명명하였다. '제2의 건국'을 국정비전으로 하고 국정지표를 '국민적 화합정치, 민주적 경제발전, 자율적 시민사회, 포괄적 안보체계, 창의적 문화국가'로 하였다. 이 중 포괄적 안보체계가 안보분야 국정지표이며 이를 구현하기 위해 3가지 국가안보목표를 설정하였다. 특히 김대중 정부는 국가안보목표를 '당면한 안보환경하에서 국가의 모든 역량을 활용하여 달성해야 할 목표로서, 국가목표나 국가이익의 핵심적 요소인 국가 안전보장을 달성하기 위해 설정한다'고 정의하였다.[21]

김대중 정부의 중앙행정기관은 17부 2처 16청으로 김영삼 정부에 비해 전반적으로 축소되었다. 내무부와 총무처를 통합하여 행정자치부로 개편하였고, 외무부에 통상교섭본부를 설치하여 외교통상부로 개칭하였다. 부총리제도를 폐지하면서 국무총리 직속 통일원을 행정각부의 장관급 통일부로 하향 조정하였다. 통일부가 행정각부에 소속되면서 통일부-외교통상부-국방부 순으로 되었다. 국무총리 예하 비상기획위원회는 장관급에서 차관급 조직으로 축소되고, 차관급 행정조정실장은 장관급 국무조정실장으로 조정하였다. 2001년 재정경제부 장관과 교육인적자원부 장관을 부총리로 격상시켰다.[22] 김대중 대통령은 정치·경제·사회분야는 진보성향의 지식인들을 기용하였다. 반면 국가안보분야는 강인덕 통일부 장관, 박정수 외교통상부 장관, 천용택 국방부 장관, 이종찬 국가정보원장, 임동원 외교안보수석 등 기본적으로 보수성향의 인사들을 기용해 안정적이면서도 전향적인 안보정책을 추진하였다.[23]

최고의 정책심의기관인 국무회의, 헌법에 근거한 자문기관인 국가안전보장회의와 민주평화통일자문회의는 유지하였다. 김영삼 정부에서 설치한 대통령 협의기구인 안보관계장관회의는 '통일외교안보장관회의'로 명칭을 변경하였다. 가장 큰 특징은 전두환 정부가 폐지한 국가안전보장회의 사무국을 국가안전보장회의 사무처로 재설치하여 국가안전보장회의 운영을 활성화했다는 점이다. 이와 병행하여 김영삼 정부의 (장관급) 협의·조정기구인 통일안보정책조정회의를 폐지하고 대신 NSC 상임위원회를 설치했다. NSC 상임위원장을 통일부 장관으로 고정하고 대통령비서실 외교안보수석이 NSC 사무처장을 겸직하게 하면서 부처 업무의 조정·협의 기능도 김영삼 정부보다 강화하였다. 이때부터 국가안전보장회의가 NSC라는 명칭으로 불리게 되었다. 이를 통해 청와대 외부기관인 비상기획위원회가 담당했던 대통령 주재 국가안전보장회의 의사지원업무가 청와대 내부기관인 NSC 사무처로 전환되었다. 또한 국가안전보장회의 위원의 수를 조정하면서 경제기획원 장관, 재무부 장관, 내무부 장관을 제외하였다. 대신 국무조정실장과 대통령 보좌기관의 책임자인 대통령비서실장과 외교안보수석을 정식위원으로 추가하였다. 대통령비서실 외교안보수석실을 유지했으며 대통령비서실장 직속으로 국정상황실을 두어 국정전반에 대한 상황을 점검할 수 있도록 하였다. 이때 김영삼 정부 시기의 외교안보수석실 예하 외교안보상황팀은 국정상황실 소속으로 전환되었다.

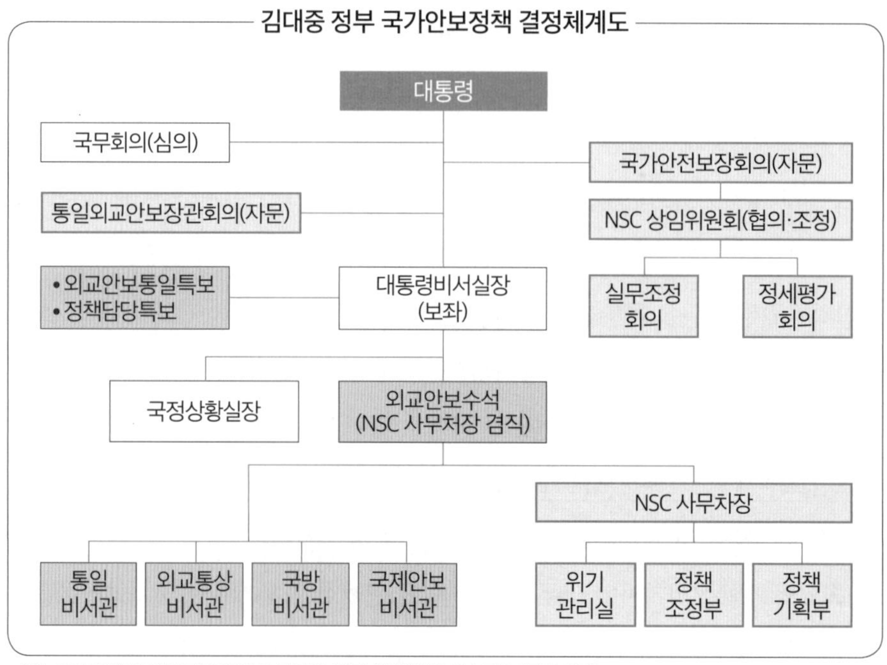

출처: 필자 정리(민주평화통일자문회의, 국가안보관련 행정부처와 직속 정보기관은 생략)

남북 간 군사회담의 제반 합의결과는 국가안전보장회의 전체회의나 NSC 상임위원회를 통해 협의·조정하고 대통령의 승인을 받아 시행하였다. 국가안보정책 결정체계면에서 김대중 정부의 가장 큰 성과는 장관급 NSC 상임위원회를 주 1회 정기적으로 개최하여 상시적으로 안보정책을 협의·조정할 수 있는 토대를 마련했다는 점이다. 이때 구축된 체계는 문재인 정부에 이르기까지 이어지고 있다. 그러면서도 제반 국가안전보장회의 운영이 통일문제와 남북관계 개선 쪽으로 치우치는 경향이 있었다는 평가도 상존하고 있다.[24]

김대중 정부의 국가안보정책 결정기관 현황

구분	내용
심의기관	• 국무회의
대통령 자문기관	• 국가안전보장회의 * 의장: 대통령 * NSC 사무처장: 외교안보수석 * 위원(8명): 대통령, 국무총리, 통일부 장관, 외교통상부 장관, 국방부 장관, 국가정보원장, **대통령비서실장, NSC 사무처장,** 필요시 비상기획위원장과 합동참모회의 의장 * 배석: NSC 사무차장(1급 상당 공무원) • 민주평화통일자문회의
대통령 협의기구	• 안보관계장관회의를 통일외교안보장관회의로 명칭 변경
대통령 보좌기관 (대통령비서실)	• 외교안보수석실 * 통일·외교·국방·국제안보 4개 비서관 • 대통령 외교안보통일특보(2001. 9), 대통령 정책담당특보(2002. 1) • 대통령비서실장 직속의 국정상황실 신설
장관급 협의·조정기구	• NSC 상임위원회 회의 신설 * 위원장: 통일부 장관 * 회의주기: 주 1회 * 위원(6명): 통일부 장관, 외교부 장관, 국방부 장관, 국가정보원장, NSC 사무처장, 국무조정실장(필요시) * 상임위원회의 운영을 지원하기 위한 실무조정회의와 정세평가회의 설치 * 김영삼 정부의 통일안보정책조정회의 폐지 • NSC 사무처 신설: 제반회의 지원 * 비상기획위원회의 국가안전보장회의 의사지원 임무 해제
행정각부	• 통일부, 외교통상부, 국방부
정보기관	• 대통령 소속 국가정보원
한미안보협력기구	• SCM 유지 • FOTA 신설
안보분야 남북대화기구	• 남북국방장관회담, 남북군사실무회담(교류협력) 신설

출처: 필자 정리

한미안보협력기구인 SCM을 계속 운영했으며, 추가로 2002년 12월 제34차 SCM에서 변화하는 역내 및 세계 안보환경에 대비하고 한미동맹을 조정·협의하기 위한 '미래한미동맹정책구상회의'(FOTA)의 운영기반을 마련하였다. 2000년 6월 제1차 남북정상회담에서 합의한 '6·15 공동선언'을 계기로 제1차 남북국방장관회담과 남북 철도·도로 연결을 위한 군사실무회담기구를 설치하였다.

국가안보정책 결정기관 종류

(1) 심의기관: 국무회의

국무회의는 정부의 권한에 속하는 중요 정책 심의기관으로 계속 운영하였다. 정부조직 개편에 따라 1998년 3월 16일 국무회의 규정을 일부 개정(대통령령 제15741호)하여 비상기획위원장을 국무회의 배석자에서 제외했고, 국무회의 간사를 총무처 의정국장에서 행정자치부 의정관으로 변경하였다.[25]

(2) 대통령 보좌기관: 대통령비서실

1) 외교안보수석실 기능 강화

대통령비서실은 김중권 대통령비서실장을 포함하여 1실장 6수석 35비서관으로 출발하였다. 외교안보수석실은 김영삼 정부와 동일하게 통일·외교통상·국방·국제안보 4개 비서관을 두었다. 외교안보수석이 NSC 사무처장을 겸직하게 하여 국가안보 관련 의제를 선정하고 조정·협의할 수 있도록 여건을 마련하였다.

2) 외교안보통일특보(2001. 9), 정책담당특보(2002. 1)

대통령비서실은 1999년부터 사회복지수석실을 교육문화수석과 복지노동수석실로 분리하고 비서실장 직속의 민정비서관실을 민정수석실로 확대하였다. 외교안보수석실의 조직은 변함없었고, 2001년 9월 12일 외교안보통일특별보좌로 임동원 전 통일부 장관을 임명하였다. 2002년 1월 29일에는 정책담당특별보좌에 박지원 당시 대통령비서실 정책기획수석을 임명하였다.

김대중 정부(2002. 1) 대통령비서실 기구도[26]

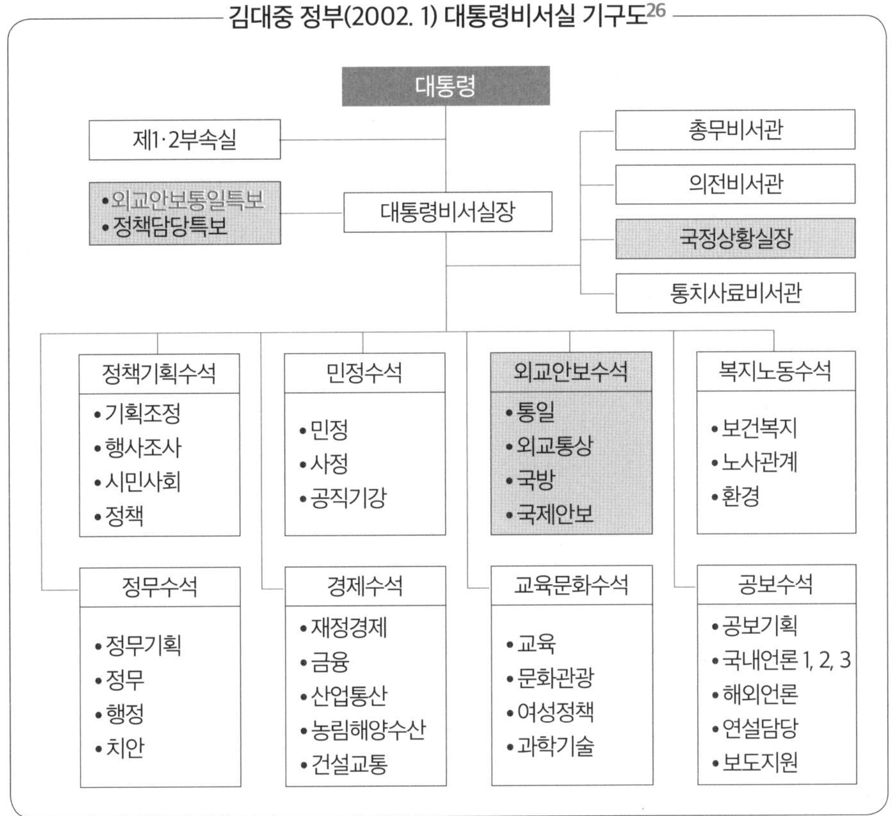

3) 대통령비서실장 직속의 국정상황실 신설

김대중 정부 대통령비서실 특징 중의 하나는 대통령비서실장 직속의 국정상황실을 설치한 점이다. 당시 상황실의 소관업무는 '정치상황, 치안문제, 물가, 실업 등 각종 경제지표와 통계, 대북정보 등의 동향을 수집하여 보고'하는 것이었다. 김영삼 정부 시기의 외교안보수석실 예하 외교안보상황팀을 국정상황실로 전환하는 등 국정상황실의 업무영역을 점차 국정전반으로 확대하였다.

(3) 대통령 자문기관: 국가안전보장회의, 민주평화통일자문회의

1) 국가안전보장회의 운영체계 개선: NSC 사무처 신설

국가안보 관련 정책의 수립과정을 체계화하고 정부의 위기 대응능력을 향상시키기 위해 1998년 5월 25일 국가안전보장회의법을 개정하였다.[27] 법률개정을

통해 외교·안보·군사정책의 수립·시행과 직접 관련되는 자를 국가안전보장회의의 위원으로 임명하였다. 이러한 조치로 국가안전보장회의 위원에서 재정경제부 장관과 행정자치부 장관을 제외하였다. 국가안전보장회의에서 위임한 사항을 처리하기 위해 상임위원회를 두었다. 박정희 정부에서 설치되었던 '국가안전보장회의 사무국'을 참고하여 국가안전보장회의 사무를 상시처리하기 위해 '국가안전보장회의 사무처'를 신설하였다. 외교안보수석이 국가안전보장회의 사무처장(이하 NSC 사무처장)을 겸임하게 함으로써, 청와대 외부에 위치한 국무총리 예하 비상기획위원회가 담당했던 국가안보회의 의사지원 업무는 청와대 내부에 위치한 국가안전보장회의 사무처로 전환되었다.

〈국가안전보장회의법 개정(법률 제5543호, 1998. 5. 25)[28]〉

제1조(목적) 이 법은 헌법 제91조의 규정에 의하여 국가안전보장회의의 조직·직무범위 기타 필요한 사항을 규정함을 목적으로 한다.

제2조(구성) ① **국가안전보장회의는 대통령·국무총리·통일부 장관·외교통상부 장관·국방부 장관 및 국가안전기획부장과 대통령령이 정하는 약간의 위원으로 구성한다.** ② 대통령은 회의의 의장이 된다.

제3조(직능) / 제4조(의장의 직무) * 내용 생략

제5조(합동참모회의 의장의 회의 출석권)[29] 삭제

제6조(출석·발언) 의장은 필요하다고 인정하는 경우에는 관계부처의 장, **비상기획위원회위원장, 합동참모회의 의장, 기타의 관계자를 회의에 출석**하여 발언하게 할 수 있다.

제7조(상임위원회) ① **회의에서 위임한 사항을 처리하기 위하여 상임위원회를 둔다.** ② 상임위원회는 위원 중에서 대통령령이 정하는 자로 구성한다. ③ 상임위원회의 구성·운영 기타 필요한 사항은 대통령령으로 정한다.

제8조(사무기구) ① **회의의 사무를 처리하기 위하여 국가안전보장회의사무처**(이하 '사무처')를 둔다. ② 사무처에 사무처장 1인과 필요한 공무원을 둔다. ③ **사무처장은 대통령비서실의 외교안보분야를 보좌하는 정무직인 비서관이 겸직한다.** ④ 사무처의 조직·직무범위와 사무처에 두는 공무원의 종류·정원 기타 필요한 사항은 대통령령으로 정한다.

제9조(관계부처의 협조) 회의는 관계부처에 대하여 자료의 제출 및 기타 필요한 사항에 관하여 협조를 요구할 수 있다.

제10조(중앙정보부와의 관계) 중앙정보부장은 국가안전보장에 관련된 국내외 정보를 수집·평가하여 이를 회의에 보고하여 심의에 자하여야 한다.

2) NSC 상임위원회 회의(장관급 협의·조정기구) 신설

1998년 6월 8일 국가안전보장회의 운영규정을 개정하였다. 개정을 통해 대통령비서실장과 NSC 사무처장(외교안보수석비서관이 겸직)을 국가안전보장회의 위원으로 정하고 NSC 상임위원회 회의와 실무조정회의, 정세평가회의를 설치하였다.[30] 추가로 NSC 사무처장을 보좌하기 위한 사무차장(1급 또는 장관급 장교)과 12명 규모의 사무처 정원을 편성하고 비상기획위원회의 수행사무를 승계한다는 점을 명확하게 하였다.[31] 국무총리의 권위와 비안보 행정부처와의 협의를 고려하여 국무조정실장을 NSC 상임위원회 위원으로 포함하였다. 이러한 과정을 통해 국가안전보장회의 예하에 상설화된 NSC 상임위원회 회의, 실무조정회의 및 정세평가회의, NSC 사무처의 운영근거를 마련하였다. 이를 통해 김영삼 정부에서 법적 근거 없이 필요에 따라 운영했던 통일안보정책조정회의의 단점이 보완되었다. 그러나 소수로 편성된 NSC 사무처가 회의 지원 외에 현안의제를 관리하고 조정하기에는 한계가 있었다.[32]

〈국가안전보장회의 운영규정 개정(대통령령 제15808호, 1998. 6. 8)[33]〉

제1조(목적) 이 영은 국가안전보장회의법에서 위임된 사항과 그 시행에 관하여 필요한 사항을 규정함을 목적으로 한다.

제2조(위원) 법 제2조제1항의 규정에 의하여 대통령비서실장 및 국가안전보장회의 사무처장은 국가안전보장회의의 위원이 된다.

제3조(회의운영) ① 안보회의는 필요에 따라 의장이 이를 소집한다. ② 안보회의는 공개하지 아니한다. 다만, 의결로써 이를 공개할 수 있다.

제4조(의안) ① 의안은 심의사항과 보고사항으로 구분한다. ② 심의사항은 대통령이 자문한 사항과 위원이 특히 필요하다고 인정하여 제안하는 사항으로 한다. ③ 보고사항은 위원이 안보회의의 심의에 참고하기 위하여 필요하다고 인정하여 보고하는 사항으로 한다. ④ 의안은 안보회의 개최일 5일 전까지 사무처장에게 제출하여야 한다. 다만, 긴급을 요하는 의안은 그러하지 아니하다. ⑤ 사무처장은 의안을 의사일정과 함께 안보회의 개최일 3일 전까지 위원과 법 제6조의 규정에

의하여 출석·발언하는 자에게 배부하여야 한다. 다만, 긴급을 요하는 의안은 그러하지 아니하다.

제5조(의사 및 의결정족수) 안보회의는 재적위원 3분의 2 이상의 출석으로 개의하고, 출석위원 과반수의 찬성으로 의결한다.

제6조(회의록) ① 사무처장은 안보회의의 회의록을 작성·비치하여야 한다. ② **제15조제2항의 규정에 의한 사무차장은 안보회의의 회의록 작성을 위하여 안보회의에 배석한다.** ③ 안보회의의 회의록에는 사무처장이 서명·날인하여야 한다.

제7조(회의결과의 보고) 사무처장은 안보회의에서 의결된 사항과 소수의견을 안보회의의 회의록에 첨부하여 대통령에게 문서로 보고하고 그 부본을 위원에게 배부하여야 한다.

제8조(상임위원회의 구성) ① 법 제7조의 규정에 의하여 상임위원회의 위원은 통일부 장관·외교부 장관·국방부 장관·국가안전기획부장 및 사무처장이 된다.[34] **② 국무조정실장은 상임위원회에 출석하여 발언할 수 있다.**

제9조(상임위원회의 기능) 상임위원회는 안보회의의 위임에 의하여 국가안전보장에 관련되는 대외정책·대북정책·군사정책 및 국내정책에 관한 사항을 협의한다.

제10조(상임위원회위원장) 통일부 장관은 상임위원회 위원장이 된다.

제11조(상임위원회의 운영 등) ① 회의는 정기회의와 임시회의로 구분하며, 상임위원회위원장이 소집한다. ② **정기회의는 원칙적으로 주 1회 소집한다.** ③ 임시회의는 국가안전보장과 관련된 긴급사태의 발생 시 기타 필요에 따라 소집한다. ④ 상임위원회 위원장은 필요하다고 인정되는 경우에는 관계부처의 장 기타의 관계자를 회의에 출석하게 하여 그 의견을 들을 수 있다. ⑤ 제6조 및 제7조의 규정은 상임위원회의 회의록에 관하여 이를 준용한다.

제12조(실무조정회의 및 정세평가회의) ① 상임위원회의 운영을 효율적으로 지원하기 위하여 실무조정회의와 정세평가회의를 둔다. ② **실무조정회의와 정세평가회의는 관련부처의 차관보 또는 이에 상당하는 공무원으로 구성한다.** ③ **실무조정회의와 정세평가회의는 사무차장이 이를 소집·운영한다.**

제13조(운영세칙) 이 영에 규정한 것 외에 상임위원회·실무조정회의 및 정세평가회의의 운영에 관하여 필요한 사항은 상임위원회의 의결을 거쳐 상임위원회 위원장이 정한다.

제14조(국가안전보장회의 사무처의 직무) 국가안전보장회의 사무처는 안보회의의 운영과 관련된 다음 각 호의 직무를 수행한다.

1. 국가안전보장전략의 기획 및 조정

2. 국가위기예방·관리대책의 기획

3. 군비통제에 관한 사항

4. 안보회의 및 상임위원회의 심의사항에 대한 이행상황의 점검

5. 기타 안보회의 상임위원회·실무조정회의 및 정세평가회의의 운영에 관한 사항

제15조(사무처장·사무차장) ①사무처장은 의장의 명을 받아 안보회의 운영과 관련된 사무를 수행한다. ② 사무처장을 보좌하기 위하여 **사무차장 1인을 두되, 관리관·외무관리관·장관급 장교 또는 1급 상당 별정직 공무원**으로 보한다.

제16조(정원) 국가안전보장회의 사무처에 두는 공무원의 정원은 별표와 같다.[35]

제17조(공무원의 파견) 안보회의는 그 직무수행을 위하여 필요하다고 인정하는 때에는 관계 중앙행정기관의 장에게 공무원의 파견을 요청할 수 있다.

특히 NSC 사무처의 직무는 회의지원과 같은 단순 업무가 아닌 국가안전보장 전략의 기획 및 조정, 국가위기예방·관리대책의 기획, 군비통제에 관한 사항, 안보회의 및 상임위원회의 심의사항에 대한 이행상황의 점검과 같은 기획·조정 임무로 설정되었다. 이로써 NSC 사무처장을 겸직하고 있는 대통령비서실 외교안보수석을 중심으로 하는 국가안보정책 결정체계가 마련되었다. 대통령이 의장인 국가안전보장회의는 주로 국내외 주요 안보이슈 발생 시 개최하였고, 주요의제에 대한 협의·조정은 주 1회 개최된 NSC 상임위원회 회의에서 처리하였다. NSC 사무처장인 외교안보수석은 제반회의를 책임지고 운영했으며 회의결과를 대통령에게 보고하였다. NSC 사무차장이 실무조정회의와 정세평가회의를 운영하였다.[36] 이에 따라 김영삼 정부에서 신설된 장관급 협의·조정기구인 통일안보정책조정회의는 폐지되었다. 김대중 정부 출범 첫해인 1998년 9월 30일에 NSC 사무처장인 임동원 외교안보수석이 국회에 보고한 보고서 내용을 보면 김대중 정부의 NSC 운영체계를 이해할 수 있다. 또한 김대중 정부에서 최초로 '국가안보전략서'(가칭)를 작성하고 있었음을 알 수 있다.

〈NSC 사무처의 국회 보고내용(1998. 9. 30)[37]〉

<u>일반사항</u>

■ **사무처 설치**

- **국가안보회의 기능을 활성화하고, 관련 사무를 처리**하기 위하여 1998년 6월 사무처 신설
- 설치 근거: 헌법 제91조, 국가안전보장회의법(1998. 5. 25 개정)

국가안전보장회의 운영 등에 관한 규정(1998. 6. 8 개정)

■ **사무처 직무**

- 안보회의의 운영과 관련된 다음과 같은 직무를 수행
  - 국가안전보장전략의 기획 및 조정
  - 국가 위기예방·관리대책의 기획
  - 군비통제에 관한 사항
  - 안보회의 및 상임위원회의 심의사항에 대한 이행상황의 점검
  - 기타 안보회의·상임위원회·실무조정회의 및 정세평가회의의 운영에 관한 사항
- 각종 회의의 회의록 작성

■ **인원 편성: 정원 및 파견자**

- **사무처장은 대통령 외교안보수석비서관이 겸직**
- 정원 12명 중 9명 충원
- 파견자: 각 전문분야 총 5명(군사 2명: 영관장교, 정보 1명: 안기부, 행정 2명: 행정자치부)

■ **업무체계**

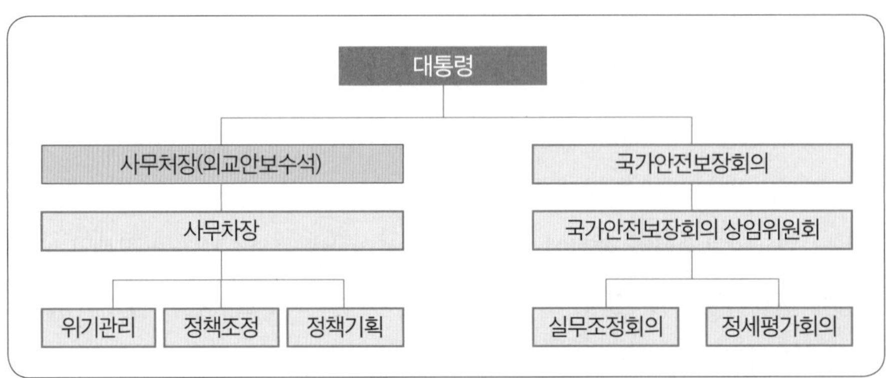

- 국가안전보장회의는 대통령 주재로 안보상 필요한 경우 개최
  * 참석범위(8명): 대통령, 국무총리, 통일부 장관, 외교통상부 장관, 국방부 장관, 국가안전기획부장, 대통령비서실장, 국가안전보장회의 사무처장
- **상임위원회는 통일부 장관이 주재, 안보회의 위임사항을 협의하기 위해 원칙적으로 주 1회 개최**하며, 필요에 따라 임시회의 소집
  * 참석범위(6명): 통일부 장관, 외교통상부 장관, 국방부 장관, 국가안전기획부장, 국무조정실장, 국가안전보장회의 사무처장

• 상임위원회의 효율적 지원 위해 관계부처 차관보급 실무조정회의와 정세평가회의를 운영
• 사무처장은 안보회의 의장의 명을 받아 회의운영 관련 사무 수행, 회의결과 의장 보고
• **사무차장은 사무처장을 보좌하며, 실무조정회의와 정세평가회의를 소집 및 운영**
• 사무처는 위기관리, 정책조정, 정책기획 및 총무로 기능 분장

예산편성: 생략

1998년 주요업무

■ **사무처 업무체계 마련**
• 금년 6월 8일 5명의 창설요원으로 사무처 발족 이래, 비상기획위원회 업무이관 등

■ **각종회의 운영지원**
• 국가안전보장회의(2회)
- 동해안 잠수정 침투관련 대북한 의결서(7. 15)
- 을지연습 기간 중 전쟁지도 차원 회의(9. 17)
• 상임위원회 회의(25회)
- 1998. 3. 7(제1차)~9. 24(제25차)
- 심의안건 및 보고안건 총 100여 건 처리
• 상임위원회 지원 위해 실무조정회의(16회), 정세평가회의(3회), 관계관회의와 자문회의 개최

■ **'국가안보전략서'(가칭) 발간 준비**
• 국가안보목표, 전략기조, 당면정책 등을 제시함으로써 안보전략의 일관성 유지와 국민 이해증진 및 지지기반 확대
• 안보관련 부처, 연구기관, 전문가 등의 의견을 수렴하여 전략서 초안 작성 중에 있음

■ **북한의 대남 도발유형별 대응지침 작성**
• 예상되는 북한 도발에 효과적으로 대응하기 위하여 도발형태 유형별로 대응지침 마련

1999년 주요업무

■ **사무처 운영관계 개선**

• 금년도 사무처 운영결과를 평가, 미비점 보완
• 비상근 자문단 구성 등 외부 전문 인력 적극 활용, 정책기획·조정기능 강화
• 군비통제 및 다자안보협력 관련 부처별 정책조정·통합 추진

■ **정세 종합분석·평가기능 강화**
• **월간 정세평가회의 내실화를 통해 정보생산기능 강화**
• 유관부처 간 정세 관련 인식 기반 확대

■ **위기관리 및 전시대비 업무체계 보완·발전**
• 위기상황 사전 예측/위기양상별 대처방안 수립: 모의실험 기획·조정 등 각종 기법 활용
• 전시대비업무 관련 전쟁지도분야 강화
  - 국방부, 비상기획위원회와 협조, 1999년 을지연습 시 적용

결언

사무처는
• 국가안전보장회의를 비롯한 각종 회의가 효과적으로 운영되며,
• 이를 통해 국가안보 관련 정책들이 상호 유기적이고 일관성 있게 추진되고,
• 정부의 중장기 정책기획 및 위기관리능력이 제고될 수 있도록 사무처 본연의 지원 및 조정업무를 충실히 수행해 나가겠습니다.

김대중 정부에 들어서서 비로소 필요시 국가안전보장회의와 NSC 상임위원회 회의 등을 언제든 개최할 수 있게 되었다. 이러한 국가안전보장회의의 상설화체계는 후에 노무현 정부와 박근혜 정부는 물론 문재인 정부의 국가안보정책 결정체계에도 영향을 주게 된다.

3) 민주평화통일자문회의

2001년 7월 24일 민주평화통일자문회의법을 개정(법률 제6500호)하여 통일정책과 관련된 자문·건의 기능을 보다 효율적으로 수행할 수 있도록 하였다.[38] 부총리급 통일원을 장관급 통일부로 개편하면서 민주평화통일자문회의 사무처를 통일부로 통합하였다.

(4) 대통령 협의기구: 통일외교안보장관회의

김영삼 정부에서 운영했던 대통령 협의기구인 안보관계장관회의는 '통일외교안보장관회의'로 명칭을 변경하면서, 회의 참석위원에 통일부 장관을 추가하였다.[39]

(5) 안보회의 공개 현황

임동원 외교안보수석이 국회에 보고한 내용에서 밝힌 것처럼, 주 1회 기준으로 NSC 상임위원회 혹은 사무차장 주재 실무조정회의를 개최하여 안보현안을 논의하였다. 북한군의 5개 섬 통항 질서 공포(2000. 3), 9·11테러 발생 관련 긴급회의 등 안보상황과 국민적 요구 등 필요에 따라 간략한 내용을 공개하였다. 특히 안보현안 외에도 NSC 상임위원회에서 국방중기계획 심의(2001. 5. 23), 황장엽 전 북한노동당비서 방미관련 토의(2001. 6. 14), FX 사업을 F-15 전투기로 선정 관련(2002. 3. 27) 등을 토의한 사실을 확인할 수 있다.[40] 공개된 총 61회 중에는 대통령 주재 회의가 15회였고, NSC 상임위원장이 주재한 회의는 42회였다.[41] 김대중 정부에서 국가안전보장회의를 어떻게 진행했는지는 1999년 1월 3일 연합뉴스가 보도한 '김 대통령, 내일 새해 첫 안보회의 소집'을 통해 이해할 수 있다.

〈김대중 대통령 주재 국가안전보장회의 개최 보도(1999. 3. 1)[42]〉

> 김대중 대통령은 4일 오후 새해 첫 공식일정으로 국가안전보장회의를 주재하고 올해 안보정책 추진방향을 결정한다. 김 대통령은 회의에서 한반도 평화와 안정을 위해 확고한 안보토대 위에 남북 간 화해·협력 등 대북 포용정책을 지속적으로 추진할 것임을 밝히고, **이를 위해 한·미·일 3국 간 공조 및 중국과의 협력강화 필요성을 강조**할 것으로 예상된다.
>
> 김 대통령은 특히 북한의 지하의혹시설 및 중장거리 미사일 개발문제 등 당면 대북현안을 대화와 협상을 통해 해결해나가는 동시에 이들 현안의 근본적 해결 차원에서 한반도의 냉전구조 해체를 위한 장기적·포괄적 방안 마련을 관계 부처에 지시할 것으로 알려졌다. 회의에선 새해 안보정책 결정에 앞서 이종찬 안기부장, 강인덕 통일장관, 홍순영 외교장관, 천용택 국방장관 등이 한반도 주변정세 등과 지난해 각 부처별 안보정책 추진 실적을 분석·평가하고 새해 정책방향을 보고한다.
>
> **안보회의는 지난해 3월 7일 통일부 장관이 주재하는 상임위 첫 회의를 연 이후 지금**

까지 상임위를 36차례, 김 대통령이 주재하는 본회의를 6월과 8월 2차례 열어 국가 주요안보 정책을 심의, 김 대통령에게 건의하였다. 안보회의는 이 기간 중 '국민의 정부 대북정책 기조'를 비롯해 82건의 심의안건과 91건의 보고안건을 다뤘으며 상정안건을 부처별로 보면 통일부가 64건으로 가장 많고 이어 외교부 37건, 국방부 25건, 안기부 18건, 안보회의 사무처 29건 등이다. 올해 첫 안보회의에는 김 대통령 외에 김종필 국무총리, 김중권 청와대비서실장, 임동원 안보회의 사무처장이 참석한다.

(6) 한미안보협력기구: SCM, FOTA 신설 합의

김대중 정부는 SCM을 제30차부터 제34차까지 5차례 개최하였다.[43] 1999년 1월에 개최된 제30차 SCM과 1999년 제31차 SCM에서는 1998년 8월 31일에 있었던 북한의 대포동 장거리미사일을 이용한 위성발사에 대한 우려와 함께 한미 '미사일지침'(MG) 개정문제를 논의하고 한미주둔군지위협정(SOFA) 개정협상을 촉구하였다. 2000년 제32차 SCM에서는 SOFA 개정합의를 확인하고, 미사일기술통제체제(MTCR)에 입각한 한미 '미사일지침'을 조속한 시일 내에 해결할 것을 합의하였다.[44] 당시 공동성명문에 '6·15 남북정상회담이 개최된 것은 ① 한미양국이 일관성 있게 추진해 온 대북 포용정책 ② 강력한 한미안보동맹 ③ 긴밀한 한·미·일 공조 ④ 국제사회의 지지 등 4가지 요소에 기인한다'고 명시하였다. 2001년 9·11 테러 이후에 개최된 제33차 SCM에서는 연합토지관리계획(LPP)을 완성하기 위해 신속히 협의해 나가기로 합의하였다. 2002년 제34차 SCM에서는 미국의 '항구적자유작전'과 세계적인 대테러전쟁에 대한 한국 정부의 지지입장을 재확인하였다. 그리고 럼스펠드(Donald Henly Rumsfeld) 미 국방부 장관은 미군훈련 중에 2명의 여중생이 사망한 사건에 대해 슬픔과 유감을 표명하였다. 또한 양국 장관은 한미동맹을 세계 안보환경의 변화에 적응시켜 나가기 위해 정책차원의 협의체인 '미래한미동맹정책구상'(FOTA)을 설치하기로 합의하였다.

FOTA는 정책검토·군수협력·안보협력 및 방산기술 협력과 같은 기존 SCM의 분과위원회와는 별도로, 한미동맹관계를 현대화하고 강화하기 위한 방안들을 발전시키기 위한 정책차원의 협의체이다. 한국 국방부 정책실장과 미 국방부 동아시아 태평양 부차관보를 공동주관자로 하였다. 논의중점은 '① 용산기지 이전과 미2사단 후방배치 등 주한미군의 규모와 부대 재배치 ② 주한미군의 역할과 한국군과의 지휘관계 개선 ③ 주한미군 주둔 및 유사시 미군의 개입을 규정한 한미상호방위조약 개정 등'이었다. 미래한미동맹정책구상(FOTA)은 김대중 정부에서 설치하기로 결정되었고, 노무현 정부 출범 후인 2003년 4월부터 2004년 9월까지 12차례 협의하였다.

(7) 안보분야 남북군사회담기구: 남북국방장관회담-남북군사실무회담

2000년 6·15 공동선언을 계기로 제주도에서 '제1차 남북국방장관회담'(2000. 9. 25~26)을 개최하였다. 회담에서 5개항의 '공동보도문'을 채택하고 남과 북을 연결하는 철도·도로 공사를 추진하기로 합의하였다. 이후 2000년 11월부터 2003년 1월까지 15차례의 남북군사실무회담을 통해 '동·서해 지구 남북관리구역 설정과 남과 북을 연결하는 철도, 도로작업의 군사적 보장을 위한 잠정합의서'가 발효되었다.[45] 군사실무회담을 통해 당시 남북 간 당면 현안인 경의선철도 복원 및 개성~문산 간 도로개설과 관련한 세부적인 실무협의에 원칙적으로 합의함으로써 본격적인 공사에 착수하였다. 이러한 안보분야 남북군사에 관한 정책결정은 대부분 국회 승인 절차 없이 주로 국가안전보장회의 전체회의나 NSC 상임위원회 회의를 통해 협의·조정된 정책을 대통령이 승인하는 절차를 통해 이루어졌다.

안보분야를 다루는 군사분야 남북군사회담 기구는 남북국방장관회담과 예하에 설치한 남북군사실무회담이었다. 제1차 남북국방장관회담 대표단에 우리 측은 외교부, 통일부, 건설부, 국정원 대표를 편성했으나 북측은 전원 군부인원으로 편성하였다. 중요한 회의임을 고려해 노태우 정부에서 대통령비서실 국방비서관을 역임한 김희상 장관 특보(육군 중장)를 차석대표로, 외교안보수석실 소속 임관빈 국방비서관실 행정관(육군 대령)을 수행원에 편성하였다.

제1차 남북국방장관회담 대표단 명단[46]

구분	우리 측	북측
수석대표	조성태 국방부 장관	김일철 인민무력부장(차수)
차석대표	**김희상 국방부 장관 특보(중장)**	박승원 총참모부 부총참모장(중장)

구 분	우리 측	북측
대표	김국헌 군비통제관(준장) 송민순 외교부(국장) 이인영 합참 과장(대령)	김현준 인민무력부 보좌관(소장) 로승일 인민무력부 부국장(대좌) 유영철 판문점대표부 부장(대좌)
수행원	**임관빈 국방비서관실 행정관(대령)** 문성묵 군비통제관실(중령) 유형호 국정원(서기관) 심상정 건교부(서기관) 여상기 통일부(사무관)	주길산 인민무력부(대좌) 리병렬 인민무력부(상좌) 곽철희 판문점대표부(상좌) 허영하 인민무력부(상좌) 배경삼 인민무력부 참모(상좌)

남북군사실무회담 수석대표는 우리 측은 김경덕 국방부 군비통제실 차장, 북측은 유영철 인민무력부 부국장이었다. 2002년 9월 14일 제6차 실무회담에서 '동해지구와 서해지구 남북관리구역 설정과 남과 북을 연결하는 철도·도로작업의 군사적 보장을 위한 합의서'(이하 '군사적 보장합의서')를 채택하고, 9월 17일 제8차 회담에서 이를 발효시켰다. 이후 2003년 1월 27일 제15차 남북군사실무회담에서 '동·서해지구 남북관리구역 임시도로 통행의 군사적 보장을 위한 잠정합의서'를 채택·발효시킴에 따라 개성공단 개발과 금강산 육로관광의 물꼬를 텄다.[47]

김대중 정부는 역대정부 처음으로 남북합의문서에 대한 국회동의를 받았다. 2001년 5월 22일 제4차 남북장관급회담(2000. 12. 16) 합의문서인 남북경협합의서('남북사이의 투자보장', '소득에 대한 이중과세 방지', '상사분쟁 해결절차', '청산결제')에 대한 국무회의 심의를 하면서 한승주 외교통상부 장관과 전윤철 기획예산처 장관, 김대중 대통령 간에 토의가 있었다. 국무회의 심의 후에 국회에 제출했고, 노무현 정부 시기인 2003년 6월 30일 국회에서 비준·발효되었다.

〈남북 사이의 투자보장에 관한 합의서안(의안 347호) 관련 국무회의 심의[48]〉

- 한승주 외교통상부 장관: 남북경협 4대 합의서(안)는 남북 간의 특수 관계와 남북 간의 경제교류와 협력이 나라와 나라 사이가 아닌 민족 내부의 거래임을 확인하고 있는 합의서 자체의 문안을 고려할 때 국가 간의 조약은 아니나 4개 합의서 이행의 실효성 확보 측면에서 조약방식으로 추진하는 것이 적절하다는 관계부처 간의 합의가 있었습니다. **4개 합의서(안)는 각각 입법사항을 포함하고 있으므로 헌법 제60조 제1항의 규정에 따라 국회의 동의를 얻어야 합니다.**

* 헌법 제60조 1항: 국회는 상호원조 또는 안전보장에 관한 조약, 중요한 국제조직에 관한 조약, 우호통상항해조약, 주권의 제약에 관한 조약, 강화조약, 국가나 국민에게 중대한 재정적 부담을 지우는 조약 또는 입법사항에 관한 조약의 체결·비준에 대한 동의권을 가진다.

- 전윤철 기획예산처 장관: 국회의 동의를 받는 남북 간 합의서는 조약이라는 법적 성격을 갖는다고 봐도 될 것입니다. 헌법 제3조와의 관계에 대한 설명이 필요합니다.
  * 헌법 제3조: 대한민국의 영토는 한반도와 그 부속도서로 한다.
- 김대중 대통령: 남북기본합의서는 국회 동의를 받지 않았는데 남북경협합의서에 대하여 국회의 동의를 받는 이유는?
- 한승주 외교통상부 장관: **남북기본합의서는 공동선언으로 국민의 재산이나 권리를 규정하는 조항이 없어 국회의 동의를 받을 필요가 없었습니다. 남북경협합의서는 국민의 재산과 권리에 영향을 미치므로 국회의 동의**를 받는 것입니다.

3. 노무현 정부(2003. 2~2008. 2)

국정비전과 국가안보정책 결정체계

2003년 2월 25일 제16대 노무현 대통령이 취임하였다. 국정운영에서 국민의 참여가 핵심 역할을 할 것이라는 뜻에서 '참여정부'라고 명명하였다. '국민이 참여하는 정부'를 국정기조로 하고 '국민과 함께 하는 민주주의, 골고루 잘사는 균형발전사회, 평화와 번영의 동북아시대'를 3대 국정목표로 밝혔다. 정부 차원에서 최초로 공개한 『평화번영과 국가안보-참여정부의 안보정책구상』(국가안보전략서)을 발간하여 국가안보정책추진체계를 정립하였다. 국가목표와 동일한 개념으로 5가지 국가이익을 선정하고 국가안보목표로 '한반도의 평화와 안정, 남북한과 동북아의 공동번영, 국민생활의 안전 확보'를 선정하였다. 국가안보전략기조로는 '평화번영정책 추진, 균형적 실용외교 추구, 협력적 자주국방 추진, 포괄안보 지향'을 제시하였다.[49]

노무현 정부는 김대중 정부의 외형을 바꾸기보다 기능조정에 초점을 맞추는 방식으로 개편하였다.[50] '작은 정부'를 지향하는 대신 '투명하고 일 잘하는 정부'

와 '적정규모의 정부'를 표방하였다. 중앙행정기관을 18부 4처 16청 1위원회로 하였다. 재정경제부 장관과 교육인적자원부 장관 외에 추가로 과학기술부 장관을 부총리급으로 격상하고 재정경제부, 외교통상부, 행정자치부 및 산업자원부에 복수차관제를 도입하였다. 국방획득분야 발전을 위해 국방부 외청으로 방위사업청을 신설하였다.[51] 또한 행정각부 장관을 보좌하는 전문 정책보좌관제도를 신설하여 운용하였다.

최고의 정책심의기관인 국무회의, 헌법에 근거한 자문기관인 국가안전보장회의와 민주평화통일자문회의는 유지하였다. 김대중 정부에서 운영했던 대통령 협의기구인 통일외교안보장관회의도 계속 운영하였다.[52] 가장 큰 특징은 대통령 보좌기관에 대한 개편의 폭이 매우 컸다는 점이다. 노무현 정부는 김영삼 정부부터 이어져 왔던 부처관리기능 중심의 대통령비서실 운영개념에서 완전하게 탈피하고자 하였다. 노태우 정부 후반부터 이어져 오던 외교안보수석실을 폐지하고 대신 대통령비서실에 대통령 국가안보보좌관(NSC 사무처장 겸직), 외교보좌관, 국방보좌관을 두었다. 외교안보수석실이 하던 역할과 기능을 대통령 자문기구역할을 하는 NSC 사무처로 전환하여 기능별 조정·통제식 직제로 개편함으로써 김대중 정부 시기보다 강력한 총괄조정능력을 발휘하도록 하였다. 예를 들면 국방정책의 경우, 김대중 정부의 기존 외교안보수석 체제하에서는 주로 국방비서관실을 통해 협조하고 외교안보수석 주도하에 필요시 NSC 상임위원회 회의에서 조정하는 체계였다. 반면 노무현 정부에서는 기획단계는 전략기획실에서, 집행단계는 정책조정실에서, 정보는 정보관리실에서 담당하였다. 또한 군사위기는 물론 재난상황까지도 위기관리실에서 담당하는 체계였다. 국가안전보장회의법을 개정하여 NSC 상임위원장을 고정하지 않고 상황에 따라 대통령이 임명하였다. 그러다가 임기 초부터 지적되었던 NSC 사무처가 자문기구라는 법적 기능 논란을 해소하기 위해 2006년 1월 이후 대통령비서실에 장관급 통일외교안보정책실을 신설하여 NSC 사무처의 주요 기능을 대통령비서실로 전환하였다.

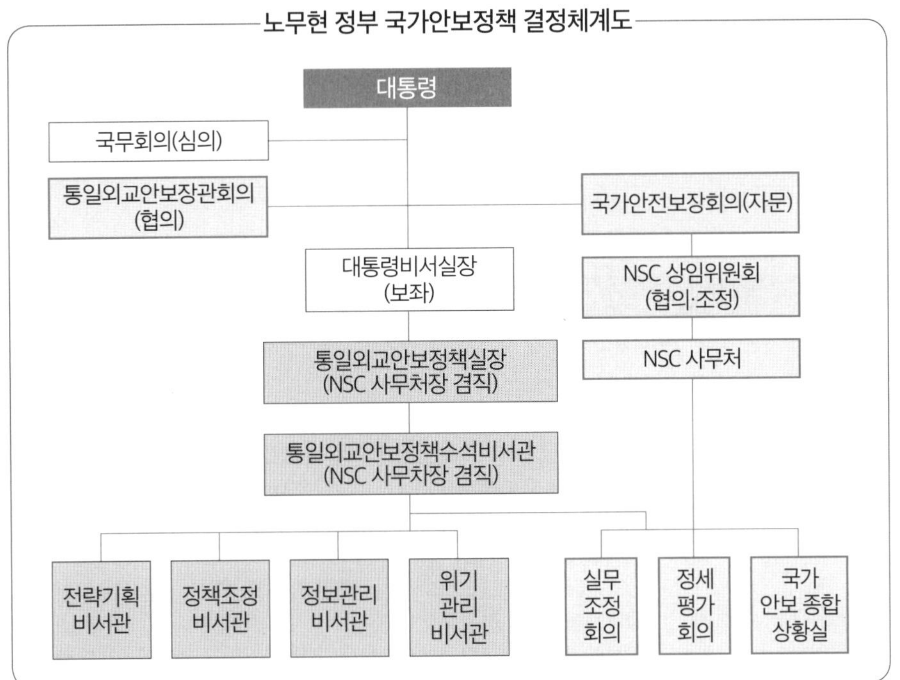

출처: 필자 정리(민주평화통일자문회의, 국가안보관련 행정부처와 직속 정보기관 생략)

대통령 주재 국가안전보장회의와 NSC 상임위원회 위원 규모면에서는 김대중 정부와 비슷했으나, 구성면에서는 다소 차이가 있었다. 김대중 정부에서는 통일부 장관을 NSC 상임위원장으로 고정했으나 노무현 정부는 대통령이 지정하도록 해서 국가안보보좌관, 통일부 장관, 통일외교안보정책실장이 임무를 수행하였다. 이것은 이후에 박근혜 정부에서 국가안보실장이 NSC 상임위원장을 겸직하는 모습으로 나타난다. NSC 사무처장의 경우, 김대중 정부와 마찬가지로 청와대 대통령 안보보좌진을 임명하였다. 김대중 정부에서는 외교안보수석이 담당했고, 노무현 정부에서는 국가안보보좌관이나 통일외교안보정책실장이 담당한 점이 차이점이다.

NSC 사무처와 통일외교안보정책실의 역할을 정보-기획-조정-위기관리를 망라하는 체계로 하고 업무를 분장함에 따라 『국가안보전략서』(비밀문서, 공개본), 『국가위기관리지침』(비밀문서), 『국가전쟁지도지침』(비밀문서) 등 국가 차원의 문서들을 발간하였다. 그러나 노무현 정부의 NSC 사무처와 통일외교안보정책실은 중요 정보의 독점과 과도한 부처 통제로 대통령의 자문·보좌기구의 역할을 넘어 부처의 정책수행 업무까지 한다는 부정적 평가도 있었다.[53] 게다가 국가안보정책이 통일정책 위주로 추진됨으로써 국정운영의 균형감이 떨어진다는 의견도 있었다. 이러한 부정적 평가는 이명박 정부가 위기관리센터를 포함한 NSC 사무처를 폐지하게 된 주요요인이 되었다.

노무현 정부의 국가안보정책 결정기관 현황[54]

구분	내용
심의기관	• 국무회의
대통령 자문기관	• 국가안전보장회의 * 의장: 대통령 * 간사: NSC 사무처장(국가안보보좌관) * 위원(8명): 대통령, 국무총리, 통일부 장관, 외교통상부 장관, 국방부 장관, 국가정보원장, 대통령비서실장, NSC 사무처장, 필요시 합동참모회의 의장과 비상기획위원장 * 배석: NSC 사무차장 • NSC 사무처장: (장관급)국가안보보좌관 혹은 통일외교안보정책실장이 겸직 * 사무차장: (차관급)정무직 임명 * 예하에 전략기획실장, 정책조정실장, 정보관리실장, 위기관리센터장 * 2006년 1월부로 통일외교안보정책실 신설로 NSC 사무처 기능 축소 • 민주평화통일자문회의 유지
대통령 협의기구	• 통일외교안보장관회의 혹은 안보관계장관회의로 운영
대통령 보좌기관 (대통령비서실)	• 대통령비서실에 국가안보·국방·외교보좌관 운영(2003. 2~2006. 1) • (장관급)통일외교안보정책실과 통일외교안보정책수석실 신설(2006. 1) * 예하 통일외교안보전략비서관, 통일외교안보정책비서관, 통일외교안보정보비서관, 위기관리비서관으로 구성
장관급 협의·조정기구	• NSC 상임위원회 회의 유지 * 위원장: NSC 상임위원 중 대통령이 임명 * 회의주기: 주 1회 * 위원(6명): 통일부 장관, 외교부 장관, 국방부 장관, 국가정보원장, NSC 사무처장, 국무조정실장(필요시) * 상임위원회 운영을 지원하기 위한 실무조정회의와 정세평가회의 유지 * NSC 사무처에서 의사지원 • 안보정책조정회의 신설(2006. 1~2007. 2) * NSC 회의와 별도, 대통령 혹은 통일외교안보정책실장 주재 * 위원(5명): 통일부 장관, 외교부 장관, 국방부 장관, 국가정보원장 및 국가안전보장회의 사무처장 등 * NSC 상임위원회 회의에 통합(2007. 2월)
행정각부	• 통일부, 외교통상부, 국방부
정보기관	• 대통령 소속 국가정보원
한미안보협력기구	• SCM, FOTA 유지 • SPI 신설
안보분야 남북대화기구	• 남북국방장관회담, 남북군사실무회담(교류협력분야) 유지 • 남북장성급회담과 관련 남북군사실무회담 신설

출처: 필자 정리

한미안보협력기구인 SCM과 김대중 정부에서 합의한 미래한미동맹정책구상회의(FOTA)를 운영하였고, 추가로 한미동맹미래비전 연구와 제반 한미동맹 현안 협의·조정을 위해 '한미안보정책구상'(SPI)을 설치하였다. 김대중 정부에서 남북교류협력의 군사적 보장을 위해 설치한 남북군사실무회담과는 별도로, 2007년 10월 제2차 남북정상회담과 11월 제2차 남북국방장관회담 이후에 남북장성급군사회담과 관련한 군사실무회담을 추가로 설치하였다.

국가안보정책 결정기관 종류

(1) 심의기관: 국무회의

국무회의는 정부의 권한에 속하는 중요한 정책을 심의하는 기관으로 유지하였다. 단지 국무회의 규정(대통령령 제17965호, 2003. 4. 17)을 일부 개정하여 금융감독위원회 위원장과 통상교섭본부장을 국무회의에 상시 배석하도록 하고, 필요한 경우 대통령비서실 정책실장 등 주요 직위에 있는 공무원을 배석하도록 하였다.

(2) 대통령 보좌기관: 대통령비서실

1) 전반부(2003. 3~2006. 1): 외교안보수석실 폐지, 국가안보·국방·외교보좌관 임명

노무현 정부의 초기 대통령비서실은 2실장(대통령비서실장, 정책실장) 5수석비서관 6보좌관 49비서관으로 출범하였고 국정홍보역량을 강화하였다. 초대 대통령비서실장은 문희상이었다. 대통령비서실장(정무기능), 정책실장(부처 정책조율), 국가안보보좌관(위기관리)을 장관급으로 하였다. 추가로 국정과제를 추진할 4개의 장관급 위원회를 신설했다. 정책실장 예하에 정책수석을 두었으며, 비서실장 직속으로는 정무·민정·홍보·국민참여 수석을 두었다. 행정각부를 담당하는 비서관제도에서 탈피하여 국정기능 위주로 개편하였다. 특히 청와대가 국가안보업무를 총괄할 수 있도록 김대중 정부의 대통령비서실 외교안보수석실(통일, 외교, 국방)을 해체하고, NSC 사무처의 기능과 역할을 대폭 강화하였다.

노무현 정부 전반부(2003. 2) 대통령비서실 기구도[55]

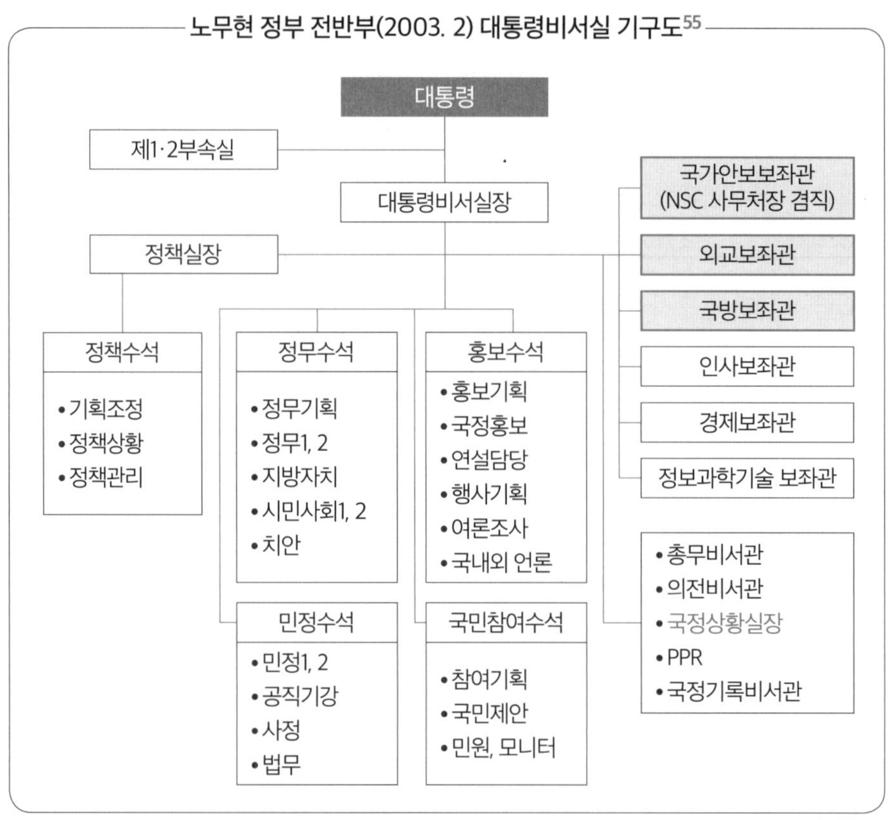

이와 병행하여 대통령비서실에 6명의 보좌관을 편성하였다. 특히 안보분야는 라종일 국가안보보좌관, 반기문 외교보좌관, 김희상 국방보좌관과 같이 과거 정부에서 경험을 쌓은 전문가를 임명하였다. 그리고 NSC 사무처가 대통령의 자문기관이라는 법적 지위문제를 극복하기 위해 대통령비서실 국가안보보좌관이 NSC 사무처장을 겸직하였다.

특별히 김대중 정부부터 편성되었던 국정상황실을 대폭 강화해 국정전반에 걸쳐 대통령을 적극 보좌하도록 개편하였다. 초대 이광재 국정상황실장 예하에 3개 팀 30여 명 규모의 행정관(행정요원 포함)을 두었다. 24시간 운영하는 상황팀(경찰)을 비롯해서 국무조정실·재정경제부·기획예산처·산업자원부·중앙인사위원회·해양수산부·국정홍보처·외교부·국방부 등 정부 주요부처의 부이사관(혹은 서기관)급, 현역 육군 중령 등으로 구성된 정책팀과 별도의 정무팀으로 구성하였다. 직제령에 부여된 국정상황실의 소관업무는 '국정전반에 관한 주요상황 자료

취합 및 분석 보고, 국정운영 기조방향 점검, 대통령 일정에 대한 협의, 대통령 지시사항 점검 및 관리'였다. 여러 부처의 공무원을 포함하여 국정상황실을 구성함으로써 대통령의 지시사항과 부처의 정책 진행상황을 점검하게 하였다. 이로써 노무현 정부 대통령비서실이 부처를 담당하는 수석비서관제도에서 탈피함으로써 발생할 수 있는 국정운영능력의 약화를 보완하였다.

〈이광재 국정상황실장 인터뷰(2003. 12): 국정상황실 설치[56]〉

질문 1(한기홍 월간중앙 기자): 김대중 정부 초기 장성민 의원의 국정상황실도 굉장했지요. 그 때 그 양반 행동반경이 참 넓었던 것으로 기억합니다. 그 때와 비교해서도 이광재 실장의 상황실은 더 막강했던 것 아닙니까.
답변 1(이광재): "그 분은 개인적인 활약이 막강했지요. **나는 시스템을 만들려고 했어요.** 20명 남짓한 직원 중 파견 나온 공무원이 14명이었어요. 그들이 가지고 온 보고서를 내가 마지막에 조금 고치면 그걸 파견 나온 공무원들이 온라인 상에 올려요. 그리고 그렇게 올린 보고서는 다 정책적인 것과 관련된 얘기들이니까... 그러니까 제가 국정상황실을 나와도 크게 변한 게 없잖아요. 사람들한테 휘둘리는 게 아니니까. 대통령에게 보고드리는 것도 굉장히 절제했어요. 역대 청와대는 수석실과 수석실 사이가 완전히 단절돼 있었어요. 수석이 대통령에게 보고해서 결론을 내는 시스템이었지요. 가장 정보 공유가 활발했던 것이 이번 청와대라고 나는 자부합니다. 그 일을 상황실이 했어요."

질문 2(한기홍 기자): 국정상황실장이 경찰정보, 국정원 정보보고를 받았다고 하는데요.
답변 2(이광재): "그건 나만 보고받은 게 아니에요. 기자들이 그런 걸 잘 모르고 기사를 쓰는데... 비서실장실, 정무수석실, 민정수석실에도 다 보고가 가요. 우리는 정책정보를 주로 다루고 그것을 의미 있게 만들어 청와대 내에 전파하는 역할을 한 것입니다. 그야말로 상황실이에요, 우리가 가공한 정보는 수석하고 보좌관들에게 다 가는 거예요."

질문 3(한기홍 기자): 그런 정보는 각 부처에서 오나요.
답변 3(이광재): "부처에서 올라오는 것도 있고 우리가 발굴하는 것도 있어요. 언론에 보도된 내용을 나중에 문제가 됐다거나 하는 것을 발굴하는 거죠."

질문 4(한기홍 기자): 그러면 각 부처는 의무적으로 매일 매일의 상황을 국정상황실에 보고하게 돼 있는 겁니까?

답변 4(이광재): "1차적으로는 정책기획수석실, 정책실장한테 보고가 되는 거죠. 그 중에서 우리가 볼 때 중요하거나 뭐가 빠졌다거나 하는 것을 챙기는 역할을 하는 겁니다. 전(全) 부처에서 오는 것을 다 할 순 없어요. 그건 정책실에서 하는 것이고... 예컨대 주택문제가 심각하다고 하면 그와 관련된 정책정보들을 취합해 보고하고 전파하는 거예요. 임대주택 문제가 너무 소홀히 다뤄지는 것 같아 내가 강력히 이슈화해서 해결한 적도 있어요. **문제의식을 전달하는 기능을 하는 겁니다.**"

기자(한기홍 기자): 이광재 국정상황실의 위상은 강력하고도 독특했다. 국정상황실 직원은 모두 27명으로 청와대 내에서는 가장 큰 조직. 순수 상황근무를 위해 파견된 경찰관 5명 외에 재정경제부·기획예산처·산업자원부·중앙인사위·국정홍보처·국무조정실 등의 부이사관급, 서기관급 파견 공무원들이 배치됐다. **국정상황실이 파워풀해진 것은 이 조직에 대통령 지시사항과 부처의 정책진행 상황을 크로스 체킹하는 역할을 부여했기 때문이다. 이 전실장이 중요 정책 사안을 '발굴'했다는 표현을 쓴 것은 독자적으로 정책 이슈를 찾아냈다는 의미도 있지만 크로스 체킹 과정을 통해 소홀히 다뤄졌거나 누락된 이슈를 되살릴 수 있는 파워를 가졌다는 말이기도 하다.**

2) 후반부(2006. 1~2008. 2): 대통령비서실 통일외교안보정책실 설치

노무현 정부 후반기인 2005년 12월경부터 국회 등에서 NSC 사무처의 법적 지위 문제가 다시 쟁점화 되었다. 이를 근본적으로 해결하기 위해 대통령비서실장 예하에 정책실장과 통일외교안보정책실장을 포함하는 3실장 8수석[57] 2보좌관 53비서관 체제로 개편하였다. NSC 사무처의 정책기획 및 조정 기능은 대통령비서실 내 신설된 '통일외교안보정책실장실'로 전환하고 기존 비서실에 있던 국가안보보좌관과 외교보좌관, 국방보좌관 직제는 폐지하였다.[58]

노무현 정부 후반부(2006. 1) 대통령비서실 기구도[59]

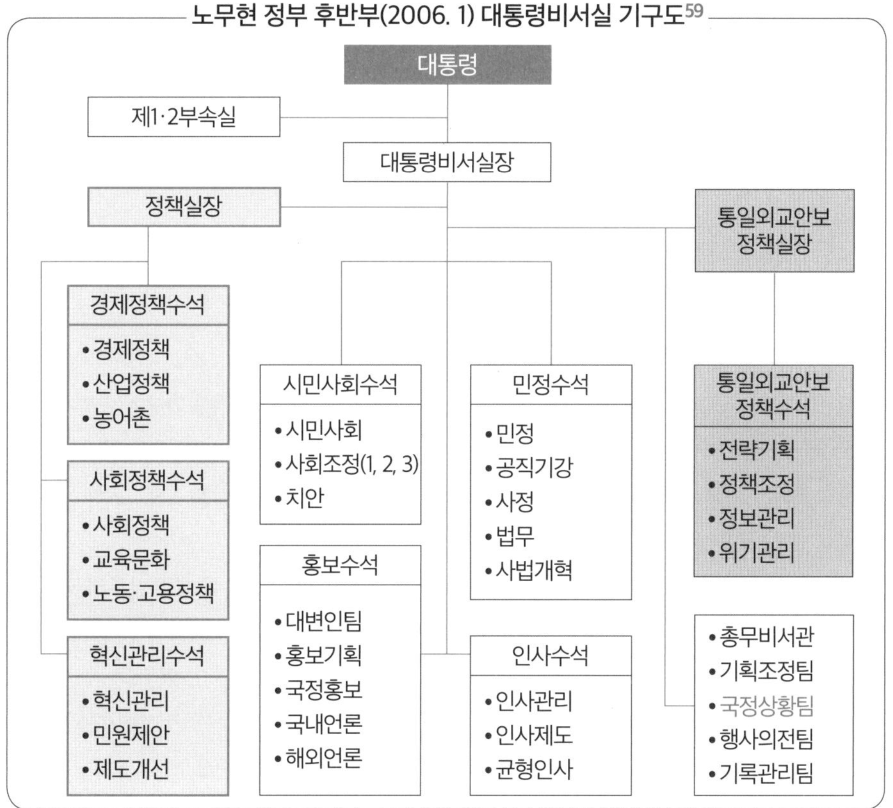

이러한 조치 중에 대통령 지시로 장관급 협의·조정기구 역할을 하는 '안보정책조정회의'를 잠시 운영하였고, 통일외교안보정책실장이 주관하였다. 그러다가 2007년 2월 6일 백종천 통일외교안보정책실장이 NSC 상임위원회 위원장으로 임명되면서 NSC 상임위원회 회의로 일원화하였다. 통일외교안보정책실장 예하에 통일외교안보정책수석을 두고 다시 그 밑에 통일외교안보전략기획, 통일외교안보정책조정, 통일외교안보정보관리, 위기관리 4개 비서관실을 설치하였다. 정부조직 명칭 변경에 따라 국정상황실도 국정상황팀으로 개칭하였다.[60]

(3) 대통령 자문기관: 국가안전보장회의, 민주평화통일자문회의

1) NSC 사무처의 기능과 역할 확대

노무현 대통령은 본인의 국가안보전략 구상을 실현하기 위해 관련 부처를 대표하는 통일·외교·국방비서관실이 편성된 외교안보수석실을 폐지하였다. 대신 NSC 사무처가 안보위기와 재난 상황 등에 대한 국가위기관리능력을 구비하고 국가안보정책에 대한 범정부차원의 총괄·조정기능을 할 수 있게 하였다. 이러한 노 대통령의 구상은 NSC 사무처 출범 전후의 언론 인터뷰를 통해 알 수 있다.

〈노무현 대통령의 NSC 사무처 설치 구상〉

- "통일외교안보팀 첫 회의", 『연합뉴스』(2003. 3. 6)
  "노무현 대통령은 6일 오후 청와대에서 새 정부 출범 후 첫 통일외교안보분야 장관회의를 열어 '북한 핵문제를 비롯해 노 대통령의 통일·외교·안보정책 전반을 포괄하는 기본정책인 '평화번영정책', 앞으로 커질 것으로 예상되는 NSC 구성 문제 등에 대한 점검이 있을 것'이라고 말하였다. 특히 국가위기 및 자연재해 등 긴급 재난 상황에 대비하기 위해 **NSC 사무처 내에 위기관리센터를 설치해 통일부와 국정원, 외교통상부, 국방부 등 관련부처 업무를 통합·조정**케 하는 방안도 추진 중이다."
- "盧, 외교보고채널 NSC 사무처로 단일화", 『문화일보』(2003. 7. 26)
  "노무현 대통령에 대한 외교안보 관련 보고채널이 NSC 사무처로 단일화된다. 노무현 대통령은 최근 '주한미군·군 구조 개편, 북핵 관련 등 주요 외교안보와 관련된 주요 정책은 반드시 NSC를 통해 보고하라'고 지시했다고 청와대 관계자가 26일 밝혔다. 이러한 조치는 **외교·국방부 등 각 부처에서 NSC를 거치지 않고 대통령의 개별 참모를 통해 직보하는 사례와 이에 따른 혼선**을 없애기 위한 것으로 보인다.[61] 이에 따라 NSC의 각 부처에 대한 조정·통합력이 한층 강화될 것으로 보인다."

또한 대통령비서실이 아닌 NSC 사무처가 국가안전보장회의와 통일외교안보장관회의 등 전체 의사진행과 총괄적 임무를 수행할 수 있도록 하였다. 노무현 정부 출범 직후에 국가안전보장회의법은 개정하지 않고, 대신 2003년 3월 22일 국가안전보장회의 운영규정만을 개정하였다. 주요 내용으로 ① NSC 상임위원장을 통일부 장관에서 상임위원 중 대통령이 임명하도록 변경하였고 ② NSC 사무처 기능에 국가안보 관련 중장기정책의 수립·조정, 국가안보 관련 현안정책 및 업무조정 등을 추가하였다. ③ NSC 사무처의 사무차장을 정무직으로 변경하였고 ④ NSC 사무처에 전략기획실, 정책조정실, 정보관리실, 위기관리센터를 두었다. 대통령비서실장과 NSC 사무처장을 국가안전보장회의 위원으로 하고 국가안전보장회의에서 위임된 사항을 처리하기 위한 장관급 협의·조정기구인 NSC 상임위원회를 유지하였다.[62] 대통령비서실에는 NSC 사무처장을 겸직하는 국가안보보좌관 외에도 국방보좌관, 외교보좌관을 두었다. 그러나 대통령을 개인적으로 자문하는 제한적인 보좌 역할만 수행하였고 NSC 상임위원회에도 필요시에만 배석할 수 있도록 하였다.[63]

〈국가안전보장회의 운영규정 개정(대통령령 제17944호, 2003. 3. 22)[64]〉

제1조(목적) * 내용 생략

제2조(위원) 법 제2조제1항의 규정에 의하여 **대통령비서실장 및 국가안전보장회의 사무처장('이하 사무처장')은 국가안전보장회의의 위원**이 된다.

제3조(회의운영)~제7조(회의결과의 보고) * 내용 생략

제8조(상임위원회 구성 등) ① 법 제7조의 규정에 의하여 상임위원회의 위원은 통일부 장관·외교통상부 장관·국방부 장관·국가정보원장 및 사무처장이 된다. ② 국무조정실장은 상임위원회에 출석하여 발언할 수 있다. ③ **대통령비서실의 외교업무를 보좌하는 보좌관 및 국방업무를 보좌하는 보좌관은 상임위원회에 배석할 수 있다.**

제10조(상임위원회 위원장) 상임위원회 위원장은 안보회의의 의장이 상임위원회의 위원 중에서 임명한다.

제11조(상임위원회의 운영 등) ① 회의는 정기회의와 임시회의로 구분하며, 상임위원회위원장이 소집한다. ② 정기회의는 원칙적으로 주 1회 소집한다. ③ 임시회의는 국가안전보장과 관련된 긴급사태의 발생 시 기타 필요에 따라 소집한다. ④ 상임위원회위원장은 필요하다고 인정되는 경우에는 관계부처의 장 기타의 관계자를 회의에 출석하게 하여 그 의견을 들을 수 있다. ⑤ 제6조 및 제7조의 규정은 상임위원회의 회의록에 관하여 이를 준용한다. ⑥ **그밖에 상임위원회의 운영에 관하여 필요한 사항은 상임위원회의 의결을 거쳐 상임위원회위원장이 정한다.**

제12조(실무조정회의 및 정세평가회의) ① 상임위원회의 운영을 효율적으로 지원하기 위하여 실무조정회의와 정세평가회의를 둔다. ② 실무조정회의와 정세평가회의는 관련부처의 차관보 또는 이에 상당하는 공무원으로 구성한다. ③ **실무조정회의와 정세평가회의는 사무차장이 이를 소집·운영**한다.

제13조 삭제

제14조(국가안전보장회의 사무처의 직무)

1. 국가안전보장전략의 기획 및 수립
2. 국가안전보장 관련 중장기 정책의 수립 및 조정

3. 국가안전보장 관련 현안정책 및 업무의 조정
4. 국가안전보장 관련 정보의 종합 및 처리체계 관리
5. 국가위기 예방 관리 대책의 기획·조정
6. 안보회의·상임위원회 심의사항에 대한 이행상황 점검
7. 안보회의·상임위원회·실무조정회의 및 정세평가회의의 운영에 관한 사항

제15조(사무처장·사무차장) ① 사무처장은 의장의 명을 받아 안보회의의 운영과 관련된 사무를 수행하며, 소속공무원을 지휘·감독한다. ② **사무처장을 보조하기 위하여 사무차장 1인을 두되, 사무차장은 정무직으로 보한다.**

제16조(하부조직) 사무처에 총무과, 전략기획실, 정책조정실, 정보관리실 및 위기관리센터를 둔다.

제17조(총무과)

제18조(전략기획실)

1. 국가안보전략의 기획 및 수립
2. 한반도평화체제 및 군비통제에 관한 정책의 기획
3. 다른 국가 및 국제기구와의 안보협력에 관한 정책의 기획
4. 군사력 건설방향 그 밖의 중장기 안보정책의 기획
5. 자문기구의 운영, 지원 및 중요사안의 기획 관련 임시조직의 구성
6. 제1호 내지 제4호의 사항에 관한 연구·조사

제19조(정책조정실)

1. 상호 연계된 통일·외교·국방분야 현안업무의 조정
2. 안보회의·상임위원회·실무조정회의의 운영 및 지원
3. 안보 관련 주요 대외현안에 대한 부처 간 협의체 운영
4. 안보회의 및 상임위원회 심의사항에 대한 이행상황의 점검·평가
5. 정상외교 관련 기획·조정 등
6. 제1호 및 제5호의 사항에 관한 연구·조사

제20조(정보관리실)

1. 안보 관련 국가정보능력의 개선에 관한 사항
2. 안보 관련 정보의 종합 및 판단
3. 안보 관련 정보의 전파, 공유 등 운영 전반에 관한 사항
4. 정세평가회의 운영
5. 제1호 및 제3호의 사항에 관한 연구·조사

제21조(위기관리센터)

1. 각종 국가위기의 예방 및 관리체계에 관한 기획 및 조정
2. 전시국가지도에 관한 사항

3. 긴급사태 발생 시 상황전파 등의 초기 조치

4. 국가 재난·재해 관리체계의 종합 조정

5. 상황실의 운영 및 유지

6. 제1호·제2호 및 제4호의 사항에 관한 연구·조사

제22조(소관사무의 일시조정)~제25조(운영세칙) * 내용 생략

노무현 정부의 NSC 사무처는 김대중 정부의 대통령비서실 외교안보수석실과 NSC 사무처를 통합한 규모 이상이었다. 위기와 재난 등에 대한 국가위기관리능력의 향상을 도모하고 전략기획·정책조정·정보관리 기능은 물론 위기관리기능까지 추가하여 국가안보를 총괄하게 하였다. 그리고 인사·행정업무를 담당하는 별도의 총무과를 두었다. 특히 NSC 위기관리센터는 관련 정책을 수립하는 기획팀과 24시간 가동되는 상황실로 구성되어, 청와대 차원에서는 최초로 군사위기상황을 포함한 국가위기 전반에 대해 종합적으로 관리할 수 있게 되었다.

노무현 정부 전반부(2003. 3) NSC 사무처 기구도[65]

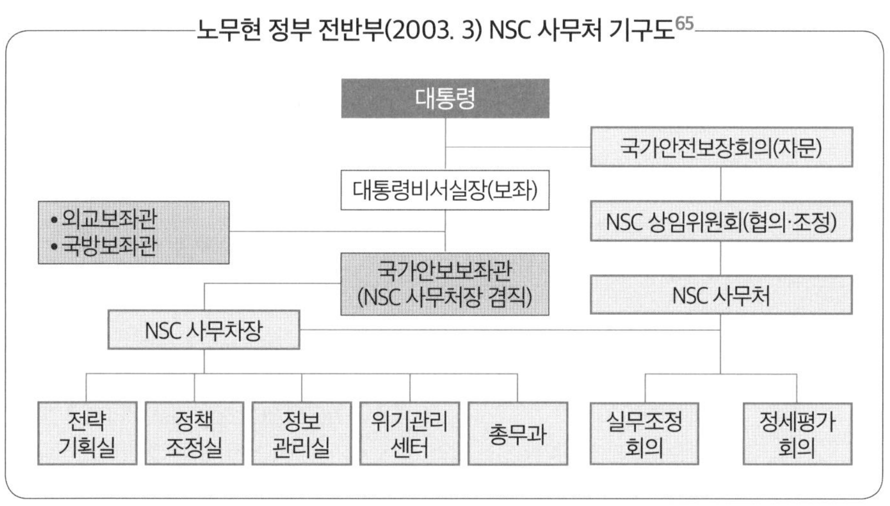

국가안전보장회의 사무처의 통일외교안보정책 관련 기능이 대통령비서실 내의 통일외교안보정책실로 이관되었다. 사무처의 기능이 국가안전보장회의 운영 지원 등의 업무로 축소 개편됨에 따라, 2005년 3월 10일 국가안전보장회의법을 일부 개정하여 NSC 사무처장과 사무차장의 임명 자격에 대해 법제화 조치를 하였다.

〈국가안전보장회의법 개정(법률 7390호, 2005. 3. 10)[66]〉

제8조(사무기구) ① 회의의 사무를 처리하기 위하여 국가안전보장회의사무처(이하 '사무처')를 둔다. ② 사무처에 사무처장 및 사무차장 각 1인과 필요한 공무원을 둔다. ③ **사무처장은 대통령비서실의 외교안보분야를 보좌하는 정무직인 비서관이 겸직**하고, **사무차장은 정무직으로 한다.** ④ 사무처의 조직·직무범위와 사무처에 두는 공무원의 종류·정원 기타 필요한 사항은 대통령령으로 정한다.

2) NSC 상임위원회 회의(장관급 협의·조정기구)

김대중 정부에서는 외교안보수석실을 유지한 가운데 NSC 사무처를 상설화하여 상임위원회 회의·실무조정회의·정세평가회의를 통해 정책을 협의·조정하게 하였다. 나아가 노무현 정부는 총괄적인 정책의 기획업무와 위기관리기능까지 부여하여 NSC 사무처를 강화하였다.

김대중 정부와 노무현 정부의 NSC 사무처 비교

구 분	김대중 정부	노무현 정부
사무처장	대통령비서실 외교안보수석이 겸직	대통령비서실 국가안보보좌관 혹은 통일외교안보정책실장이 겸직
사무차장	관리관·외무관리관·장관급 장교 또는 1급 상당 별정직 공무원	**정무직**
직무	1. 국가안보전략의 기획 및 조정 2. 국가위기예방·관리대책의 기획 3. 군비통제에 관한 사항 4. 국가안전보장회의 및 상임위원회 회의 심의사항의 이행상황 점검 5. 국가안전보장회의·상임위원회 회의·실무조정회의 및 정세평가회의의 운영에 관한 사항	1. 국가안보전략의 기획 및 수립 **2. 국가안보 관련 중장기정책 수립·조정** **3. 국가안보 관련 현안정책·업무 조정** **4. 국가안보 관련 정보 종합·처리체계 관리** 5. 국가위기 예방관리대책의 기획·조정 6. 국가안전보장회의 및 상임위원회 심의사항 이행상황 점검 7. 국가안전보장회의·상임위원회 회의·실무조정회의 및 정세평가회의의 운영에 관한 사항
예하조직	위기관리실, 정책조정부, 정책기획부로 12명 정원	**총무과, 전략기획실, 정책조정실, 정보관리실 및 위기관리실**로 45명 정원

3) NSC 사무처의 주요기능, 대통령비서실 통일외교안보정책실로 이관(2006. 1)

노무현 정부 초기부터 NSC 사무처의 기능에 대한 법적 논란이 있었다. 대통령비서실이 아닌 NSC 사무처가 헌법 제91조 1항에서 정한 대통령에 대한 '자문' 기능을 넘어 통일·외교·국방 부처의 고유 업무를 침해한다는 입법부의 지적이 끊이지 않았다. 이를 해결하기 위해 2006년 1월 27일 대통령비서실 직제를 일부 개정(대통령령 제19308호)하여 통일외교안보정책실을 신설하고 NSC 사무처의 주요 조직과 기능을 대통령비서실로 이관하였다.[67] 이와 동시에 국가안전보장회의법 개정 전에 국가안전보장회의 운영규정을 먼저 개정하여 NSC 사무처의 직무를 국가안전보장회의 운영과 위기관리 위주로 축소하였다.[68] NSC 상임위원회 위원은 변동 없었으며 통일외교안보정책수석(NSC 사무차장 겸직, 차관급) 상임위원회에 배석하게 하였다.

〈국가안전보장회의 운영규정 개정(대통령령 제19309호, 2006. 1. 27)[69]〉

제1조(목적)~제7조(회의결과의 보고) * 내용 생략

제8조(상임위원회 구성 등) ① 법 제7조의 규정에 의하여 상임위원회의 위원은 통일부 장관·외교통상부 장관·국방부 장관·국가정보원장 및 사무처장이 된다. ② 국무조정실장은 상임위원회에 출석하여 발언할 수 있다. ③ **대통령비서실의 통일외교안보업무를 보좌하는 수석비서관은 상임위원회에 배석할 수 있다.**

제9조(상임위원회의 기능)~제13조 삭제

제14조(국가안전보장회의 사무처의 직무)

1. 의안의 상정 및 심의에 관한 사항
2. 회의 심의사항에 대한 이행상황의 점검
3. 국가위기관리체계의 구축 및 개선에 관한 사항
4. 국가위기관리 관련 현안정책의 조정 및 경보·훈련·평가 제도에 관한 사항
5. 국가안보종합상황실의 운영 및 유지
6. 의안의 심의 및 국가위기관리 관련 조사·연구에 관한 사항
7. 그밖에 안보회의·상임위원회·실무조정회의 및 정세평가회의의 운영에 관한 사항

제15조(사무처장·사무차장)

제16조~제22조 삭제

제23조(정원)~제25조(운영세칙)

국가안전보장회의 운영규정을 개정한 이후 2006년 2월 17일 청와대가 배포한 보도자료를 통해 당시 노무현 대통령 주재 국가안전보장회의 운영의 일부를 이해할 수 있다.

〈국가안전보장회의 사후자료(2006. 2. 17)[70]〉

■ 정부는 2월 17일 15시부터 17시까지 노무현 대통령 주재로 올해 첫 국가안전보장회의를 개최하였다. 지난 3년간 참여정부 안보정책의 진전 상황을 점검하고 2006년도 안보정책의 방향과 과제를 심의하였다.

- 정부의 자주국방-균형외교-남북 신뢰구축 3대 정책기조에 따라 우리 군의 한국방위에서의 역할 증대, 북핵문제 주도적 해결구도 마련, 남북 간 교류협력 심화와 긴장완화 등 상당한 진전을 이루고 있는 것으로 평가하였다.

■ 오늘 회의에서 2006년도 안보정책목표를 "한반도 평화의 제도화"로 설정하였다.

- 이를 달성하기 위해 △북핵문제 해결구도 수립과 한반도 평화체제 전기 마련 △한미동맹 조정 협상 마무리 △지속적 신뢰구축을 통한 남북관계 질적 도약 △대북 인도주의 현안의 적극적 타개 △국방개혁의 가시적 성과 도출 △안보정책에 대한 국민신뢰 제고 등 6대 과제를 선정하였다.

■ 노 대통령은 오늘 회의에서 국민과 함께하는 안보정책의 중요성을 강조하면서 국민들 사이에 안보정책에 대한 견해와 인식의 차이를 해소하고 국민의 통합된 의지를 바탕으로 정책을 추진해 나갈 것을 당부하였다.

■ 오늘 회의에는 이해찬 국무총리를 비롯, 이종석 통일부 장관 겸 NSC 상임위원장, 반기문 외교통상부 장관, 송민순 대통령안보실장, 조영택 국무조정실장, 이상희 합참의장, 서주석 안보정책수석 등이 참석하였다.

이어 2006년 6월 30일 국가안전보장회의 운영규정을 추가 개정(대통령령 제19590호)하여 사무처 하부조직을 기획조정실·운영지원팀·안보위기상황관리팀·재난위기상황관리팀·국가핵심기반위기상황관리팀·국가안보종합상황실로 편성하였다.[71]

노무현 정부 후반부(2006. 6) 통일외교안보정책실·NSC 사무처 기구도[72]

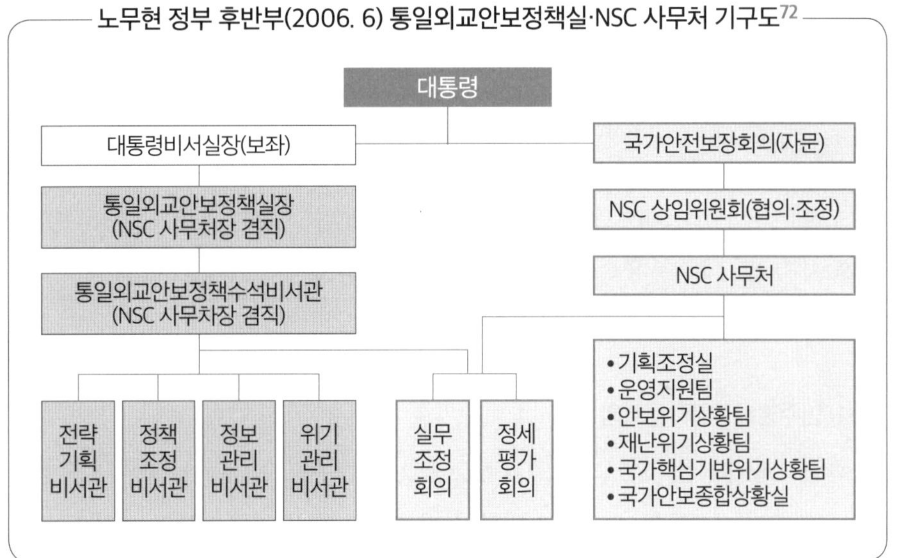

국가안전보장회의 운영규정 추가개정 후인 2006년 10월 4일, 국가안전보장회의법을 개정하여 제8조(사무기구)를 신설하였다. 이로써 노무현 정부에서 국가안전보장회의 사무처의 기능을 축소하는 법률적 조치를 완료하였다.

〈국가안전보장회의법 개정(법률 8054호, 2006. 10. 4)[73]〉

제8조(사무기구) ① 국가안전보장회의의 회의 운영지원 등의 사무를 처리하기 위하여 국가안전보장회의 사무처(이하 '사무처')를 둔다. ② 사무처에 사무처장 1인과 필요한 최소한의 공무원을 둔다. ③ **사무처장은 대통령비서실의 통일외교안보분야를 보좌하는 정무직인 비서관이 겸직**한다. ④ **사무처의 조직과 사무처에 두는 공무원의 종류·정원 그밖에 필요한 사항은 대통령령**으로 정한다.

법률에 따라 대통령이 NSC 상임위원장을 임명하도록 하였다. NSC 사무처와 통일외교안보정책실 설치에 따라 변화된 NSC 상임위원장과 사무처장의 편성은 다음과 같다.

노무현 정부의 NSC 상임위원장과 사무처장·사무차장

구분	내용
NSC 상임위원장	국가안보보좌관(라종일-권진호) - 통일부 장관(정동영-이종석) - 통일외교안보정책실장(백종천)
NSC 사무처장	국가안보보좌관(라종일-권진호) - 통일외교안보정책실장(송민순-백종천)
NSC 사무차장	NSC 사무차장(이종석) - 통일외교안보정책수석(서주석-윤병세)

출처: 필자 정리

4) 민주평화통일자문회의

관련 법률개정은 없었으며 2007년 2월 28일 민주평화통일자문회의법 시행령을 일부 개정(대통령령 제19903호)하여 지역회의 및 지역협의회의 조직과 구성 등을 구체화하였다.

(4) 대통령 협의기구: 통일외교안보장관회의

김영삼 정부에서 대통령 지시에 의거 설치된 안보관계장관회의와 김대중 정부에서의 통일외교안보장관회의 등의 명칭을 병행 사용하였다.[74]

(5) 안보회의 공개 현황

노무현 정부도 필요에 따라 국가안전보장회의, 통일외교안보장관회의, NSC 상임위원회 회의 개최를 언론에 적극 공개하였다. 이 중 통일외교안보장관회의는 대통령 국정일지 등에 '통일·외교·안보분야 장관회의', '안보관계장관회의', '안보 관련 장관·보좌관 회의', '고위전략회의' 등으로 명기되어 있다. 대통령 지시에 의거 당시 안보상황을 고려해 비정기적으로 운영하였다. 공개된 총 41회 중에서 대통령이 주재한 회의가 23회이고, 국가안보보좌관·통일외교안보실장이나 통일부 장관이 주재한 회의는 18회이다.[75]

(6) 한미안보협력기구: SCM·FOTA, SPI 신설

1) SCM

노무현 정부에서 SCM은 제35차부터 제39차까지 5차례였다.[76] 2003년 제35차 SCM에서는 럼스펠드 미 국방부 장관이 한국군의 이라크 추가파병 결정에 사의를 표하였다. 또한 FOTA에서 협의한 용산미군기지 조기이전, 연합군사능력 증강, 10대 군사임무의 한국군으로의 전환, 주한미군 재배치 등에 대한 합의사항을 검토하였다. 2004년 제36차 SCM에서는 주한미군의 전략적 유연성이 중요하다는 점을 재확인하면서 용산미군기지 이전과 12,500명의 주한미군 감축계획에 대해 논의했고, 전작권 전환을 위한 '한미안보정책구상'(SPI) 설치에 합의하였다. 2005년 제37차 SCM에서는 전시작전통제권 전환 논의에 속도를 내기로 하고, SPI 협의결과 보고가 있었다. 2006년 제38차 SCM에서는 북한의 핵실험과 미사일시험발사에 대한 우려를 표명하고, 전작권 전환 시기를 2009년 10월 15일부터 2012년 3월 15일 사이에 결정하기로 합의하였다. 2007년 제39차 SCM에서는 주한미군기지 이전 관련 협의를 지속하기로 합의하였다.

2) 미래한미동맹정책구상(FOTA) 운영

김대중 정부 임기 후반인 2001년 12월, 용산기지 내 미군아파트 건립문제가 대두되어 용산미군기지 이전문제를 재검토하기 시작하였다. 한미는 2002년 3월 '용산기지 이전 추진위원회'를 구성하여 기지이전사업을 재추진하기 위한 협의에 들어갔다. 2002년 12월 워싱턴에서 개최된 제34차 SCM에서 FOTA를 통해 추진하기로 합의하였다.

〈미래한미동맹정책구상(FOTA)[77]〉

■ **추진 배경**

- 미국은 신 군사전략 변화에 따른 전 세계 미군 전력구조 및 기지체계 재조정 추진
- 한국은 국력 및 국가위상에 걸맞은 자위적 방위역량의 증대 및 협력적 자주국방에 대한 국민적 기대와 요구 증대

- 양국은 한미동맹의 미래 발전방향에 대한 공동협의의 필요성에 대해 공감하고 미래 한미동맹 정책 구상을 통하여 추진키로 합의
- 이후 2003년 4월부터 2004년 9월까지 12차례에 걸쳐 협의

■ **추진 방향**

- 한·미 동맹과 한미 연합방위능력을 강화하여 전쟁억제력 제고
- 한·미 협력관계 강화, 새로운 안보환경에 적극 대응
- 국민들의 확고한 지지와 이해에 기초
- 향후 50년의 미래 동맹관계를 보장할 수 있는 공고한 기반을 다지는 동시에 협력적 자주국방으로 발전하는 기회로 활용

■ **주요 의제**

- 용산기지 이전: 2008년 말까지 평택지역으로 이전
- 미2사단 재배치: 2개 단계에 걸쳐 한강 이남으로 이전
- 한·미군 각각의 전력증강을 통한 연합전력 증강
- JSA 경비임무 등 10대 군사임무를 2006년까지 한국군으로 전환[78]
- 한미 지휘관계 연구 및 주한미군의 전략적 유연성 증진 등

이러한 상황에서 노무현 정부 출범 직후 개최된 2003년 4월 제1차 FOTA에서 용산기지 이전을 포함하여 미 제2사단의 재배치, 연합군사능력의 발전, 군사임무전환, 한-미 지휘관계 연구 등에 대해 협의하였다. 이후 2003년 5월 워싱턴에서 개최된 노무현 정부 제1차 한미정상회담에서 '용산기지는 조기에 이전하고 미 2사단은 한반도 안보상황을 고려하면서 신중한 재배치에 합의'한 이후 용산기지 이전 협의는 탄력을 받았다. 2004년 7월 제10차 FOTA에서 한미는 2008년 말까지 유엔군사령부와 한미연합군사령부를 포함한 용산기지를 평택으로 이전하는 것에 합의하였다. 이후 국내적으로도 많은 논쟁 끝에 2004년 12월 9일 '용산기지 이전협정'이 국회에서 비준되었다.

3) SPI 신설

전작권 전환을 군사적으로 본격 추진한 시점은 2004년 7월 윤광웅 대통령비서실 국방보좌관이 국방부 장관으로 취임한 이후이다. 윤광웅 국방부 장관은 노

무현 대통령과 함께 전작권 전환 시기를 2009년경으로 해야 한다는 공감대를 가지고 있었다.[79] 2004년 제36차 SCM에서 윤광웅·럼스펠드 국방부 장관은 주한미군 감축에 따른 전력공백 보완, 주한미군의 전략적 유연성 재확인, 협력적 자주국방과 미국의 군사변환과의 조화 추진, 한미동맹이 지향해야 할 청사진 마련을 위해 한미안보정책구상(SPI)을 설치하기로 합의하였다. 이후 한미는 2005년 2월부터 국방부 정책실장과 미 국방부 동아시아 태평양 부차관보를 공동주관자로 하여 분기단위로 개최한 SPI에서 주한미군 감축 및 기지이전 협의를 마무리하고 전작권 전환과 관련된 한미 지휘관계와 안보협력방안에 대해 논의하였다.[80] SPI는 이명박 정부 시기인 2012년에 '한미통합국방협의체'(KIDD)를 설치하면서 예하 협의기구로 통합되었다.

〈한미안보정책구상(SPI)[81]〉

■ **배경**

- 2004년 말까지 18개월 동안 FOTA협의를 통해 용산기지 이전 및 미 2사단 재배치와 같은 한미현안들을 성공적으로 해결
- 한미 양측은 이러한 긍정적인 측면을 지속 발전시키고, 현안뿐만 아니라 미래 동맹발전과 관련된 의제들을 중점적으로 다룰 수 있는 유사한 협의체 운영 필요성에 공감
- 제36차 SCM(2004. 10. 22) 시 2005년부터 미래 한미동맹 발전과 관련된 의제들을 논의하기 위해 한미안보정책구상(SPI)이라는 협의체를 구성 및 운영키로 합의

■ **성격**

- 한미 양국의 국방·외교 당국 간의 협의체로서 한국 국방부 정책홍보본부장과 미 국방부 아·태 부차관보가 수석대표
- 한미 안보협의회의로부터 회의운영에 관한 지침을 받으며, 필요시 결과를 보고하는 체계
- 2005년 2월 3일, 1차 회의부터 2개월 단위 양국에서 교대 개최

■ **주요 의제**

- 한미 동맹발전 관련 3대 연구
  * 한미동맹비전 연구, 포괄적 안보상황 평가, 한미 지휘관계 연구

- 주한미군기지 이전 등 FOTA 추진 상황
- 군사임무 전환 및 연합군사능력발전 추진 상황
- 한미 안보협력 증진 방안 등

(7) 안보분야 남북대화기구: 남북국방장관회담, 남북장성급회담, 남북군사실무회담

1) 남북 철도·도로 연결을 위한 남북군사실무회담

김대중 정부에서 남북국방장관회담(2000. 9. 26) 합의에 따라 군사실무회담을 15차례(제1~15차) 개최하여 '동해지구와 서해지구 남북관리구역 설정과 남과 북을 연결하는 철도·도로 작업의 군사적 보장을 위한 합의서'(2002. 9. 17) 등을 체결하였다. 노무현 정부에서도 남북군사실무회담을 5차례(제16~20차) 추가로 개최하여 '동해지구와 서해지구 남북관리구역 경비(차단)초소 설치 및 운용에 관한 합의서'(2003. 12. 23) 등을 체결하였다.

2) 서해상의 우발충돌 방지 관련 남북장성급회담·남북군사실무회담

2004년 2월 초 서울에서 개최된 제13차 남북장관급회담에서, 남북은 남북교류협력 관련 군사적 보장을 위한 기존의 남북군사실무회담과는 별개로 군사당국자 간 회담 개최에 합의하였다. 이는 꽃게잡이 철(5~6월)에 서해상에서 발생할 수 있는 우발적 충돌을 방지하기 위한 회담이었다. 이를 위한 제1차 남북장성급군사회담은 2004년 5월 26일 금강산 지역에서 열렸다. 제2차 남북장성급군사회담은 제1차 회담 합의에 따라 6월 3일 설악산에서 개최되었다. 우리 측 수석대표는 박정화 해군 준장(합참 작전차장)이었고 분야별 대표는 국방부, 청와대 NSC, 군사정전위원회, 통일부에서 담당했다.[82] 회의 결과 '서해 해상에서 우발적 충돌방지와 군사분계선 지역에서의 선전활동 중지 및 선전수단 제거에 관한 합의서'(이하 '6·4 합의서')를 채택하고, 이와 관련한 남북군사실무회담을 6월 10일경 개성에서 개최하기로 합의하였다.

제3~6차 남북장성급군사회담의 수석대표를 2성급으로 격상해서 2006년 3월부터 2007년 7월까지 공동어로수역, 해상불가침경계선, 철도·도로 통행의 군사보장합의서 문제를 협의하였다. 우리 측 수석대표는 한민구 육군 소장(국방부 정책기획관)이었고 분야별 대표는 국방부, 합참, 청와대 NSC, 통일부에서 담당했다.[83] 여기서 우리 측은 '1992년 남북기본합의서에서 해상불가침경계선이 확정될 때까지는 지금까지 관할하여 온 구역을 해상불가침구역으로 한다'는 합의에 근거하여 북방한계선(NLL)을 준수해야 한다는 기본입장을 관철시켰다.

3) 제2차 남북정상회담 합의 이행을 위한 남북국방장관·군사실무·장성급 회담

2007년 7월 초 우리 측은 북측에 고위급회담을 제안했고, 북측은 7월 29일 김양건 통일전선부장 명의로 김만복 국정원장의 방북을 요청하였다. 이에 국정원장이 대통령특사 자격으로 두 차례 방북하였다. 이후 평양에서 제2차 남북정상회담(10. 2~4)을 개최하여 '10·4 선언'을 발표하였다. 당시 남북정상은 군사적 신뢰구축조치를 협의하기 위해 11월에 남북국방장관회담을 평양에서 개최하기로 하였다. 제2차 남북국방장관회담은 11월 27일부터 29일까지 전체회의, 수석대표 접촉, 대표접촉 등을 통해 합의서를 채택하였다. 우리 측 수석대표는 김장수 국방부 장관이었고 수행원은 정승조 육군 중장(국방부 장관 특보), 박찬봉 통일부 상근회담 대표, 조병제 외교부 북미국장, 문성묵 준장(남북실무회담수석대표)이었다.[84] 우리 측 수석대표인 김장수 국방부 장관의 군사보좌관이었던 김왕경 장군의 회고를 통해 당시 상황을 알 수 있다.

〈김왕경 국방부 장관 군사보좌관의 회고[85]〉

"남북한 간의 회담은 실무협의든 정상회담이든 내용과 절차에 있어서 과거에도 뜨거운 이슈였고, 지금도 국민적 관심사가 되고 있다. 다음은 2007년 10월 4일 남북정상회담의 국방분야 후속회담 성격으로 11월에 개최된 2차 남북국방장관회담과 관련한 내용이다. 제2차 남북국방장관회담은 2000년 9월 제주도에서 열린 1차 회담에 이어 9년 만이었다. 앞서 개최된 남북정상회담에서 '꼿꼿 장수'라는 국민적 애칭으로 세간에 큰 이목이 집중된 김장수 국방부 장관 입장에서는 큰 부담 속에서 회담을 준비할 수밖에 없었다. 당시 주요 회담의제는 NLL 문제와 남북 공동어로수역, 해주 직항노선, 철도·도로 연결 등 경협사업을 위한 군사보장조치, 군사적 신뢰구축 문제 등이었다.

나는 국방부 장관 군사보좌관 보직을 받기 전에 합참 합동작전과장으로 재직했고, 2007년 5월 제5차 남북장성급회담 대표단의 일원으로 참가해서 남북 간 군사현안과 남북 도로·철도 통행을 위한 군사보장합의에 참여했었다. 이러한 경험에서 볼 때 **회담 전에 관련 정부기관들 간의 사전 합의와 공감대 형성이 국방장관회담의 성패를 가르는 결정적 요소라고 생각하였다.**

김장수 국방부 장관도 같은 생각으로 협의 의제 중에서 회담 전에 장관으로서 반드시 조치해야 할 사항들을 우선적으로 확인하였다. 김 장관은 남북정상회담 이후의 남북국방장관회담이기 때문에 통수권자인 대통령과 안보관계 장관들과의 공통된 인식이 중요하다고 생각하였다. 이를 위해 회담 직전에 노무현 대통령에게 협의 의제에 대해 대면보고를 하고 전권을 위임받았다. 그리고 그 내용을 NSC 상임위원장인 백종천 외교안보통일정책실장에게 전하였다.

김장수 국방부 장관을 수석대표로 하는 방문단은 11월 27일 10시에 전세기편으로 김포공항에서 서해 직항로를 거쳐 11시 20분경 평양 순안비행장에 도착하였다. 그리고 북한 군부가 관리하는 평양 대동강변 송전각에서 2박 3일간의 회담을 진행하였다. 회담 내내 북한 측은 서해해상경계선 획정문제를 우선 논의하자고 주장하였다. 어려운 상황에 부딪칠 때마다 김장수 장관은 사퇴를 불사하고 우리 측 입장을 굽히지 않고 국방장관회담에 임하였다. 결과적으로 전체회의에서 7개조 21개항의 합의서를 채택했고 김 장관은 합의서 서명 전에 노 대통령에게 전화로 이 사실을 보고하고 재가를 받았다. 주요 합의 내용은 ① 종전선언 여건 조성 위한 군사적 협력 추진 ② 기존 남북 간 군사적 합의사항 철저 준수 ③ 군사적 적대행위 금지, 기존 통신체계 현대화 ④ 군사공동위 구성, 군사적 신뢰구축 방안 논의 ⑤ 공동어로수역 설정문제 장성급회담에서 협의 ⑥ 문산~봉동 간 철도화물 수송의 군사적 보장 ⑦ 북한 민간선박 해주직항로 허용 및 군사적 보장 ⑧ 제3차 남북국방장관회담 내년 서울서 개최 ⑨ 6·25전쟁 유해 발굴 남북 공동추진대책 마련 등이었다.

이러한 과정을 통해 남북 군부가 심각하게 대립하면서도 합의서를 도출할 수 있었다고 보며, 당시 우리 군도 정치권력이 요구하는 군사회담에 협조하면서도 안보원칙을 지킴으로써 국민들로부터도 신뢰를 받았다고 생각한다. 추가적으로 강조하고 싶은 사항은 **남북 간의 대화와 회담은 수석대표의 권한과 책임을 분명하게 해 주는 일이 중요하다는 점이다. 당시를 기억하면, 국군 통수권자인 노무현 대통령의 김장수 국방부 장관에 대한 신임이 가장 큰 역할을 했다고 본다**."

제2차 남북국방장관회담 이후에 후속조치를 위한 제35차 남북군사실무회담(2007. 12. 5)과 제7차 남북장성급회담(2007. 12. 12~13), 제36차 남북군사실무회담(2008. 1. 25)을 이어서 개최하였다.

4. 이명박 정부(2008. 2~2013. 2)

국정비전과 국가안보정책 결정체계

2008년 2월 25일 이명박 대통령이 제17대 대통령으로 취임하였다. 이명박 정부부터는 문민정부(김영삼 정부), 국민의 정부(김대중 정부), 참여정부(노무현 정부)와 같은 정부 명칭을 쓰지 않았다. 대통령의 이름을 빌려 '이명박 정부'를 공식 명칭으로 명명했고, 이후 박근혜 정부와 문재인 정부도 이를 따랐다. 이명박 정부는 '선진화를 통한 세계 일류국가'를 국가비전(국정비전)으로 하고 '섬기는 정부, 활기찬 시장경제, 능동적 복지, 인재대국, 성숙한 세계국가'를 5대 국정지표로 설정하였다.[86] 노무현 정부에 이어 이명박 정부도 『이명박 정부 외교안보의 비전과 전략-성숙한 세계국가』를 2009년 3월에 공개하였다. 5대 국정지표 중 '성숙한 세계국가'가 국가안보분야 국정지표였다. 이명박 정부는 성숙한 세계국가의 의미에 대해 범세계 차원에서 지구촌 공통 관심사에 관해 적극 협력하고 처방을 내리는 나라를 뜻한다고 하였다.[87]

2008년 2월에 출범한 이명박 정부는 정부조직 개편목표로 '국경 없는 무한경쟁 시대에 국민에게 희망을 주는 일류 정부를 건설하기 위해 미래에 관한 전략기획기능을 강화하고, 정부의 간섭과 개입을 최소화하는 작은 정부 구축'을 설정하였다.[88] 중앙행정기관은 기획예산처와 재정경제부를 통합한 기획재정부, 국무총리실 비상기획위원회와 행정자치부를 통합한 행정안전부, 산업부와 과학기술부를 개편한 지식경제부, 국무총리비서실과 국무조정실을 통합하여 국무총리실 등으로 개편하였다.[89] 부총리제를 폐지하고 특임장관직을 신설하였다. 법제처와 국가보훈처를 차관급으로 조정하였다. 통일부는 외교부와의 통합 등 진통 끝에 유지하기로 함에 따라, 대통령 소속 국가정보원을 포함하여 국가안보 관련부서는 차이가 없었다. 대통령 통할하에 행정각부도 외교통상부-통일부-국방부-행정안전부 순으로 조정하였다.[90] 이 순서는 문재인 정부에 이르기까지 변함이 없다.

최고의 정책심의기관인 국무회의, 헌법에 근거한 자문기관인 국가안전보장회의와 민주평화통일자문회의는 유지하였다. 대통령 협의기구는 통일외교안보장관회의에서 외교안보관계장관회의로 명칭을 변경하여 운영하였다. 대통령 보좌 기관인 대통령비서실과 대통령경호실은 '대통령실' 직제로 일원화하였다. 노무현 정부의 NSC 사무처와 (장관급)통일외교안보정책실을 해체하고 대통령실 외교안보수석실을 재설치하였다. NSC 사무처를 폐지하면서 노무현 정부가 구축한 국가위기관리체계까지 폐지하였으나 이로 인해 금강산 관광객 총격사망, 천안함 폭침, 연평도 포격도발, 김정일 사망 등 위기상황에 제대로 대처하지 못하였다. 이를 보완하기 위해 (차관급)국가위기관리실을 설치하였다.

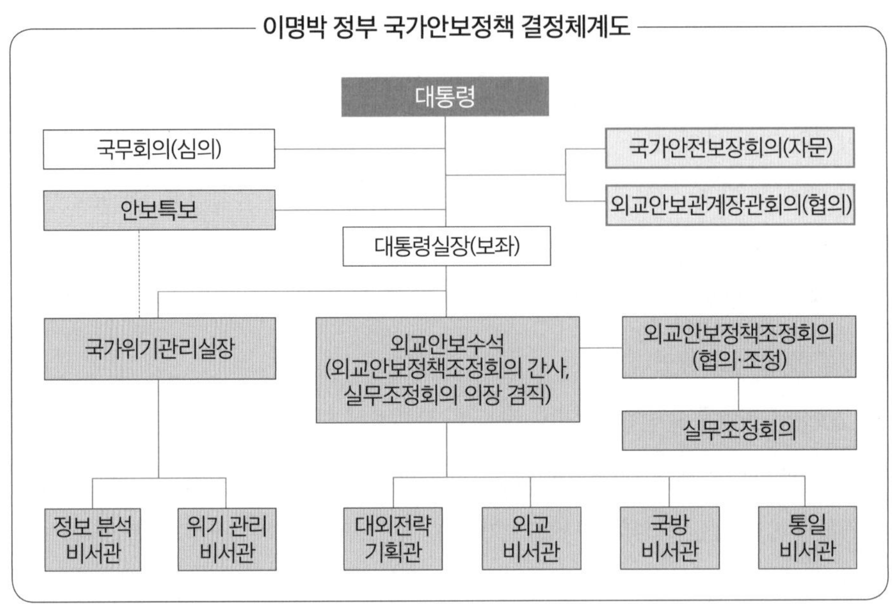

출처: 필자 정리(민주평화통일자문회의, 국가안보관련 행정부처와 직속 정보기관 생략)

가장 큰 특징은 노무현 정부의 NSC 사무처 등에 대한 부정적 평가를 반영하여 정부출범과 동시에 통일외교안보정책실과 NSC 상임위원회, NSC 사무처 등 상설조직을 폐지한 점이다. 그러나 이후 2009년 4월 외교통상부 장관을 의장으로 하고 외교안보수석이 간사를 맡는 장관급 외교안보정책조정회의를 협의·조정기구로 상설화하였다. 외교안보정책조정회의 의장은 대통령이 지정하도록 되어 있었으나 정부 내내 외교통상부 장관이 임무를 수행하였다. 외교안보수석이 국가안전보장회의, 외교안보관계장관회의, 외교안보정책조정회의 등 제반 회의체의 간사 역할과 외교안보정책 실무조정회의 의장 역할을 하도록 하였다. 그리고 대외전략비서관이 대부분의 회의에 배석하여 의사지원 업무와 주요 국가안보정책의 총괄업무를 수행하였다. 이명박 정부는 국가안보분야 중 특히 외교분야를 강조했는데, 외교안보정책조정회의 의장을 정부 내내 외교통상부 장관이 수행한 것을 통해 알 수 있다.

이명박 정부의 국가안보정책 결정기관 현황[91]

구 분	내 용
심의기관	• 국무회의
대통령 자문기관	• 국가안전보장회의 * 의장: 대통령 * 간사: 외교안보수석 * 위원(9명): 대통령, 국무총리, 외교통상부 장관, 통일부 장관, 국방부 장관, **행정안전부 장관**, 국가정보원장, **대통령실장, 외교안보수석** * 배석: 필요시 관계부처의 장과 합동참모회의 의장 참석 가능 • 민주평화통일자문회의
대통령 협의기구	• 통일외교안보장관회의를 외교안보관계장관회의로 명칭 변경
대통령 보좌기관 (대통령실)	• 외교안보수석실 재설치 * 대외전략·외교·통일·국방 비서관실 • (차관급)국가위기관리실 신설(2010. 12) * 정보분석비서관실, 위기관리비서관
장관급 협의·조정기구	• 외교안보정책조정회의 신설(2009. 4) * NSC 상임위원회 폐지 * 의장: 대통령이 지명(외교통상부 장관이 수행) * 간사: 외교안보수석 * 위원(6명): 외교통상부 장관, 통일부 장관, 국방부 장관, 국가정보원장, 국무총리실장, 외교안보수석 * 회의 주기: 매주 원칙 • 외교안보정책조정실무회의 설치 * 의장: 외교안보수석 * 위원: 관련부처 차관보급
행정각부	• 외교통상부, 통일부, 국방부, 행정안전부
정보기관	• 대통령 소속 국가정보원
한미안보협력기구	• SCM 유지, KIDD·DTT 신설
안보분야 남북대화기구	• 남북군사실무회담

출처: 필자 정리

제43차 SCM에서 다양한 한미 국방협의체들을 통합·운영할 목적으로 '한미통합국방협의체'(KIDD)를 신설하였다. 주로 한미동맹 현안과 북한 핵·미사일 위협에 대응하였다. 2008년 7월 11일 금강산 관광객 총격사망과 2010년 11월 23일 연평도 포격도발 이후 남북군사실무회담을 개최했으나 북한이 책임전가 주장만을 되풀이하여 더 이상 진전이 없었다.

국가안보정책 결정기관 종류

(1) 심의기관: 국무회의

국무회의는 정부 권한에 속하는 중요한 정책을 심의하는 기관으로 유지하였다. 단지 국무회의 규정을 일부 개정(대통령령 제20741호, 2008. 2. 29)하여 대통령실장·국무총리실장·법제처장·국가보훈처장·공정거래위원장·금융위원장 및 서울특별시장이 배석할 수 있게 하였다.

(2) 대통령 보좌기관: 대통령실

1) 전반부(2008. 3~2010. 11): 통일외교안보정책실 폐지, 외교안보수석실 재설치

이명박 정부의 초기 대통령실은 류우익 대통령실장을 포함하여 1실장 1처장(경호처) 7수석 42비서관으로 편성하였다. 노무현 정부의 (장관급)통일외교안보정책실을 폐지하고 외교안보수석실을 재설치하였다. 외교·통일·국방비서관실 외에 대외전략비서관실을 선임비서관실로 하여 주요 정책의 기획업무와 조정기능을 담당하게 하였다.[92] 노무현 정부 국정상황실 기능은 대통령실장 예하의 기획조정비서관실로 이어졌으나 영역은 축소되었다.[93]

이명박 정부 전반부(2009. 2) 대통령실 기구도[94]

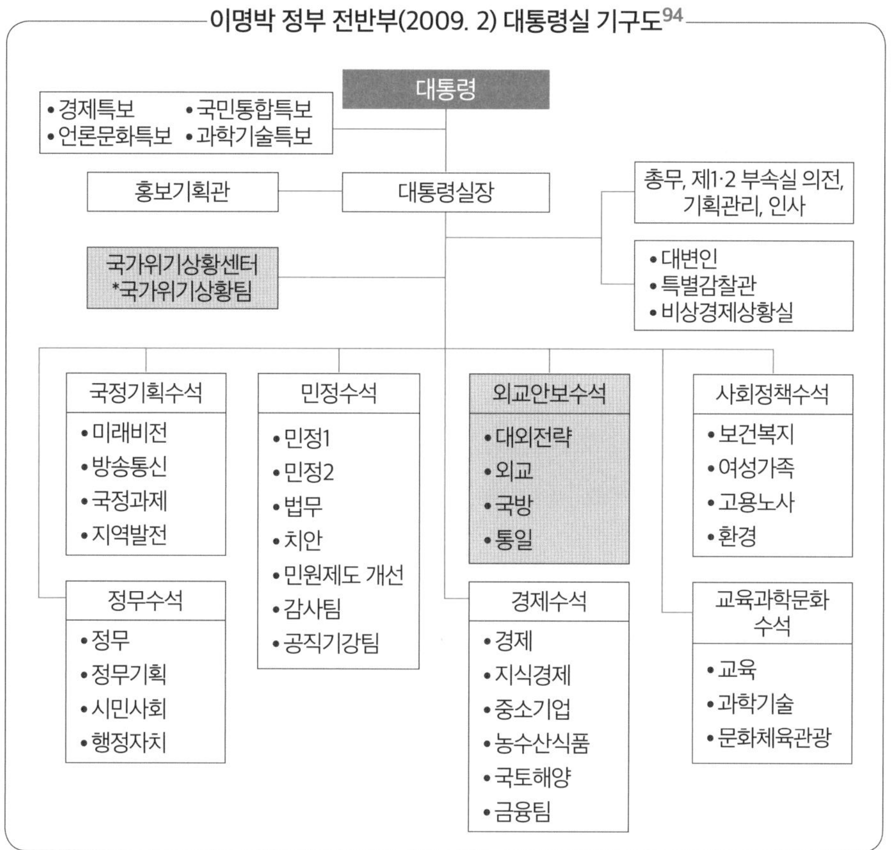

2009년 8월에 (장관급)정책실장을 설치하면서 2실장(대통령실장, 정책실장) 체제로 개편하였다. 정책실장 예하에 경제·국정기획·사회정책·교육과학문화수석을 편성했다. 2010년 7월까지 4~5명의 대통령 특보를 운영하였다. 외교안보수석실은 대통령실장 예하 조직으로 큰 변화가 없었으나, 2008년 7월 11일 발생한 금강산 관광객 총격사망을 계기로 2008년 7월 25일부터 위기정보상황팀을 대통령실장 직속의 국가위기상황센터로 조정하였다. 외교안보수석이 센터장을 겸직하였다. 2010년 3월 26일 천안함 폭침 발생 이후 2010년 5월 28일부터 대통령실장 직속의 국가위기관리센터로 확대했고, 이희원 전 연합사부사령관을 대통령안보특별보좌관에 임명하였다.

이명박 정부 전반부(2009. 4) 외교안보수석실 기구도[95]

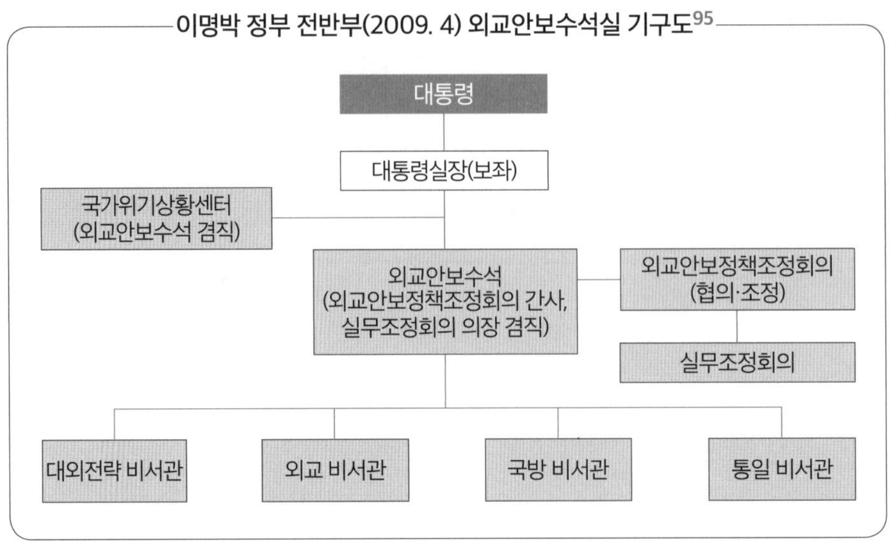

이명박 정부는 출범과 동시에 NSC 상임위원회를 폐지했으나, 북한의 도발 등 안보상황 변화에 따라 국가안보와 관련하여 대통령을 보좌하기 위한 협의·조정기구의 필요성이 대두되었다. 이에 따라 주요 외교안보정책 등을 총괄하고 대통령을 보좌하기 위하여, 2009년 4월 3일 장관급 협의체인 '외교안보정책조정회의 운영규정'을 제정(대통령훈령 제245호)하여 국가안보정책 결정 관련 협의·조정기구를 재설치하였다. 외교통상부 장관이 주재하고 외교안보수석을 간사로 하는 외교안보정책조정회의와 외교안보수석 주재로 매주 화요일 개최하는 외교안보정책 실무조정회의에서 주요 안건들을 처리하였다. 이로써 외교안보수석 주도의 국가안보총괄체계를 재구축하였다.

〈외교안보정책조정회의 운영규정(대통령훈령 제245호, 2009. 4. 3)[96]〉

제1조(목적) 이 규정은 외교안보정책 등을 협의·조정하고 대통령을 보좌하기 위하여 외교안보정책조정회의를 설치하고 그 운영 등에 필요한 사항을 규정함을 목적으로 한다.

제2조(구성) ① **외교안보정책조정회의(이하 '조정회의')는 외교통상부 장관, 통일부 장관, 국방부 장관, 국가정보원장, 국무총리실장 및 대통령실 외교안보수석비서관으로 구성**하며, 필요하다고 인정될 때에는 안건과 관계된 부처의 장관 및 대통령실의 관계 수석비서관 등이 참석할 수 있다. ② **조정회의의 의장은 대통령이**

지명한다. ③ **조정회의의 사무를 처리하기 위하여 간사 1명을 두되, 간사는 대통령실 외교안보수석비서관**이 된다.

제3조(기능) 조정회의는 외교·통일·국방분야를 포함한 주요 외교안보정책 및 현안을 협의·조정한다.

제4조(운영) ① **조정회의는 매주 개최하는 것을 원칙으로 한다.** ② 조정회의는 비공개로 운영한다.

제5조(조정회의의 의제) ① 조정회의의 의제는 외교·통일·국방분야를 포함한 주요 외교안보 정책 및 현안으로서 관계부처의 협의·조정 및 공유가 필요한 사안으로 한다. ②항 및 ③항 생략 ④ 조정회의의 의제는 제8조에 따른 외교안보정책 실무조정회의의 사전 협의를 거쳐 상정한다. 다만, 긴급을 요하는 경우에는 그러하지 아니한다.

제6조(조정회의의 결과 보고 및 공유) 조정회의의 의장은 간사로 하여금 조정회의의 결과를 대통령에게 보고하게 하고, 관계부처에 전달하게 하여 이를 공유할 수 있도록 한다.

제7조(조정회의의 결과 이행 및 사후관리) 조정회의의 의장은 간사로 하여금 조정회의 결과의 이행과 관련하여 소관 부처의 추진 상황을 점검하게 한다.

제8조(외교안보정책 실무조정회의) ① **조정회의를 효율적으로 운영하기 위하여 조정회의에 외교안보정책 실무조정회의(이하 이 조에서 '실무조정회의')를 둔다.** ② **실무조정회의는 관계부처의 차관(보)급 또는 이에 상당하는 공무원으로 구성하며, 대통령실 외교안보수석비서관이 그 의장이 된다.** ③**실무조정회의는 다음 각 호의 사항을 협의·조정**한다.

1. 조정회의의 의제에 대한 사전 실무협의 및 조정에 관한 사항
2. 그밖에 의장이 실무조정회의의 협의 및 조정을 요구하는 사항

④실무조정회의는 매주 개최하는 것을 원칙으로 한다.

제9조(운영세칙) 이 규정에서 정한 사항 외에 조정회의의 운영에 관하여 필요한 사항은 의장이 정한다.

2) 후반부(2010. 12~2013. 2): (차관급)국가위기관리실 신설

2010년 11월 북한의 연평도 포격도발을 계기로, 12월 21일에는 외교안보수석실과는 별도로 안광찬 전 국방부 정책실장을 실장으로 하는 (차관급)국가위기관리실을 설치하고 예하에 정보분석비서관실과 위기관리비서관실을 편성하였다.[97] 2012년 1월부로 외교안보수석실 대외전략비서관실은 대외전략기획관실로 승격하였다.

이명박 정부 후반부(2012. 1) 대통령실 기구도[98]

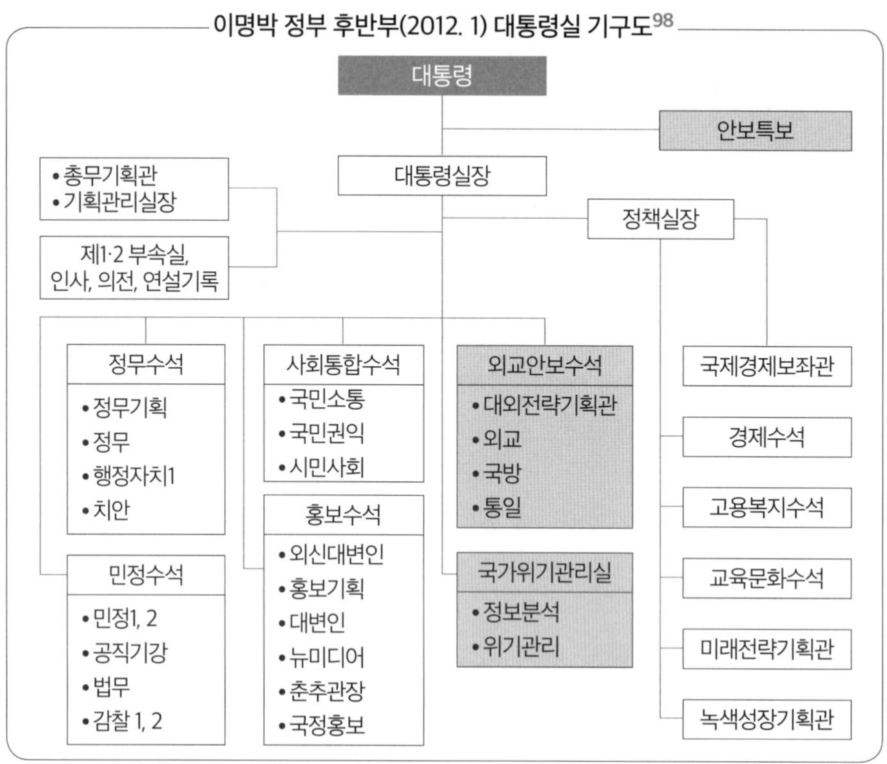

장관급 회의체인 외교안보정책조정회의와 차관보급 외교안보정책실무조정회의는 지속적으로 운용하였다. (차관급)국가위기관리실장은 외교안보정책조정회의 위원으로 포함하지 않았다.

이명박 정부 후반부(2012. 1) 외교안보수석실·국가위기관리실 기구도[99]

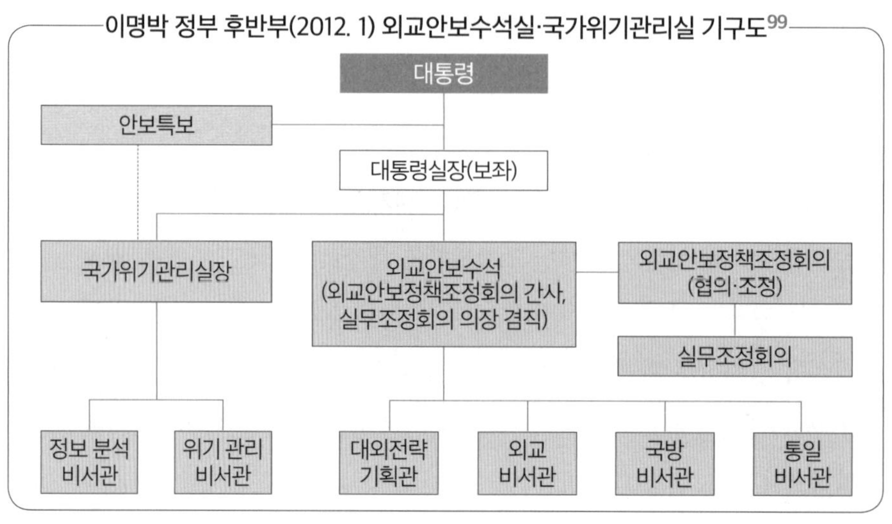

외교안보정책조정회의의 의장은 대통령이 지정하도록 했지만 이명박 정부 내내 외교통상부 장관(유명환-김성환)이 임무를 수행했고, 외교안보수석이 위원 겸 간사 역할을 하였다.

(3) 대통령 자문기관: 국가안전보장회의, 민주평화통일자문회의

1) NSC 사무처와 상임위원회 폐지

국정운영의 효율성을 제고하고 대외·군사정책에 대한 대통령 자문기능을 강화한다는 이유로 2008년 2월 29일 국가안전보장회의법을 일부 개정(법률 제8874호)하였다. 김대중·노무현 정부에서 상설화된 NSC 사무처와 상임위원회를 폐지하고, 국가안전보장회의 운영지원 기능을 대통령실로 이관하였다. 이명박 정부 기간 내에 추가 법률개정은 없었다.[100]

〈국가안전보장회의법(법률 제8874호, 2008. 2. 29)[101]〉

제1조(목적) 이 법은 헌법 제91조의 규정에 의하여 국가안전보장회의의 구성·직무범위 기타 필요한 사항을 규정함을 목적으로 한다.

제2조(구성) ① 국가안전보장회의(이하 '회의')는 **대통령·국무총리·외교통상부 장관·통일부 장관·국방부 장관 및 국가정보원장과 대통령령이 정하는 약간의 위원**으로 구성한다. ② 대통령은 회의의 의장이 된다.

제3조(직능)~제5조 삭제 * 내용 생략

제6조(출석·발언) 의장은 필요하다고 인정하는 경우에는 관계부처의 장, 합동참모회의 의장 기타의 관계자를 회의에 출석하여 발언하게 할 수 있다.

제7조(상임위원회) 삭제

제8조(간사) ① 회의의 회의 운영지원 등의 사무를 처리하기 위하여 간사 1인을 둔다. ② **간사는 대통령실의 외교안보분야를 보좌하는 정무직인 비서관**이 된다.

제9조(관계부처의 협조)~제10조(국가정보원과의 관계) * 내용 생략

국가안전보장회의법 개정과 동시에 국가안전보장회의 운영 등에 관한 규정을 전부 개정(대통령령 제20702호)하였다. 대통령실장을 국가안전보장회의 추가 위원으로 포함하고 외교안보수석은 간사 자격으로 참석하도록 하였다. 부칙 제2조

를 통해 감축된 15명은 해당기관으로 복귀시켰다. 또한 소규모 위기정보상황팀만 비공식적으로 남기고, NSC 사무처 주도의 국가위기관리체계와 국가안보종합상황실 관련 조직도 폐지하였다.[102]

2010년 5월 4일 국가안전보장회의 운영 등에 관한 규정을 일부 개정(대통령령 제22146)하여 행정안전부 장관을 국가안전보장회의 위원으로 추가하였다. 2010년 12월 31일에 추가로 개정(대통령령 제22593호)하여 외교안보수석을 국가안전보장회의 위원으로 지정하였다.

2) 민주평화통일자문회의

통일정책에 대한 현장 중심의 자문·건의를 활성화하며, 국민통합을 통한 안정적 대북정책 추진기반을 마련한다는 목적으로 2010년 5월 20일 민주평화통일자문회의법을 일부 개정(법률 제 10309호)하였다.[103]

(4) 대통령 협의기구: 외교안보관계장관회의

김영삼 정부에서 대통령 지시에 의해 설치된 대통령 주재 안보관계장관회의를 '외교안보관계장관회의'로 명칭을 변경하여 계속 운영하였다.[104]

(5) 안보회의 공개 현황

이명박 정부도 필요에 따라 국가안전보장회의 전체회의와 외교안보관계장관회의의 개최현황을 공개하였다. 대통령 주재 국가안전보장회의는 7회였으며 북한의 핵·미사일 시험과 금강산 관광객 총격사망, 천안함 폭침과 연평도 포격도발 등 북의 도발상황에서 개최하였다. 외교안보관계장관회의는 9회였으며 김정일 위원장 사망 관련 대응 등을 토의하였다.[105] 외교안보정책조정회의는 거의 공개하지 않았다.

(6) 한미안보협력기구: SCM, KIDD·DTT 신설

1) SCM

이명박 정부는 한미정상회담을 통해 '한미동맹 공동비전'에 합의하였고, 전작권 전환 시기를 2012년에서 2015년으로 연기하였다. SCM을 2008년 제40차 회의부터 2012년 제44차 회의까지 5차례 개최하였다.[106] 한미는 2008년 제40차 SCM에서 SPI 협의결과인 유엔사 정전관리책임 조정, 전시작전통제권 전환, 주한미군기지 이전, 한국의 대외군사판매(FMS) 구매국 지위향상을 포함한 동맹현안을 논의하였다. 2009년 제41차 SCM에서는 북한 핵과 미사일 위협에 대비하는 확장억제의 효율성 제고 대책을 점검하였다. 2010년 제42차 SCM에서 전작권 전환 시기 연기에 따른 새로운 문서인 '전략동맹 2015'(SA-2015), 한미국방협력지침과 양국의 작전계획을 발전시키는 데 필요한 '전략기획지침'(SPG)에 서명하였다. 2011년 제43차 SCM에서 한미통합국방협의체(KIDD)를 구성하기로 합의하였다. 2012년 10월에 개최된 제44차 SCM에서는 개정된 한미 『미사일지침』이 북한 핵을 포함한 WMD 위협에 대응하는 핵심요소라는 점에 공감하고 우주·사이버 등의 협력에 합의하였다.

2) 한미통합국방협의체(KIDD) 신설

KIDD는 한국 국방부 정책실장과 미국 국방부 정책차관이 반기 1회 공동 주재하는 고위급 정책협의체이다.[107] 이를 통해 다양한 한미 국방대화 회의체들을 포괄할 수 있게 하였다. KIDD 예하에 안보정책구상회의(SPI),[108] 확장억제정책위원회(EDPC),[109] 전략동맹공동실무단(SAWG)의 3개 회의체를 구성하였다. 이후 박근혜 정부에서 EDPC는 미사일대응능력위원회(CMCC)와 통합하여 한미억제전략위원회(DSC)로, SAWG는 전작권전환공동실무단(COTWG)으로 변경되었다.

한미통합국방협의체(KIDD) 구성[110]

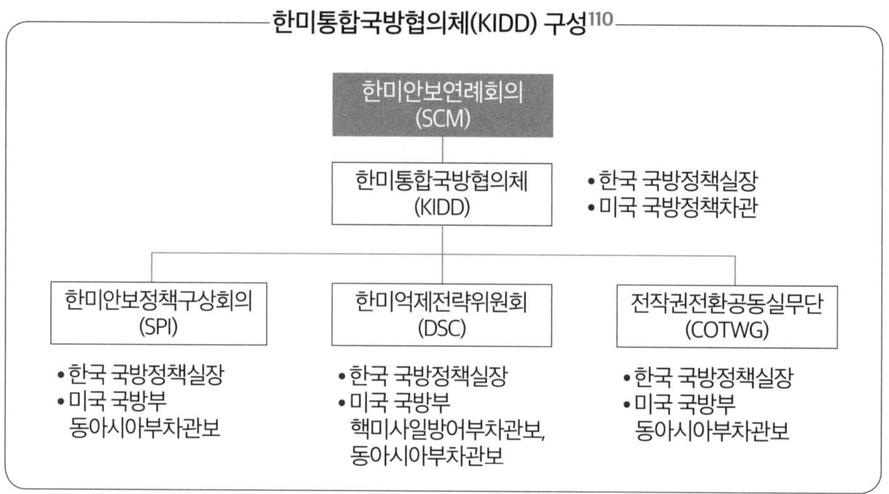

그리고 필요시 다양한 실무협의체를 구성할 수 있도록 하였다. 각 협의체는 한미안보협의회의(SCM)로부터 지침을 받아 회의를 운영하고 매년 SCM에 연간 협의결과를 보고하도록 했다.

3) 한미일 안보회의(DTT) 신설

한미일 3국은 김영삼 정부 시기인 1993년 발생한 북핵 위기를 계기로 1994년부터 정례적으로 한미일 안보토의(차관보급)를 시작하여 김대중 정부 시기인 2002년까지 개최하였다. 그러나 노무현 정부는 한일관계 악화와 중국의 전략적 중요성을 고려하여 2003년부터 한미일 안보토의 참가를 중단하였다. 그러다가 이명박 정부가 들어선 뒤에 북한 핵과 미사일 위협에 대한 한미일 안보협력을 강화하기 위해 이명박 대통령의 지시로 2008년 11월 '한미일 안보회의'(DTT)를 정례 개최하기로 합의하였다. 한미일 국방장관회의는 주로 샹그릴라 대화나 ADMM-Plus 등을 계기로 개최하고 있고, 차관보급이 참석하는 한미일 안보회의는 통상 연 1회 한미일 순차적으로 개최하고 있다.[111]

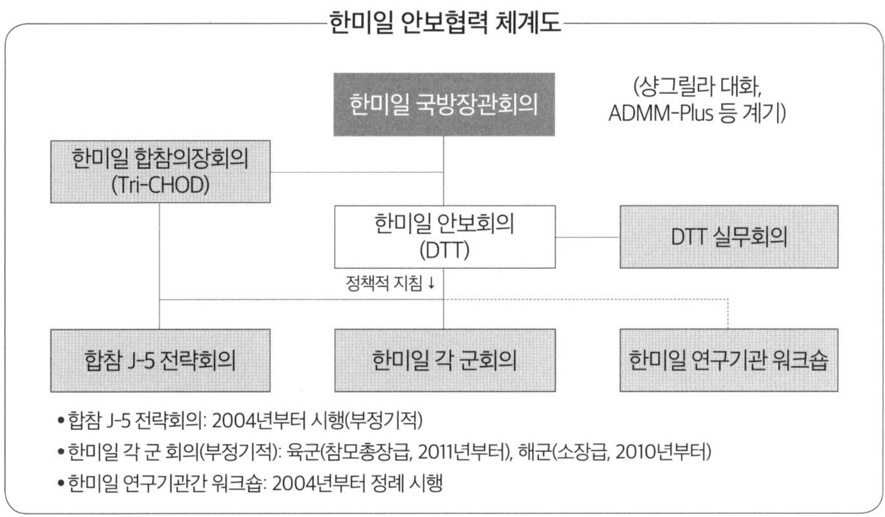

출처: 필자 정리(『국방정책자료집』 등 참조)

(7) 남북군사회담기구: 남북군사실무회담

2008년 정부출범과 동시에 이명박 정부가 비핵·개방·3000 정책을 발표하자, 북한은 6·15 및 10·4 선언의 무조건 이행과 비핵·개방·3000 정책 폐기를 요구하였다. 이어 3월 27일 개성에 상주하는 남북경제협력협의사무소의 우리 측 인원 철수를 요구하며, 3월 29일 남북 당국 간 대화·접촉 중단을 일방적으로 선언하였다. 7월 11일 금강산 관광객의 총격사망에 대한 책임을 우리 측에 전가하면서 8월 10일 금강산지구에 체류하고 있는 우리 측 인원을 추방하였다. 9월에 들어서면서 민간단체의 전단 살포를 빌미로 대남비난을 더욱 강화하면서 남북관계를 경색국면으로 몰아갔다.[112]

이러한 상황에서 북측의 제의로 10월 2일 제37차 남북군사실무회담이 개최되었으나,[113] 제기된 제반 사안에 대해 각자의 입장만 교환하고 종료하였다. 10월 27일 서해지구 남북관리구역 내 군사분계선상에서 남북군사실무책임자 접촉이 이루어졌다. 여기서 군 통신선 정상화 문제와 민간단체의 전단 살포 문제에 대해 협의하였으나 쌍방의 입장만 재확인하였다.

2010년 3월 26일 북한에 의한 천안함 폭침 이후 현인택 통일부 장관의 '5·24 조치' 발표 및 유엔안보리 의장성명 채택(7. 9) 등 북한에 대한 제재국면이 본격화

되었다. 5·24 조치는 국무회의 심의를 거치는 법률 형식이라기보다 대통령의 통치행위의 일환인 행정명령으로 대국민성명 발표 형식으로 이루어졌다. 당시 이명박 정부의 상황과 구체적인 제재내용은 현인택 통일부 장관의 발표문을 통해 알 수 있다.

〈현인택 통일부 장관의 5·24 조치 발표문(2010. 5. 24)[114]〉

존경하는 국민 여러분! 우리 정부는 출범 이후 북한의 계속되는 비방 중상과 위협, 강경조치 등 여러 가지 어려움 속에서도 인내심을 갖고 상생과 공영의 새로운 남북관계 발전을 위해 노력해 왔습니다. 개성공단과 금강산 관광 등 모든 문제를 대화를 통해 해결하고자 하였고, 엄중한 북핵 상황 속에서도 동포애와 인도주의적 관점에서 취약계층을 위한 인도적 지원을 중단하지 않았습니다.

정부는 우리 국민들이 원하는 새로운 남북관계로 북한이 호응해 나오기를 기대했습니다. 비핵화에 대한 결단을 내리길 바랐습니다. 그러나 북한은 우리의 기대를 저버렸습니다. 우리 국가원수를 비난하면서 남북관계를 지속적으로 악화시켰습니다. 최근 금강산 부동산 몰수조치는 남북교류협력의 근간을 훼손한 것입니다. 우리 정부의 인내와 선의가 천안함 사태라는 비극으로 되돌아온 데 대해 국민들과 함께 깊은 분노를 느낍니다. 대통령께서 오늘 대국민 담화에서 밝히신 바와 같이, 정부는 결연한 의지로 북한에 대해 다음과 같이 단호하고 실질적인 조치를 취해 나갈 것입니다.

첫째, 북한 선박의 우리 해역 운항을 전면 불허합니다. 제주해협을 포함해 우리 측 해역에 북한 선박의 운항과 입항을 금지할 것입니다.

둘째, 남북교역을 중단합니다. 남북 간 일반교역은 물론 위탁가공 교역을 위한 모든 물품의 반출과 반입을 금지할 것입니다.

셋째, 우리국민의 방북을 불허합니다. 개성공단과 금강산지구를 제외한 북한 지역에 대한 우리국민의 방북을 불허하고, 북한주민과의 접촉을 제한하기로 하였습니다.

넷째, 북한에 대한 신규투자를 불허합니다. 현재 진행 중인 사업의 투자 확대도 금지합니다. 개성공단도 우리 기업의 신규진출과 투자 확대를 불허합니다. 다만, 생산 활동은 지속되도록 하되 체류인원은 축소·운영하도록 하겠습니다.

다섯째, 대북지원 사업은 원칙적으로 보류할 것입니다. 다만, 영유아 등 취약계층에 대한 순수 인도적 지원은 유지할 것입니다.

특히, 개성공단에 관해서는 우리가 이러한 상황에서도 개성공단을 유지하려는 깊은 뜻을 북한이 거스르고 우리 국민의 신변에 위해를 가한다면 이를 추호도 용납하지 않을 것이며, 단호하게 대처할 것임을 분명하게 밝힙니다.

존경하는 국민 여러분! 지금 남북관계는 우리에게 엄중한 결단과 용기, 그리고 인내를 요구하고 있습니다. 그동안 남북교류에 직접 참여했던 많은 분들에게도 이에 대한 이해와 인내를 부탁드립니다.
정부는 결연한 의지로 단호하게 대처해 나갈 것입니다. 국민 여러분께 정부를 믿고 함께해 주실 것을 부탁드립니다. 감사합니다.

2010년 5월 24일 대한민국 통일부 장관

2010년 9월 30일 북한의 제의로 제38차 남북군사실무회담이 개최되었으나, 북측이 우리 측의 조사결과를 인정할 수 없다는 태도를 보여 입장 차이만 확인했다.[115] 11월 23일 북한은 연평도 포격도발을 감행했고 직후에는 국면전환을 위해 남북대화를 연이어 제의하였다. 이에 대해 우리 측은 2010년 1월 10일 통일부 대변인 명의로 ① 천안함 폭침과 연평도 포격도발에 대한 책임 있는 조치 및 추가 도발 방지에 대한 확약 ② 비핵화에 대한 진정성 확인이 필요하다는 점을 밝히면서 이를 위한 남북 당국 간 대화를 제의하였다. 이에 대해 북측이 남북고위급군사회담과[116] 이를 개최하기 위한 예비회담을 제의하여 2011년 2월 8일부터 9일까지 제39차 남북군사실무회담이 열렸다. 그러나 북한은 천안함 폭침을 전면 부인하고 연평도 포격 도발의 책임을 우리 측에 전가하는 등 기존 주장만을 되풀이 하여 군사실무회담은 결렬되었다.

미주

1. 김호진, 『한국의 대통령과 리더십』 (서울: 청림출판, 2008. 5. 10), p.362.
2. 국방부, 『국방백서 1993~1994』 (서울: 국방부, 1993. 10), p.16.
3. 박중훈, "역대 정부 조직개편에 대한 성찰과 전망", 『KIPA 연구보고서』 2016-38 (서울: 한국행정연구원, 2016. 12.31), p.158.
4. 국방대학원, 『한반도 위기관리 전략과 제도의 발전방향』 (국군인쇄창, 1995), p.65.
5. 노태우 정부에서도 안보관계장관회의 등을 개최한 기록을 볼 수 있으나 본격적으로는 김영삼 정부에서부터 적극적으로 운영하기 시작했다.
6. 법제처 국가법령정보센터, 국무회의 규정 검색결과, 〈http://www.law.go.kr/〉, 2019. 3. 23.
7. 박중훈, "대통령비서실의 조직과 기능", 『KIPA 연구보고』 95-15 (서울: 한국행정연구원, 1996. 12), p.52.
8. 행정안전부 대통령기록관, 김영삼 대통령 website 검색결과, 〈http://www.pa.go.kr/〉, 2019. 3. 23.
9. 국가안전보장회의 비상기획위원회, "안보정책결정체제의 발전방안연구" (1994. 6. 1), pp.1~2.
10. 김덕 통일부총리 주재하 외무장관, 국방장관, 안기부장, 그리고 대통령비서실장 등 모든 구성원이 참석했습니다. "통일안보정책조정회의, 대북정책 재확인", 『MBC』 (1995. 1. 9)
11. 언론에 공개한 내용만 정리하였다. 김영삼 정부 통일안보정책조정회의 검색 결과(연합뉴스), 〈http://yonhapnews.co.kr/〉, 2020. 4. 2.
12. 언론 등에서는 일반적인 대통령 자문기관이라고 했으나 국가안전보장회의 비상기획위원회가 작성한 『안보정책결정체제의 발전방안연구』 45쪽에 회의의 기능을 '협의·조정'이라고 명시하였다.
13. "김영삼 대통령, 통일안보정책점검 조정", 『KBS 뉴스』 (1994. 4. 8)
14. 김영삼 정부 통일안보정책조정회의 검색결과(연합뉴스), 〈http://www.yonhapnews.co.kr/〉, 2020. 4. 2.
15. 국가안전보장회의 비상기획위원회, 『안보정책결정체제의 발전방안연구』 (1994. 6. 1), pp.42~44.
16. 김현일, "박관용 회고록-공멸 부른 현재 권력과 미래 후계자 갈등", 『시사저널』 1393호 (2016. 7. 1)

17. 비상기획위원회, 『비상대비 30년사』 (서울: 성진문화, 1999. 5. 21), pp.111~113.

18. 비상기획위원회, 『비상대비 30년사』 (서울: 성진문화, 1995. 5), p.111.

19. 노신영 회고록을 보면 전두환 정부에서 KAL 격추사건(1983. 9. 1) 직후 대통령 주재 안보관계장관회의를 개최하였다는 기록이 있으나, 김영삼 정부부터 적극적으로 운영되었다. 노신영, 『노신영 회고록』 (서울: 고려서적, 2000. 7. 15), pp.329~330.

20. 당시 호남지역에 정치기반을 둔 김대중(DJ) 새정치국민회의와 충청권에 기반을 둔 김종필(JP) 자유민주연합(자민련)이 대통령 단일후보로 김대중 새정치국민회의 의장을 내세웠다.

21. 국방부, 『국방백서 1999』 (서울: 국방부, 1999. 10), p.52.

22. 박중훈, "역대 정부 조직개편에 대한 성찰과 전망", 『KIPA 연구보고서』 2016-38 (서울: 한국행정연구원, 2016. 12. 31), pp.204~224.

23. 임동원 외교안보수석은 육군소장(육사 13기)으로 예편하여 1981년 주(駐) 나이지리아와 오스트레일리아 대사를 지냈다. 1988년 노태우 정부에서 외교안보연구원장, 군비통제기획단장, 남북고위급회담 대표를 맡았고 당시 남북기본합의서와 비핵화공동선언 채택에 중요한 역할을 하였다. 김영삼 정부에서 1993년 민족통일중앙협의회 의장, 1993년 통일정책평가위원을 맡았다. 김대중 대통령이 아태평화재단 사무총장으로 임명하였다. 김대중 정부 출범 이후 대통령비서실 외교안보수석, 통일부 장관, 국정원장, 대통령 외교안보통일특보를 역임하였다.

24. 6월 29일 서해교전 발생 직후 김대중 대통령 주재로 열린 국가안전보장회의(NSC)에서 별다른 논란 없이 김 대통령의 일본 방문을 예정대로 추진하기로 결정하는 등 정부가 서해교전사태의 심각성을 제대로 인식하지 못하고 있는 것이 아니냐는 정치권의 지적이 잇따랐다. "北도발 정부대책 난맥…구체조치 없이 우왕좌왕", 『동아일보』 (2002. 7. 3)

25. 법제처 국가법령정보센터, 국무회의 규정 검색결과, 〈http://www.law.go.kr/〉, 2019. 3. 23.

26. 행정안전부 대통령기록관, 김대중 대통령 검색결과, 〈http://www.pa.go.kr/〉, 2019. 3. 23.

27. 법제처 국가법령정보센터, 국가안전보장회의법 검색결과, 〈http://www.law.go.kr/〉, 2019. 3. 23.

28. 법제처 국가법령정보센터, 국가안전보장회의법 검색결과, 〈http://www.law.go.kr/〉, 2019. 3. 23.

29. 국가안전보장회의법 제6조에 별도로 명시된 합동참모회의 의장의 회의 출석권은 제6조에 포함하였다.

30. 실무조정회의는 NSC 상임위원회 구성기관의 차관보급이나 실·국장이 참석하여 상임위원회 회의에 상정할 안건을 사전 조율하는 역할을 하였다. 정세평가회의는 국가정보

기관 실·국장이 참석하여 북한정세를 포함한 국제정세에 관해 평가 및 분석을 하였다.

31. 법제처 국가법령정보센터, 국가안전보장회의의 운영 등에 관한 규정 검색결과, 〈http://www.law.go.kr/〉, 2019. 3. 23.

32. 한국행정연구원, 『대한민국 역대정부 주요정책과 국정운영』 제5권 (서울: 대영문화사, 2014. 12. 31), p.121.

33. 법제처 국가법령정보센터, 국가안전보장회의법 검색결과, 〈http://www.law.go.kr/〉, 2019. 3. 23.

34. 김대중 정부 출범 당시에는 국가안전기획부였으나 1999년에 국가정보원으로 개칭되었다.

35. 청와대 내에 위치한 사무처는 총 12명이었고 위기관리실, 정책조정부와 정책기획부로 편성되었다.

36. 최초의 NSC 사무차장은 국방부 정책실장을 역임한 박용옥(육사 21기) 예비역 육군중장이었으며, 이어서 국방부 군비통제관을 역임한 유진규(육사 26기) 예비역 육군준장이 임무를 수행하였다.

37. 행정안전부 대통령기록관, 김대중 대통령 정책간행물 검색결과, 〈http://www.pa.go.kr/〉, 2019. 3. 23.

38. 법제처 국가법령정보센터, 국가안전보장회의법 검색결과, 〈http://www.law.go.kr/〉, 2020. 4. 2.

39. 김대중 대통령은 오늘 오후 김석수 국무총리, 정세현 통일부 장관, 최성홍 외교부 장관, 이준 국방부 장관, 신언 국정원장, 임동원 통일외교안보 특보 등이 참석한 가운데 통일외교안보관계장관회의를 개최하였다. 행정안전부 대통령기록관, 김대중 대통령 정책간행물(청와대 소식지) 검색결과, 〈http://www.pa.go.kr/〉, (2003. 2. 5)

40. 비상기획위원회, 『비상대비 30년사』 (서울: 성진문화, 1999. 5. 21), p.114.

41. 김대중 정부 국가안전보장회의 검색결과(연합뉴스), 〈http://www.yonhapnews.co.kr/〉, 2020. 4. 2.

42. "김 대통령, 내일 새해 첫 안보회의 소집", 『연합뉴스』 (1999. 1. 3)

43. 미국 측 사정으로 제30차 SCM은 1998년 11월에서 1999년 1월로 연기하여 개최하였다. 국방부 군사편찬연구소, 『한미군사관계사(1971~2002)』 (서울: 오성기획인쇄사, 2002. 12. 27), pp.797~809.

44. 이후 2001년 1월에 '새로운 미사일지침'(NMG)을 합의하였다.

45. 국방부 정책기획관실, 『남북군사회담자료집』 (국군인쇄창, 2017. 11. 7), p.126.

46. 국방부 정책기획관실, 『남북군사회담자료집』 (국군인쇄창, 2017. 11. 7), p.134.

47. 통일부, 『남북대화』 제68호 (통일부, 2002), pp.53~54.

48. 행정안전부 국가기록원, 국무회의 기록 검색결과,(2001년 제20회), 〈http://theme.archives.go.kr/〉, 2019. 3. 23.

49. 국가안전보장회의 사무처, 『평화번영과 국가안보-참여정부의 안보정책구상』 (서울: 세기문화사, 2004. 3. 1), pp.19~29.

50. 2004년 3월 11일부로 정부조직법을 일부개정(법률 제7186호)하였다.

51. 박중훈, "역대 정부 조직개편에 대한 성찰과 전망", 『KIPA 연구보고서』 2016-38 (서울: 한국행정연구원, 2016. 12. 31), p.247.

52. 대통령 지시에 의해 설치한 협의기구는 안보관계장관회의 혹은 통일외교안보관계장관회의 등의 명칭을 융통성 있게 활용하였다.

53. (중략) 앞서 노무현 정부 시절 이종석 NSC 사무차장은 외교안보 부처들로부터 '대통령의 눈과 귀를 독점했다'는 비판을 받았다. 부처의 정책업무까지 틀어쥐면서 부처와 심각한 갈등을 일으키기도 하였다. "외교·안보·위기관리 '총괄 조정' 컨트롤 타워로", 『문화일보』 (2013. 1. 8)

54. 2006년 1월 이후 NSC 사무처장 겸 국가안보보좌관은 NSC 사무처장 겸 통일외교안보정책실장으로 변경되고, NSC 사무차장은 통일외교안보정책수석을 겸직하였다.

55. 행정안전부 대통령기록관, 노무현 대통령 검색결과, 〈http://www.pa.go.kr/〉, 2019. 3. 23.

56. 이광재, "위기 오면 정권 지키는 역할 할 것", 『중앙일보』 (2003. 12. 18)

57. 대통령비서실에 시민사회·민정·홍보·인사수석을 두었고, 대통령정책실에 경제정책·사회정책·혁신관리수석을, 통일외교안보정책실에 통일외교안보정책수석을 편성하였다.

58. 2006년 1월 기준 노무현 정부 대통령비서실은 NSC 사무처 인원을 제외하고 531명이 정원이었다.

59. 행정안전부 대통령기록관, 노무현 대통령 검색결과, 〈http://www.pa.go.kr/〉, 2019. 3. 23.

60. 정부 조직 중 가능한 명칭을 '팀'으로 변경하였다. 예를 들어 국방부 정책기획과가 정책기획팀으로 변경되었다.

61. 개별참모는 당시 대통령비서실의 라종일 국가안보보좌관, 반기문 외교보좌관, 김희상 국방보좌관을 지칭한다.

62. 김대중 정부에서는 외교안보수석이, 노무현 정부에서는 대통령비서실 국가안보보좌관 혹은 통일외교안보정책실장이 겸직하였다.

63. 대통령비서실 직제령에 명시된 보좌관들의 임무는 다음과 같다. 국가안보보좌관: 안보현안에 대한 여론·언론 동향을 파악하고 정책자문 인사, 안보분야 저명인사 관리 및 면담. 국방보좌관: 군 통수와 군사외교에 대한 자문 및 국방운영개선을 관리하고 군 보

훈 복지를 관리. 외교보좌관: 주요 외교정책과 통상정책에 대한 의견을 수렴하고 자문하며, 정책의 방향을 점검·지원. 행정안전부 대통령기록관, 노무현 대통령 검색결과, 〈http://www.pa.go.kr/〉, 2019. 3. 23.

64. 법제처 국가법령정보센터, 국가안전보장회의법 검색결과, 〈http://www.law.go.kr/〉, 2019. 3. 23.

65. 행정안전부 대통령기록관, 노무현 대통령 검색결과, 〈http://www.pa.go.kr/〉, 2019. 3. 23.

66. 법제처 국가법령정보센터, 국가안전보장회의법 검색결과, 〈http://www.law.go.kr/〉, 2019. 3. 23.

67. 법제처 국가법령정보센터, 대통령 비서실 직제령 검색결과, 〈http://www.law.go.kr/〉, 2019. 3. 23.

68. 규정 개정으로 NSC 사무처 정원은 45명 중 32명을 통일외교안보수석실로 이관하여 13명이 되었다.

69. 법제처 국가법령정보센터, 국가안전보장회의법 검색결과, 〈http://www.law.go.kr/〉, 2019. 3. 23.

70. 『청와대 보도자료』, 2006. 2. 17.

71. 법제처 국가법령정보센터, 국가안전보장회의 운영규정 검색결과, 〈http://www.law.go.kr/〉, 2019. 3. 23.

72. 행정안전부 대통령기록관, 노무현 대통령 검색결과, 〈http://www.pa.go.kr/〉, 2019. 3. 23.

73. 법제처 국가법령정보센터, 국가안전보장회의법 검색결과, 〈http://www.law.go.kr/〉, 2019. 3. 23.

74. 참여정부의 공식기록을 보면 대통령 국정일지 등에 '통일·외교·안보분야 장관회의', '안보관계장관회의', '안보 관련 장관·보좌관 회의', '고위전략회의' 등으로 명기되어 있다. 대통령 지시에 의거 당시 안보상황을 고려해 비정기적으로 운영된 것으로 보인다. 본고에서는 '통일외교안보장관회의'로 통용한다.; 국정홍보처, 『참여정부 5년의 기록』 (2008)

75. 국정홍보처, 『참여정부 5년의 기록』 (2008), 노무현 정부의 국가안전보장회의 검색결과 (연합뉴스), 〈http://www.yonhapnews.co.kr/〉, 2019. 3. 28.

76. 국방부 홈페이지, 국방정책-한미안보협력 검색결과, 〈http://www.mnd.go.kr/〉, 2020. 4. 7.

77. 국방부, 『2006년 국방정책 자료집』 (서울: 국방부, 2006. 11), p.56.

78. 2003년부터 추진하여 2006년 8월 30일까지 완료된 10가지 임무를 말한다. 괄호 안은

전환완료 일자를 뜻한다. 후방지역제독작전(2004. 8), 공동경비구역 경비·지원(2004. 10), 공대지 사격장 관리(2005. 8), 신속 지뢰설치(2005. 8), 대화력전 수행본부 지휘·통제(2005. 10), 주보급로 통제(2005. 10), 해상 대특수작전부대 작전(2006. 1), 근접항공 지원 통제(2006. 8), 기상예보(2006. 12), 주야간 탐색구조(2008. 9). 조성훈, 『한미군사 관계의 형성과 발전』 (서울: 국방부 군사편찬연구소, 2008. 11. 20), p.343.

79. 김종대, "점입가경 전작권 전환 논쟁", 『신동아』 (2009. 7. 1), p.4.

80. 2004년 10월 22일 제36차 SCM에서 미래한미동맹정책구상(FOTA)회의를 마무리하고, 새로운 안보정책구상(SPI)회의로 전환하여 한미동맹을 미래 지향적으로 발전시킨다고 합의하였다. 따라서 전작권 전환 문제는 SPI에서 논의하기 시작하여 공식적으로 2005년 10월 제37차 SCM에서 발표하였다.

81. 국방부, 『2006년 국방정책 자료집』 (서울: 국방부, 2006. 11), p.57.

82. 국방부 정책기획관실, 『남북군사회담자료집』 (국군인쇄창, 2017. 11. 7), p.155.

83. 국방부 정책기획관실, 『남북군사회담자료집』 (국군인쇄창, 2017. 11. 7), p.155.

84. 국방부 정책기획관실, 『남북군사회담자료집』 (국군인쇄창, 2017. 11. 7), p.185.

85. 2020년 5월 6일 김왕경 당시 국방부 장관 군사보좌관의 인터뷰 내용을 요약하였다.

86. 청와대, 『이명박 정부 외교안보의 비전과 전략-성숙한 세계국가』 (서울: 외교안보수석실, 2009. 3)

87. 청와대, 『이명박 정부 외교안보의 비전과 전략-성숙한 세계국가』 (서울: 외교안보수석실, 2009. 3), p.12.

88. 법제처 국가법령정보센터, 정부조직법(법률 제8852) 제·개정이유 검색결과, 〈http://www.law.go.kr/〉, 2019. 3. 23.

89. 1969년도부터 유지되어 오던 국가비상기획위원회를 정부조직법 개정에 따라 2008년에 폐지하고, 비상대비 관련 기능과 조직은 행정안전부 재난안전실 예하로 통합되었다.

90. 국무총리 소속하에 통일원을 두었던 김영삼 정부 이후 김대중 정부와 노무현 정부에서의 행정각부의 순은 통일부-외교통상부-국방부-행정자치부였다.

91. 2012년 5월 7일 규정을 개정하여 외교안보수석을 국가안전보장회의 위원에 포함하였다. 법제처 국가법령정보센터, 국가안전보장회의법 검색결과, 〈http://www.law.go.kr/〉, 2019. 3. 23.

92. 대외전략비서관실의 직제상의 임무는 '국가안전보장, 대외관계 및 통상 관련 주요정책의 기획 및 조정'이었다. 김태효 성균관대 교수가 이명박 정부 내내 임무를 수행하였다.

93. 기획조정비서관실 임무는 '국정전반에 대한 상황 파악 및 분석, 대통령실 운영 관련 관리'였다. 초대 기획조정비서관은 이명박 대통령 당선자비서실 총괄팀장을 맡았던 박영준이었다.

94. 대통령실 경호처는 조직도에서 생략하였다. 행정안전부 대통령기록관, 이명박 대통령 검색결과, 〈http://www.pa.go.kr/〉, 2019. 3. 23.

95. 행정안전부 대통령기록관, 이명박 대통령 검색결과, 〈http://www.pa.go.kr/〉, 2019. 3. 23.

96. 법제처 국가법령정보센터, 외교안보정책조정회의 운영규정 검색결과, 〈http://www.law.go.kr/〉, 2019. 3. 23.(도표에서 대통령실장 예하의 경호처는 생략했다. 국가위기상황센터는 실제 운영을 고려해서 대통령실장 예하로 표시했다.)

97. 국가위기관리실장에는 전 국방부 정책실장이었던 안광찬(예비역 육군소장)을 보직하였다. 위기관리비서관과 정보분석비서관에는 현역 육군 장군을 임명하였다.

98. 행정안전부 대통령기록관, 이명박 대통령 검색결과, 〈http://www.pa.go.kr/〉, 2019. 3. 23.

99. 행정안전부 대통령기록관, 이명박 대통령 검색결과, 〈http://www.pa.go.kr/〉, 2019. 3. 23.

100. 법 문장의 표기를 한글화하고 어려운 용어를 쉬운 우리말로 풀어쓰기 위해 2010년 5월 25일 법률 제10322호로 하여 일부 개정되었을 뿐이고 법률 내용은 변함이 없었다.

101. 법제처 국가법령정보센터, 국가안전보장회의법 검색결과, 〈http://www.law.go.kr/〉, 2019. 3. 23.

102. 이명박 정부에서의 위기관리는 외교안보수석이 통제하는 위기상황팀으로 출발했다가 금강산관광객 총격사망 발생 시(2008. 7. 11) 대통령 보고시간 지연 등을 계기로 조직을 개편하였다. 대통령 소속의 국가위기상황센터를 신설하고, 그 산하에 국가위기상황팀을 설치하였다.

103. ① 여성 자문위원의 역할 증대를 위해 부의장 중 여성비율을 4분의 1 이상 되도록 노력 ② 사무처장의 직급을 정무직으로 격상 ③ 선출직 인사를 우선하여 자문위원으로 위촉하도록 한 규정을 삭제하고 국회의원도 자문위원 추천을 가능하게 하였다.

104. 김태효 청와대 대외전략비서관이 '외교'를 앞세운 이유에 대해 '새 정부가 강조하는 국제공조나 외교 이미지가 함께 들어가야 포괄적인 개념이 된다'면서 '안보 자체는 너무 편협한 개념이라고 생각하였다'고 설명한 것은 이런 맥락에서 이해된다. 그는 '과거와 비교해 회의 참여자 및 기능도 거의 같지만 개편 직제상 외교안보상황은 NSC보다는 대통령실 주도로 정책이 입안되었기 때문에 청와대 입장에서 보면 (NSC 상임위를 두는 것보다 외교안보관계장관협의체를 두는 게) 더 자연스럽지 않나 싶다'고 설명하기도 하였다. 이우탁, "외교안보정책조정회의 운영 전망과 과제" 『연합뉴스』(2008. 3. 7)

105. 이명박 정부 외교안보정책조정회의 검색 결과(연합뉴스), 〈http://yonhapnews.co.kr/〉, 2019. 3. 28.

106. 국방부 홈페이지, 국방정책-한미안보협력 검색결과, 〈http://www.mnd.go.kr/〉,

2020. 4. 7.

107. 국방부, 『국방백서 2012』 (서울: 국방부, 2012. 12), p.63.

108. 양국의 국방·외교 당국 간의 안보협의체로 대북정책 공조, 연합작전계획 발전, 우주·사이버·대확산 협력, 지역·범세계 안보협력 등 다양한 동맹현안과 미래발전 과제를 논의하는 협의체를 말한다.

109. 북한 핵·WMD 위협 대비 및 도발 억제를 위한 미 확장억제 제공 공약의 실효성을 보장하기 위한 정책적 협의체를 말한다.

110. 국방부, 『국방백서 2012』 (서울: 국방부, 2012. 12), p.63.

111. 한미일 3국은 9일 서울에서 제11차 한미일 안보회의(DTT)를 열고 북한의 단거리 발사체 발사행위에 대한 평가를 공유하고, 계속해서 관련 동향을 주시해 나가기로 하였다.(중략) 국방부에서 열린 회의에는 정석환 국방부 국방정책실장, 랜달 슈라이버 미국 국방부 인도태평양 안보차관보, 이시카와 다케시 일본 방위성 방위정책차장이 각각 수석대표로 참석한다. "한미일 안보회의 개최...'북 발사행위 평가공유·관련 동향 주시'", 『연합뉴스』 (2019. 5. 9)

112. 국방부 정책기획관실, 『남북군사회담자료집』 (국군인쇄창, 2017. 11. 7), p.196.

113. 당시 우리 측 수석대표는 이상철 국방부 북한정책과장(대령)이고 북한 측 수석대표는 박림수 인민무력부 부국장(대좌)이다.

114. "정부, PSI 강화·북선반 운항금지", 『연합뉴스』 (2010. 5. 24)

115. 제38·39차 군사실무회담 당시 우리 측 수석대표는 문상균 국방부 북한정책과장(대령)이고, 북한 측은 박림수 인민무력부 부국장(대좌)이다.

116. 당시 우리는 수석대표를 국방부 장관(인민무력부장) 혹은 합참의장(총참모장)을 제의하였고, 북측은 인민무력부 부부장 또는 총참모부 부총참모장으로 차관급을 제의하였다.

6장

국가안보실 주도의 국가안보정책 결정체계

1. 박근혜 정부(2013. 2~2017. 5)

국정비전과 국가안보정책 결정체계

2013년 2월 25일 제18대 대통령으로 박근혜 대통령이 취임하였다. 박근혜 정부는 국민의 행복이 곧 국가발전으로 연결되는 '희망의 새 시대'를 국가비전(국정비전)으로 설정하고 이를 위해 '경제부흥, 국민행복, 문화융성, 평화통일 기반 구축'을 4대 국정기조로 삼았다. 국가안보분야 국정기조로 '평화통일 기반 구축'을 선정하고,[1] 노무현 정부와 이명박 정부에 이어 세 번째로 『희망의 새 시대 - 국가안보전략』(공개본)을 2014년 7월에 공개하였다.[2]

박근혜 정부는 북한 핵과 미사일 시험이라는 안보위협 속에서 안보를 최우선으로 하는 국정철학을 가지고 출범하였다.[3] 박근혜 대통령은 당선인 시절부터 '튼튼한 안보가 가장 기초적인 복지'라며 국가안보를 중시하였다. 또한 각 행정기관이 고유의 전문성을 강화할 수 있도록 정부기능을 재배치하였다. 이러한 철학이 반영되어 2013년 3월 23일 정부조직법을 개정(법률 제11690호)하였다. 주요 개정내용은 다음과 같다. ① 대통령의 국가안보 보좌기능을 강화하기 위해 대통령 소속 (장관급)국가안보실을 신설하고 ② 경제부흥의 기반을 마련할 수 있도록 미래창조과학부를 신설하며 ③ 통상교섭의 전문성을 강화하기 위해 외교통상부의 통상 기능을 산업통상자원부로 이관하였다. ④ 국무총리의 정책조정기능을 강화하기 위해 국무총리실을 국무조정실과 국무총리비서실로 확대하였고, 경제부총리제를 도입했으며 2014년 11월에 사회부총리(겸 교육부장관)를 신설하였다. 추가로 2016년에 국민보호와 공공안전을 위한 테러방지법(법률 제14071호)을 제정하고, 국무총리 예하에 대테러센터를 설치하였다.

국무회의, 국가안전보장회의와 민주평화통일자문회의는 유지하였고 2014년 7월 15일 대통령 자문기관으로 통일준비위원회를 설치하였다. 대통령 협의기구로 안보관계장관회의를 운영하였다. 2013년 3월 정부조직법을 개정하여 대통령 보좌기관을 대통령비서실, 국가안보실, 대통령경호실로 직제화하였다. 국가안보실과의 협업을 위해 외교안보수석이 국가안보실 차장을 겸직하게 하였다. 역대 정부 최초로 국가안보실을 설치하였는데, 박근혜 정부 기간 안보환경 변화에 따라 지속적으로 보강되었다. 정부출범 초기에는 장관급 협의·조정기구로 이명박 정부 시기의 '외교안보정책조정회의'를 보완한 '국가안보정책조정회의'를 운영하였다. 후에 NSC 상임위원회 회의를 재설치하였다.

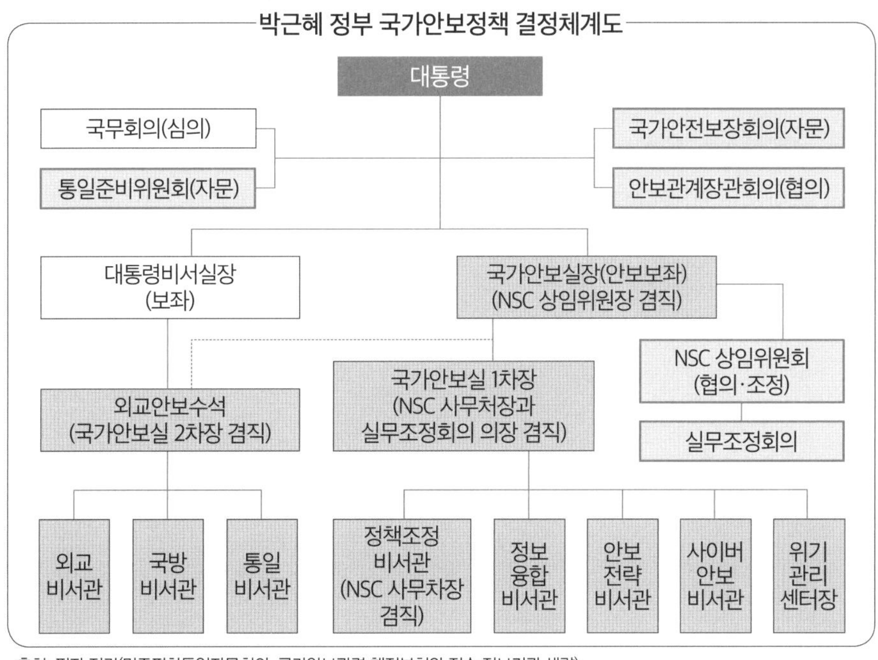

출처: 필자 정리(민주평화통일자문회의, 국가안보관련 행정부처와 직속 정보기관 생략)

가장 큰 특징은 (장관급)대통령비서실과 별도로 (장관급)국가안보실 주도의 강력한 협의·조정체계를 구축했다는 점이다. 이러한 조치는 당시 안보상황을 고려하여 장관급 국가안보실장이 상황을 주도할 수 있도록 한 조치였다. 이를 위해 김장수 및 김관진 전 국방부 장관을 국가안보실장에 임명했다. 그러면서도 기존 대통령비서실에 외교안보수석실(외교·국방·통일비서관)을 유지하여, 관련 부처와의 업무연계와 대통령비서실 내 타 수석실과의 협조를 가능하게 하였다. 또한 국가안보실에 중·장기정책을 추진할 수 있는 안보전략비서관과 당시 세계적인 위협으로 대두되었던 사이버 안보문제에 대응하기 위해 사이버안보비서관을 최초로 직제화했다. 이로써 변화하는 안보상황에 부응하는 업무체계를 구축했다는 평가를 받았다.

박근혜 정부는 국가안보실을 신설하였지만, 초기의 협의·조정기구는 이명박 정부의 외교안보정책조정회의를 국가안보정책조정회의로 보완하여 운영하였다. 2014년 초부터 노무현 정부 후반기의 NSC 사무처를 재설치하여 국가안보실 직제에 맞추어 NSC 상임위원회 회의와 실무조정회의를 체계화하였다. 장관급 협의·조정기구가 설치된 김영삼 정부 이후의 주요 회의와 비교해 보면 주요 회의체 위원의 수가 증가했다. 특히 대통령을 직접 보좌하는 직책자가 증가하였다. 이명박 정부에 비해서도 대통령 주재 국가안전보장회의 위원은 2명(대통령실장, 외교안보수석)에서 4명(대통령비서실장, 국가안보실장, 국가안보실 1·2차장)으로, NSC 상임위원회 회의는 1명(외교안보수석)에서 4명(대통령비서실장, 국가안보실장, 국가안보실 1·2차장)으로 증가하였다.

박근혜 정부의 국가안보정책 결정기관 현황[4]

<table>
<tr><th>구 분</th><th colspan="2">내 용</th></tr>
<tr><td>심의기관</td><td colspan="2">• 국무회의</td></tr>
<tr><td>대통령 자문기관</td><td colspan="2">• 국가안전보장회의
* 의장: 대통령 * 사무처장: 국가안보실 1차장(2014. 1 이후)
* 위원(12명): 대통령, 국무총리, 외교부 장관, 통일부 장관, 국방부 장관, 행정자치부 장관, 국민안전처장, 국가정보원장, 대통령비서실장, 국가안보실장, 사무처장(국가안보실 1차장), 외교안보수석(국가안보실 2차장)
* 필요시 합동참모회의 의장 출석 가능
• 민주평화통일자문회의
• 대통령 직속 통일준비위원회 신설(2014. 7)</td></tr>
<tr><td>대통령 협의기구</td><td colspan="2">• 안보관계장관회의로 명칭 변경</td></tr>
<tr><td rowspan="2">대통령 보좌기관</td><td>대통령 비서실</td><td>• 외교안보수석실에 외교·국방·통일 비서관실 편성
* 외교안보수석이 국가안보실 차장 겸직
• 사이버 안보분야 대통령 특보 운영(2015. 3~2016. 2)</td></tr>
<tr><td>국가 안보실</td><td>• 국제협력·정보융합·위기관리센터 3개 비서관실 편성
• 1차장 신설(2014. 1. 10), 2차장은 외교안보수석이 겸임
* 2개 비서관실 추가 설치: 안보전략(2014. 1), 사이버(2015. 4)</td></tr>
<tr><td>장관급 협의·조정기구</td><td colspan="2">• 국가안보정책조정회의로 명칭 변경
* 의장: 국가안보실장 * 간사: 국제협력비서관
* 회의 주기: 월 1회
• NSC 상임위원회와 사무기구 재설치(2014. 1)
* NSC 상임위원장: 국가안보실장
NSC 사무처장: 국가안보실 1차장, NSC 사무차장: 정책조정비서관
* 위원(8명): 외교부 장관, 통일부 장관, 국방부 장관, 국가정보원장, 대통령비서실장, 사무처장, 외교안보수석, 국무조정실장(필요시)
* 회의 주기: 주 1회
• NSC 상임위원회 실무조정회의(2014. 1)
* 의장: NSC 사무처장(국가안보실 1차장), 위원: 관계부처 차관급</td></tr>
<tr><td>행정각부</td><td colspan="2">• 외교부, 통일부, 국방부, 안전행정부(행정자치부)
• 국무총리 소속 국민안전처</td></tr>
<tr><td>정보기관</td><td colspan="2">• 대통령 소속 국가정보원</td></tr>
<tr><td>한미안보협력기구</td><td colspan="2">• SCM, KIDD 유지 • 한미 고위급협의체 신설: 한미억제전략위원회(DSC) 등</td></tr>
<tr><td>안보분야 남북대화기구</td><td colspan="2">• 남북군사실무회담
• 남북고위급접촉, 남북고위당국자접촉, 남북군사당국자접촉</td></tr>
</table>

출처: 필자 정리

한미안보협력기구인 SCM과 KIDD를 계속 운영하는 가운데 2013년 말부터 북한 핵·미사일에 대비하기 위해 외교·국방(2+2)협의와 한미억제전략위원회(DSC), 한미외교·국방 확장억제전략협의체(EDSCG) 등 다양한 한미국방협력기구를 설치하여 운영하였다. 이를 통해 조건에 기초한 전시작전통제권 전환으로의 변경, 북한 핵·미사일 위협 대비 맞춤형 억제전략의 구체화 등이 이루어졌다. 한반도 신뢰프로세스에 입각하여 북한의 도발에는 단호하게 대응하면서 남북 간 대화를 통해 현안을 해결하고자 노력하였다. 그 결과 국가안보실 주도로 남북고위급접촉과 남북고위당국자접촉이 이루어졌다. 군사분야에서는 개성공단 잠정중단과 연계되어 개최되었던 3통분과위원회와 서해 NLL 및 연천 총격도발 관련 남북군사당국자접촉 등이 있었다.

국가안보정책 결정기관 종류

(1) 심의기관: 국무회의

국무회의는 정부의 권한에 속하는 중요한 정책을 심의하는 기관으로 유지하였다.

(2) 대통령 보좌기관: (장관급)대통령비서실, (장관급)국가안보실

1) 초반부(2013. 3~2014. 1): 외교안보수석실 유지, 국가안보실 신설

2013년 2월에 출범한 박근혜 정부는 북한 핵과 미사일 시험이라는 안보위협 속에서 노무현 정부와 이명박 정부 대통령 보좌기구의 장·단점을 분석하여 대통령비서실을 구성하였다.[5] 2013년 정부출범 초기에는 허태열 비서실장을 중심으로 1실장 9수석 36비서관 1팀으로 편성하였다. 외교안보수석실은 예하에 이명박 정부의 대외전략기획관실을 폐지하고 외교·국방·통일비서관실로 편성하였다. 대통령비서실과 별도로 정부조직법(법률 11690호, 2013. 3. 23)에 국가안보실 설치근거를 마련하였다.[6]

박근혜 정부(2015. 1) 대통령비서실 기구도[7]

2013년 3월 23일 국가안보실 직제령(대통령령 제24427호)을 제정하여 국가안보실이 대통령의 국가안보에 관한 직무를 보좌하기 위해 '정책조율기능, 위기관리기능, 중장기적 전략의 준비기능'을 수행할 수 있도록 하였다.

〈국가안보실 직제령(대통령령 제24427호, 2013. 3. 23)[8]〉

제1조(목적) 이 영은 국가안보실의 조직과 직무범위, 그밖에 필요한 사항을 규정함을 목적으로 한다.

제2조(직무) 국가안보실은 국가안보에 관한 대통령의 직무를 보좌한다.

제3조(국가안보실장) 국가안보실장은 대통령의 명을 받아 국가안보실의 사무를 처리하고, 소속 공무원을 지휘·감독한다.

제4조(차장) 국가안보실에 차장 1명을 두되, 차장은 대통령비서실의 외교안보정책을 보좌하는 수석비서관이 겸임한다.

제5조(비서관 등) ① 국가안보실에 국제협력비서관·정보융합비서관 및 위기관리센터를 둔다. ② 국제협력비서관·정보융합비서관 및 위기관리센터장은 고위공무원단에 속하는 일반직 또는 별정직 공무원으로 보한다. ③ 제2항에도 불구하고 특별한 사유가 있는 경우 각 비서관 및 위기관리센터장은 고위공무원단에 속하는 외교부 소속 외무공무원 또는 통일부 소속 공무원이나 이에 상응하는 국방부 소속 현역장교 또는 국가정보원 직원으로 대체하여 충원할 수 있다.

제6조(하부조직) 국가안보실에 두는 하부조직과 그 분장 사무는 국가안보실장이 정한다.

제7조(국가안보실에 두는 공무원의 정원)

김장수 국가안보실장 예하에 국제협력비서관실, 정보융합비서관실 및 위기관리센터를 편성하였다. 국가안보실 차장은 대통령비서실장의 통제를 받는 외교안보수석이 겸직하도록 하였다. 대통령비서실 외교안보수석실에는 외교비서관, 국방비서관, 통일비서관을 두었다. 특히 노무현 정부 시기부터 구축되기 시작한 위기관리조직을 국가안보실에 설치하여 제반 국가위기에 대응하도록 하였다. 20여 명 이상 규모로 위기관리센터장(비서관급) 예하에 상황팀(24시간 3교대)과 대응팀으로 구성하여 임무를 수행하도록 했다.

청와대 위기관리 조직(노무현~문재인 정부)

구 분	명칭	주요 내용
노무현 정부	위기관리센터	NSC 사무차장 예하의 위기관리센터
이명박 정부	대통령실 국가위기관리실	• 초기: NSC 사무처 폐지에 따른 위기관리센터 폐지 • 중반 이후: (차관급)국가위기관리실에 위기관리비서관실과 정보분석비서관실 설치 * 대통령실장 직속 조직
박근혜 정부	국가안보실 위기관리센터	• 대통령실장 예하의 국가위기관리실은 국가안보실로 통합 * 국가안보실 1차장 예하 조직
문재인 정부	국가안보실 국가위기관리센터	• 박근혜 정부의 위기관리센터, 문재인 정부에서 지속 유지 * 국가안보실장 직속 조직 * 재난, 질병 상황까지 포함하는 국가위기관리센터로 명명

출처: 필자 정리

박근혜 정부 초반부(2013. 3) 국가안보실·외교안보수석실 기구도[9]

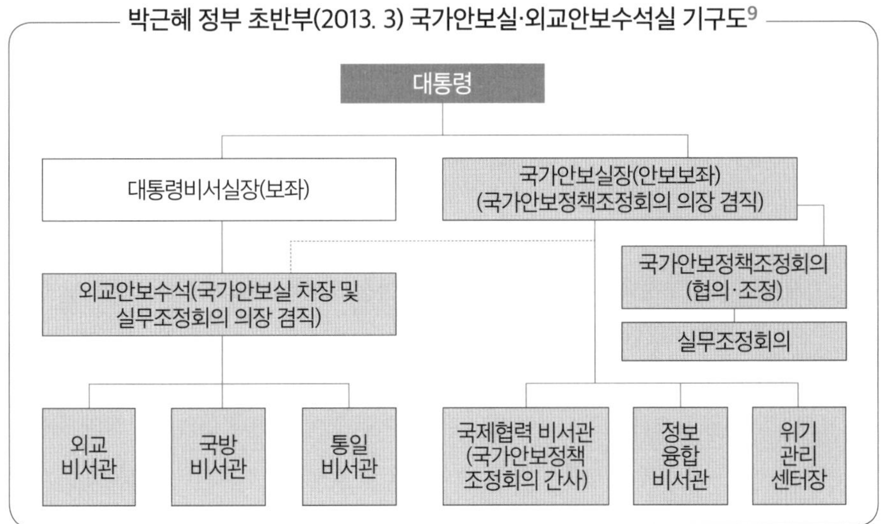

국가안보실 신설과 연계하여 외교안보정책조정회의 운영규정(대통령훈령 제245호, 2009. 4. 3)을 일부개정(대통령 훈령 제304호)하여, 이명박 정부의 외교안보정책조정회의와 외교안보정책조정실무조정회의 명칭을 국가안보정책조정회의와 국가안보정책실무조정회의로 변경하여 계속 운영하였다. 대신 회의 소집을 주 1회에서 월 1회 개최 원칙으로 변경하고, 이명박 정부에서 의장은 대통령이 지정(외교통상부 장관이 임무 수행)했던 규정을 변경하여 국가안보실장으로 명시하였다. 간사는 외교안보수석에서 국제협력비서관으로 조정하였다. 실무조정회의 의장은 외교안보수석(국가안보실 차장 겸직)이 수행하고 회의 구성원은 차관(보)급이 참석하도록 하였다. 2014년 1월에 NSC 상임위원회를 재설치한 후에는 관련 국가안보정책조정회의 규정을 폐지하지는 않았지만 회의를 운영하지 않았다. 공식적으로는 문재인 정부 시기인 2018년 10월 18일 부로 폐지되었다.

〈국가안보정책조정회의 운영에 관한 규정
(대통령훈령 제304호, 2013. 3. 27)[10]〉

제1조(목적) 이 영은 외교안보정책 등을 협의·조정하고 대통령을 보좌하기 위하여 국가안보정책조정회의를 설치하고 그 운영 등에 필요한 사항을 규정함을 목적으로 한다.

제2조(구성) ① 국가안보정책조정회의(이하 '조정회의')는 국가안보실장, 외교부 장

관, 통일부 장관, 국방부 장관, 국가정보원장, 국무조정실장 및 대통령비서실의 외교안보정책을 보좌하는 (외교안보)수석비서관으로 구성한다. ② 대통령비서실장, 안건과 관계된 부처의 장 및 대통령비서실의 관계 수석비서관 등은 필요한 경우에는 조정회의에 참석할 수 있다. ③ **조정회의 의장은 국가안보실장이 된다.** ④ **조정회의의 사무를 처리하기 위하여 간사 1명을 두며, 간사는 국가안보실 국제협력비서관**이 된다.

제3조(기능) 조정회의는 외교·통일·국방분야를 포함한 주요 외교안보정책 및 현안을 협의·조정한다.

제4조(운영) ① **조정회의는 정기적으로 월 1회 개최하는 것을 원칙**으로 한다. 다만, 의장은 필요하다고 인정하거나 관계부처의 장이 의장과 협의하여 회의 소집을 요구하는 경우 회의를 소집할 수 있다. ② 조정회의는 비공개로 운영한다.

제5조(조정회의 의제) ① 조정회의의 의제는 외교·통일·국방분야를 포함한 주요 외교안보 정책 및 현안으로서 관계부처의 협의·조정 및 공유가 필요한 사안으로 한다. ② 의제는 논의안건과 보고안건으로 구분하되, 논의안건은 정책 수행 및 현안 해결을 위하여 관계부처 간 조정 또는 협의가 필요한 사안으로 하고, 보고안건은 그 밖의 사안으로 한다. ③ 논의안건의 자료는 조정회의의 개최 1일 전까지 조정회의 참석자에게 배포한다. ④ 조정회의의 의제는 제8조에 따른 국가안보정책 실무조정회의의 사전 협의를 거쳐 상정한다. 다만, 긴급을 요하는 경우에는 그러하지 아니하다.

제6조(조정회의의 결과 보고 및 공유) 조정회의의 의장은 조정회의의 결과를 대통령에게 보고하고, 간사로 하여금 관계부처에 전달하여 이를 공유할 수 있도록 한다.

제7조(조정회의의 결과 이행 및 사후관리) 조정회의의 의장은 간사로 하여금 조정회의 결과의 이행과 관련하여 소관 부처의 추진 상황을 점검하게 한다.

제8조(국가안보정책 실무조정회의) ① 조정회의를 효율적으로 운영하기 위하여 **조정회의에 국가안보정책 실무조정회의**(이하 이 조에서 '실무조정회의')를 둔다. ② **실무조정회의는 관계부처의 차관(보)급** 또는 이에 상당하는 공무원으로 구성하며, **외교안보수석비서관이 그 의장이 된다.** ③ 실무조정회의는 다음 각 호의 사항을 협의·조정한다.

1. 조정회의의 의제에 대한 사전 실무협의 및 조정에 관한 사항
2. 그밖에 의장이 실무조정회의의 협의 및 조정을 요구하는 사항

④ 실무조정회의는 조정회의 개최 전이나 그밖에 필요한 경우 수시로 개최한다.

제9조(운영세칙) 이 규정에서 정한 사항 외에 조정회의의 운영에 관하여 필요한 사항은 의장이 정한다.

박근혜 정부의 초반부 협의·조정기구는 이명박 정부의 외교안보정책조정회의와 외견상 비슷하면서도 몇 가지 면에서 차이가 있다.

이명박 정부와 박근혜 정부(초반부) 협의·조정기구 비교

구 분	이명박 정부	박근혜 정부(초반부)
회의 명칭	외교안보정책조정회의	국가안보정책조정회의
회의 주기	주 1회	**월 1회**
의장	대통령이 지명 (외교통상부 장관이 수행)	**국가안보실장**
위원	외교통상부 장관, 통일부 장관, 국방부 장관, 국가정보원장, 국무총리실장 및 외교안보수석	국가안보실장, 외교부 장관, 통일부 장관, 국방부 장관, 국가정보원장, 국무조정실장 및 외교안보수석 *** 필요시 대통령비서실장**
간사	외교안보수석	국가안보실(국제협력비서관)
회의 명칭	외교안보정책실무조정회의	국가안보정책실무조정회의
의장	외교안보수석	외교안보수석(국가안보실 차장 겸직)
대상	관계부처 차관보급	관계부처 차관(보)급

출처: 필자 정리

2) 중·후반부(2014. 1~2017. 5): 대통령비서실과 국가안보실 직제 보강

2014년 6월 인사수석실을 신설하여 10수석체제를 유지했으며, 2015년 1월부로 국정기획수석비서관을 정책조정수석비서관실로 개편하여 1실장 10수석 40비서관체제로 하였다. 5명의 대통령 특보단(민정, 안보, 홍보, 사회문화, 정무)을 단기간 운영하였는데, 안보분야는 임종인 고려대 정보보호대학원장이 2015년 3월부터 2016년 2월까지 사이버 안보분야에 대해 보좌하였다.[11]

2014년 1월 10일 국가안전보장회의법을 개정(법률 제12224호)하여 NSC 사무처를 재설치한 조치와 병행하여 국가안보실 직제를 일부 개정(대통령령 제25076호)하였다. 국가안보실에 1·2차장을 두고 1차장이 NSC 사무처장을 겸직하도록 하였다. 국가안보실 2차장은 대통령비서실 외교안보수석이 겸직하였다. 국제협력비서관을 정책조정비서관으로 명칭을 변경하여 NSC 사무차장을 겸직하게 하였다. 국가안보실에 국가안보의 중·장기정책을 추진할 수 있는 안보전략비서관실을 추가로 설치하여 4개 비서관실로 구성하였다. 사이버 안보에 관한 대통령의 직무를 효율적으로 보좌하기 위하여 2015년 4월에 국가안보실 직제를 추가 개정(대통령령 제26182호)하여 국가안보실을 5개 비서관실로 보강하였다.

〈국가안보실 직제령 일부개정(대통령령 제25076호, 2014. 1. 10)[12]〉

제4조(차장) ① **국가안보실에 제1차장 및 제2차장을 두며** 각 차장은 정무직으로 한다. ② 제2차장은 대통령비서실의 외교안보정책을 보좌하는 수석비서관이 겸임한다. ③ 제1차장은 정책조정비서관·안보전략비서관·정보융합비서관 및 위기관리센터의 소관업무에 관하여 국가안보실장을 보좌하고, 제2차장은 외교·국방·통일업무 중 국가안보에 관하여 국가안보실장을 보좌한다.

제5조(비서관 등) ① **제1차장 밑에 정책조정비서관·안보전략비서관·정보융합비서관 및 위기관리센터장** 각 1명을 둔다.

박근혜 정부 중·후반부(2015. 4) 국가안보실·외교안보수석실 기구도[13]

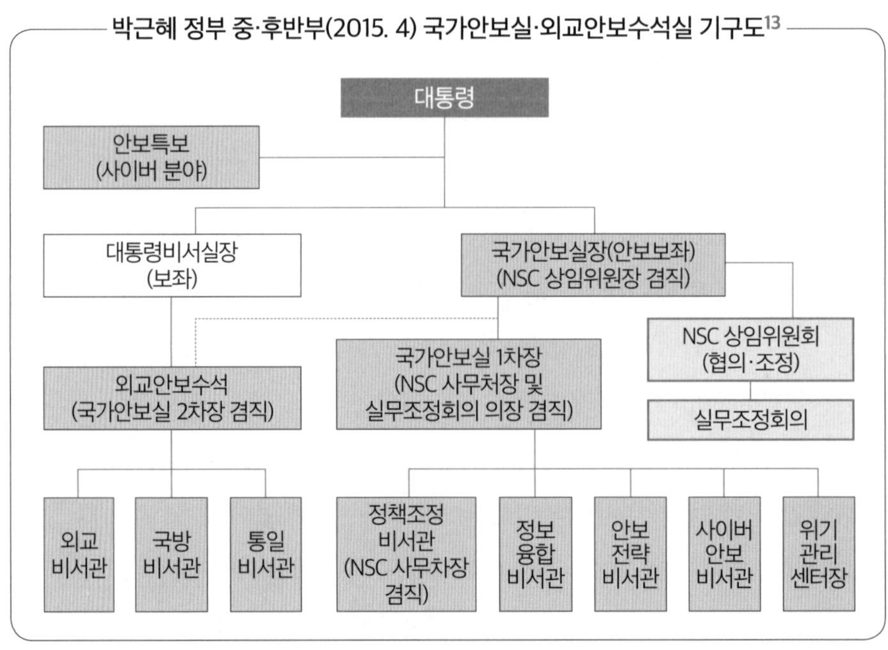

NSC 상임위원회와 사무처를 재설치하였지만, 노무현 정부 초기의 NSC 사무처와는 차이가 있었다. 노무현 정부는 대통령비서실에 외교안보 기능을 부여하지 않고 NSC 사무처에 4개 실을 두어 안보 관련 업무를 협의·조정하도록 했다. 박근

혜 정부는 정책조정비서관이 통제하는 NSC 사무처에 소수 인원(정원 4명)을 추가로 편성하여 주로 의사지원 업무를 담당하게 하였다. 국가안보실 1차장을 NSC 사무처장으로 하고 국가안보실 정책조정비서관을 NSC 사무차장으로 임명하였다. NSC 사무처가 국가안전보장회의, 상임위원회, 실무조정회의 등의 회의운용을 체계적으로 지원하고 회의결과에 대한 이행상황을 점검하는 기능을 수행하였다. 대신 안보 관련 정책에 대한 총괄 기능은 대통령비서실 외교안보수석실 지원하에 국가안보실 주도로 이루어졌다.

(3) 대통령 자문기관: 국가안전보장회의, 통일준비위원회

1) 국가안전보장회의: NSC 사무처, NSC 상임위원회 재설치

박근혜 정부 초기에는 이명박 정부와 마찬가지로 NSC 사무처를 설치하지 않았다. 국가안보실 설치에 따른 후속조치로 2013년 3월 23일 국가안전보장회의 운영규정을 개정(대통령령 제24425호)하여 국가안전보장회의에 안전행정부장관, 대통령비서실장, 국가안보실장, 외교안보수석을 위원으로 추가하였다.[14] 2013년 12월 12일 장성택 처형 등 북한 내부정세가 급변하자, 한반도 주변 안보상황에 능동적이고 효율적으로 대처하기 위한 조치로 2014년 1월 10일 국가안전보장회의법을 개정(법률 제12224호)하여 NSC 상임위원회와 사무처 설치근거를 마련하였다.

〈국가안전보장회의법 개정(법률 제12224호, 2014. 1. 10)[15]〉

제1조(목적) 이 법은 대한민국 헌법 제91조에 따라 국가안전보장회의의 구성과 직무범위, 그밖에 필요한 사항을 규정함을 목적으로 한다.

제2조(구성) ① **국가안전보장회의(이하 '회의')는 대통령, 국무총리, 외교부 장관, 통일부 장관, 국방부 장관 및 국가정보원장과 대통령령으로 정하는 위원**으로 구성한다. ② 대통령은 회의의 의장이 된다.

제3조(기능) 회의는 국가안전보장에 관련되는 대외정책, 군사정책 및 국내정책의 수립에 관하여 대통령의 자문에 응한다.

제4조(의장의 직무) ① 의장은 회의를 소집하고 주재한다. ② 의장은 국무총리로 하

여금 그 직무를 대행하게 할 수 있다.

제5조 삭제

제6조(출석 및 발언) 의장은 필요하다고 인정하는 경우에는 관계 부처의 장, 합동참모회의 의장 또는 그 밖의 관계자를 회의에 출석시켜 발언하게 할 수 있다.

제7조 삭제

제7조의 2(상임위원회) ① 회의에서 위임한 사항을 처리하기 위하여 상임위원회를 둔다. ② 상임위원회는 위원 중에서 대통령령으로 정하는 자로 구성한다. ③ 상임위원회의 구성과 운영, 그밖에 필요한 사항은 대통령령으로 정한다.

제8조(사무기구) ① 회의운영지원 등의 사무를 처리하기 위하여 국가안전보장회의의 사무처를 둔다. ② 사무처에 사무처장 1명과 필요한 공무원을 두되, 사무처장은 정무직으로 한다.

제9조(관계 부처의 협조) 회의는 관계 부처에 자료의 제출과 그밖에 필요한 사항에 관하여 협조를 요구할 수 있다.

제10조(국가정보원과의 관계) 국가정보원장은 국가안전보장에 관련된 국내외 정보를 수집·평가하여 회의에 보고함으로써 심의에 협조하여야 한다.

이어서 2014년 4월 10일과 4월 22일, 국가안전보장회의 운영규정을 개정(대통령령 제25075호, 대통령령 제25315호)하여 국가안전보장회의 상임위원회의 구성·운영 및 국가안전보장회의 사무처의 직무범위·조직 등을 규정하였다.[16] 국가안전보장회의 상임위원회 위원에 대통령비서실장·NSC 사무처장(국가안보실 1차장 겸직)·외교안보수석을 추가하였다. 국가안보실장이 NSC 상임위원장 임무를 수행하고 국가안보실 1차장이 NSC 사무처장으로 실무조정회의 의장을 겸직하도록 하였다. 이때 실무조정회의 위원을 차관(보)급에서 차관급 공무원으로 조정하였다. 또한 국가안보실 국제협력비서관을 정책조정비서관으로 명칭을 변경하여 NSC 사무차장을 겸직하게 하였다.

박근혜 정부에서도 대통령 주재 국가안전보장회의는 사전 계획되거나 중요한 안보현안 발생 시 운영하였다. 더불어 매주 목요일을 기준으로 국가안보실장을 NSC 상임위원장으로 하는 상임위원회 회의를 통해 제반 안보사안을 협의·조정하였다. 이를 지원하기 위해 국가안보실 1차장 주재로 관련 부처 차관급이 참가하는 실무조정회의를 매주 화요일 개최하였다.

2) 민주평화통일자문회의, 통일준비위원회 신설

민주평화통일자문회의는 관련법이나 시행령 개정 없이 헌법자문기관으로서의 역할을 지속하였다. 박근혜 대통령은 2014년 1월 6일 대통령 신년구상 발표 및 기자회견에서 '통일은 대박(bonanza)'이라는 비전을 제시하였다. 한반도 통일은 남북한뿐만 아니라 국제사회에도 평화와 번영의 기회와 희망을 안겨줄 수 있으며, 그 파급효과 또한 일회적인 편익에 그치지 않고 지속가능한 성장의 원천이 될 것임을 강조하였다.[17] 이어 2014년 2월 25일 대통령 직속의 통일준비위원회를 발족시키겠다고 발표하였다.[18] 이를 위해 3월 21일 대통령 직속 자문기구로 통일준비위원회의 설치 및 운영에 관한 규정(대통령령 제25265호)을 제정하였다.[19]

전체 인원은 위원장과 부위원장을 포함해 50명 이내로 하여 7월 15일까지 구성하였다. 민간 부위원장에는 정종욱 인천대 석좌교수를,[20] 정부 부위원장에는 통일부 장관을 임명하였다. 민간위원 30명은 통일에 대한 학식과 경험이 있는 인사들로 선임하였고, 통일 한반도의 청사진을 만들어 가기 위하여 학계·관계·경제계·사회단체 등 다양한 배경과 철학을 갖춘 인사들로 폭넓게 구성하여 각 분과위원회 전문위원으로 위촉하였다. 국회의원 중 여야 정책위원회 의장을 당연직으로 참석하게 하였다. 정부위원은 통일부 장관을 포함해 기획재정부·외교부·국방부·법무부·문화체육관광부·국토교통부 장관과 국무조정실장·외교안보수석·NSC 사무처장·민주평화통일자문회의 사무처장 등 11명이었다. 아울러 구체적인 통일준비 방향을 제시하고, 민관의 협업을 촉진하기 위해 통일연구원·국립외교원·한국개발연구원·국방연구원·국토연구원·국가안보전략연구원 등 6개 국책연구기관장을 당연직 위원에 포함하였다. 정부차원에서는 통일준비위원회의 업무를 지원하기 위해 사무국을 설치하였다.

통일준비위원회 기구도[21]

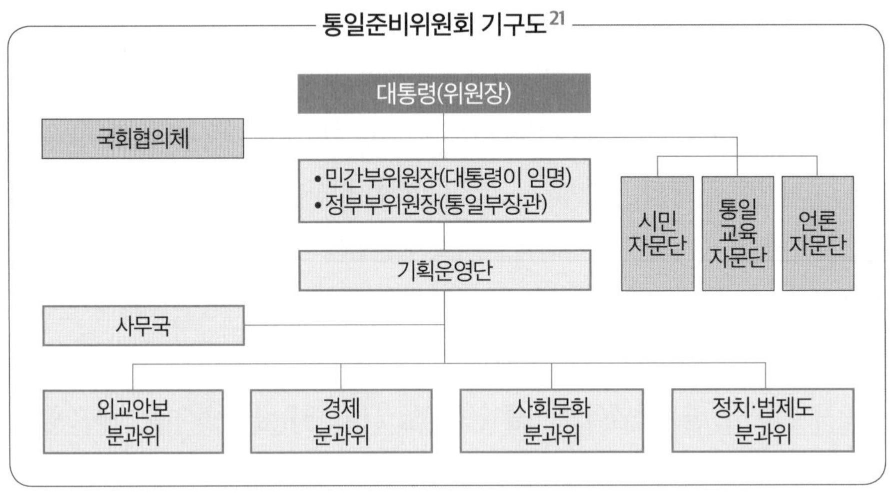

통일준비위원회 출범 당시 위원회의 기능과 역할이 헌법기관인 민주평화통일자문회의와 통일부 등과 중복된다는 의견이 많았다. 이에 대한 통일준비위원회의 공식 입장을 당시 정종욱 초대 민간부위원장의 인터뷰 내용을 통해 소개하고자 한다.

〈정종욱 통일준비위원회 부위원장의 인터뷰 (2014): 통일준비위원회 관련[22]〉

질문 1(이희옥 성균중국연구소장): 일각에서는 통일준비위원회의 기능과 역할이 통일부나 민주평화통일자문회의(이하 평통) 등과 중복되는 부분이 있다고 지적합니다. 어떻게 그 역할을 잘 나누어서 시너지를 낼 수 있을 것인지가 관건이라 할 수 있는데요, 통일준비위원회의 위상을 어떻게 보고 계시는지요?

답변 1(정종욱 통일준비위 부위원장) 통일부는 통일 문제에 관한 정부의 주무부처입니다. 통일정책을 결정하고 집행하는 역할을 하지요. 그런데 **통일준비위원회는 대통령 자문기구**입니다. 통일준비위원회는 대통령이 위원장이긴 하지만 자문기구이기 때문에 통일부와는 그 역할이 매우 다릅니다. 통일준비위원회는 통일의 청사진, 그리고 통일로 가는 여러 가지 과정, 즉 로드맵을 만듭니다. 그리고 지금 통일 관련 정책들도 우리 정부에서 통일부만 하고 있는 것이 아니라 다른 부서도 많이 하고 있습니다. 나아가 민간 차원에서도 통일 관련 연구도 하고 있기 때문에, 그런 것들을 통일준비위원회가 국가 차원에서 점검하고 교육하는 역할을 합니다. 통일준비위원회는 분기에 한 번씩 대통령을 모시고 정책회의를 하는데요. 이를 위해 4개 분과위원회가 지금 활발히 움직이고 있습니다. 분기회의를 할 때 대통령께 검토한 부분을 보고드리고, 위원장인 대통령께서 채택하시면 각 정부 부처에 업무가 내려가지 않을까 생각하고 있습니다. 통일부 장관이 통일준비위원회 정부 측 부위원장이고 제가 민간 측 부위원장인데, 적어도 한 달에 한 번은 정기적으로 만나서 협의하고 있습니다. 통일준비위원회의 활동은 사실상 통일부가 대부분 지원하기 때문에, 통일부와 다른 활동을 하거나 갈등이 나타나는 것은 상상할 수 없습니다.

질문 2(이희옥 소장) 그렇다면 평통과의 관계는 어떻게 생각하고 계십니까?

답변 2(정종욱 부위원장) 평통은 헌법기관으로 산하에 20,000명 이상의 위원이 활동하고 있습니다. 해외에도 3,000명 이상의 자문위원을 가지고 있지요. 가장 방대한 풀뿌리 조직이고, 헌법상 그 지위가 보장된 조직입니다. 반면 통일준비위원회는 대통령을 포함해 그 위원이 50명에 불과합니다. 소규모 집단이기 때문에 평통과 상의할 일이 많아질 것입니다. 이를테면 통일헌장 제정 같은 것이지요. 통일준비위원회가 통일헌장을 만들게 되면, 국민 공청회라든지 국민 대토론회를 하게 될 것이고, 이때 평통과 긴밀히 협의할 수 있을 것입니다. 평통은 체계적인 네트워크가 있기 때문에, 그 조직의 반응을 청취해 피드백을 받을 수도 있을 것입니다.

통일준비위원회는 2014년 8월 7일 제1차 회의를 시작으로 2016년 12월 14일 제8차 전체 회의까지 활발하게 활동하여 다양한 정책방안들을 제시하였다. 그러나 북한의 계속된 핵·미사일 개발과 이에 대응하는 대북 제재 강화가 반복되면서 정책적 성과를 거두지 못하였다.

(4) 대통령 협의기구: 안보관계장관회의

이명박 정부의 외교안보장관회의 명칭을 변경하여 안보관계장관회의를 운영하였다.

(5) 안보회의 공개 현황

정기적인 회의 이외에도 북한 핵과 미사일 시험에 따른 긴급회의도 개최하였고 필요에 따라 언론에 총 42회 공개하였다.[23] 언론에 공개된 대통령 주재 국가안전보장회의는 15회, 안보관계장관회의 등은 8회였다. 국가안보실장 주재 상임위원회 회의 공개는 19회였다. 특히 박 대통령은 회의를 주재하면서 북한의 도발에 대해서는 단호한 대응을 요구하였다.

〈박근혜 대통령의 긴급 NSC 상임위원회 회의 개최 및 제3야전군 사령부 순시〉

- 대통령 주재 긴급 NSC 상임위 개최(2015. 8. 20)[24]

박근혜 대통령께서는 20일 북한의 포격 도발과 관련해 오후 5시경 김관진 안보실장으로부터 상황 보고를 받고 5시 10분에 긴급 NSC 상임위원회를 소집하라고 지시하셨습니다. 이후 대통령께서는 오후 6시부터 40여 분간 NSC 상임위원회를 직접 주재하셨습니다. 이 회의에서 대통령은 최윤희 합참의장과 한민구 국방부장관, 그리고 안보실장으로부터 차례로 사건 개요와 우리 군의 대응에 대한 보고를 받고 북한 도발에 대해서 우리는 단호하게 대응하고 우리 군은 만반의 대비태세를 유지하는 동시에 주민의 안전과 보호에도 만전을 기하라고 지시하셨습니다.

- 대통령 제3야전군 사령부 순시(2015. 8. 21)[25]

박근혜 대통령은 어제 북한이 포격 도발을 한 서부전선의 방위를 담당하는 3군 사령부를 순시하고, 우리 군의 대비태세를 점검했습니다.

▲ 박 대통령: 북한은 최근 지뢰 도발을 자행한 후에 또 급기야 어제는 우리 지역으로 포격 도발을 감행했습니다. 우리 장병과 또 우리 국민의 안전을 위해하는 북한의 그 어떤 도발도 결코 우리는 용납할 수가 없습니다. **북한이 도발을 하게 되면 현장 지휘관의 판단에 따라서 가차 없이, 단호하게, 그리고 즉각적으로 대응하라고 여러 차례 지시한 바 있는데, 어제 우리 군의 즉각 대응 사격은 이러한 평소의 원칙을 그대로 실행한 것이라고 생각합니다.** 우리 군의 이러한 단호한 대응은 앞으로도 북한이 도발할 때 우리 군이 어떻게 대응해야 하는가를 잘 보여줬다고 생각합니다. 북한은 어제 도발을 한 이후에도 우리 안보를 위협하는 언행을 계속하고 있습니다. 지금 보고한 바와 같이 군은 북한의 추가 도발에 대해서 한 치의 빈틈도 없는 즉각 대응 태세를 유지하기 바라고, 또 상황이 발생했을 때는 선조치 후 보고 하기를 바랍니다. 평소에도 여러 차례 얘기했듯이 대통령은 군의 판단을 신뢰합니다. 또한, 우리 국민의 안전을 최우선시해서 주민들의 보호를 위해서도 만전을 기하기 바랍니다. **우리 군이 이번에 아주 강력한 대응 의지를 보여 주었는데, 먼저 정신에서 승리한 후에 실전에서 승리**하게 되는 것입니다.

(6) 한미안보협력기구: SCM·KIDD, 한미 고위급협의체 확대

1) SCM·KIDD

SCM은 제45차 회의부터 2016년 제48차 회의까지 4차례였다.[26] 2013년 2월 북한은 2차 핵실험을 감행하였고, 5월에는 한미 정상이 한미동맹 60주년 공동선언을 발표하였다. 이러한 분위기에서 2013년 제45차 SCM을 개최하였다. 2011년부터 운영 중인 KIDD의 역할을 더욱 활성화하기로 하고, 북한의 핵·미사일 위협에 대비한 맞춤형억제전략(TDS)에 서명하였다. 그리고 맞춤형억제전략의 실행력을 높이기 위해 2015년 4월부터는 확장억제정책위원회(EDPC)와 미사일대응능력위원회(CMCC)를 통합하여 차관보급 정례협의기구인 한미억제전략위원회(DSC)를 출범시켰다. 2014년 제46차 SCM에서는 한미연합방위태세를 강화하기 위해 전시에는 한미연합사단을, 평시에는 한미연합참모단을 편성하기로 결정하였다. 조건에 기초한 전작권 전환에 합의하였고, 전작권 전환이 이루어질 때까지 최소한의 필수 인원과 시설을 포함한 연합사령부 본부를 현재의 용산기지 위치에 유지하기로 하였다. 또한 2014년 5월 샹그릴라 대화에서 논의한 대로 한미일 정보공유방안을 지속 협의하기로 하였다. 2015년 제47차 SCM에서는 동맹의 포괄적 미사일대응작전개념(4D 작전)을 승인하였다.[27] 방산분야에서는 전략적 안보협력의 지평을 확대하기 위해 외교·국방방산기술전략협의체(DTSCG) 설치에 합의하고, 2016년 7월 제1차 회의를 개최하였다. 2016년 제48차 SCM에서는 주한미군 사드배치 공약을 재확인하였다.[28]

2) 한미 고위급협의체 확대

박근혜 정부가 출범한 2013년은 미국의 오바마 2기 행정부와 중국의 시진핑 체제가 동시에 출범한 시기였다. 특히 북한의 핵·미사일 도발이 점차 노골화되고 있었다. 이에 한미는 굳건한 한미동맹을 바탕으로 역내 국가들과의 신뢰를 구축한다는 국정기조하에 한미동맹을 21세기 포괄적 전략동맹으로 심화·발전시켜 나간다는 방향을 설정하였다. SCM과는 별도로 안보분야별 고위급 협의체를 운영하였다. 1973년 3월 발효되었던 기존 한미원자력협정을 2015년 4월 22일 새로운 한미원자력협정으로 개정·타결한 것을 계기로, 2016년 4월 14일부터 한미원자력 고위급위원회를 출범시켰다. 2015년 10월 북한에 관한 한미 정상의 공동성명에 근거하여 조태용 국가안보실 1차장과 토니 블링큰 미국 국무부 부장관을 수석대표로 하는 북한 관련 한미 고위급전략협의체를 운영했다. 이 협의체는 2016

년 2월 18일 이후 2017년 1월까지 5차례 개최되었고, 주로 실효적인 대북 제재·압박 방안을 포함한 대북전략 공조방안을 협의하였다.

이명박 정부에서 시작된 고위급 외교·국방협의체는 더욱 다양해지고 활성화되었다. 2014년 10월에 개최된 제3차 외교·국방(2+2) 장관회의에서는 한미동맹이 동북아 평화 및 번영을 위한 핵심축임을 확인하였다. 2016년 10월 제4차 회의에서는 북핵과 관련하여 외교적 제재와 군사적 억제전략을 병행하기 위한 한미 외교·국방확장억제전략협의체(EDSCG) 설치에 합의하고, 미 오바마 행정부 교체 전인 12월에 1차 회의를 개최하였다.

(7) 안보분야 남북대화기구: 남북고위급접촉, 남북고위당국자접촉, 남북군사당국자접촉

박근혜 정부 출범 초인 4월 3일 일방적으로 개성공단 입경을 차단한 북한의 조치에 대응하여, 2013년 11월 '개성공단 남북공동위원회'를 구성하는 등 발전적 정상화를 이루어 냈다. 2015년 북한의 비무장지대 지뢰·포격 도발에도 단호히 대응하여 북한의 사과와 재발 방지 등을 담은 '8·25 합의'를 이끌어 냈다.

박근혜 정부의 최초 남북고위급접촉은 북한의 제의에 따라 2014년 2월 12일부터 14일까지 이루어졌다. 우리 측은 김규현 국가안보실 1차장을 수석대표로, 북측은 원동연 통일전선부 부부장이 단장으로 참여하였다.[29] 이 접촉에서 남북관계 개선, 상호비방과 중상 금지, 남북고위급접촉을 이어가기로 합의하였다. 이에 따라 2월 5일 남북적십자실무접촉에서 합의한 제19차 이산가족 상봉행사가 2014년 2월 20일부터 25일까지 진행되었다.

2014년 2월 남북고위급접촉에서 후속협의를 갖기로 하였으나, 북한의 연이은 미사일 발사와 우리 민간단체의 전단 살포 등으로 남북관계가 경색되면서 이루어지지 못하였다. 이런 가운데 10월 4일 북한은 인천 아시아경기대회 폐회식에 황병서 총정치국장, 최룡해 당 비서, 김양건 당 비서 등을 보냈다. 이들과 우리 측의 김관진 국가안보실장, 류길재 통일부 장관 간에 남북고위급회담이 열렸고 10월 말에서 11월 초에 남북고위급접촉을 개최하기로 합의하였다. 이에 따라 10월 15일 우리 측의 류제승 국방부 정책실장과 북측의 김영철 정찰총국장을 수석대표로 하여

'남북군사당국자접촉'이 이루어졌으나,[30] 서해 북방한계선과 민간단체의 대북전단 살포에 따른 북한 측의 총격도발 등에 대해 서로의 입장만 교환한 채 결렬되었다.

2015년 8월 4일, 경기도 파주시 군사분계선 우리 측 DMZ 내에서 북한군의 지뢰도발로 국군장병 2명이 부상당하는 사건이 발생하였다. 정부는 8월 10일 국방부와 유엔군사령부의 합동조사 결과를 발표하고, 이를 근거로 NSC 상임위원회 회의를 개최해 관계부서 협의를 거친 후 대북경고성명을 발표하였다. 이의 일환으로 8월 10일 17시부터 군사분계선 일대 대북확성기 방송을 부분 재개하고, 8월 14일 새벽 1시부터 전면적인 심리전 방송을 시작하였다. 이에 대해 북한은 지뢰매설을 부인하면서 확성기 방송을 중단하지 않으면 타격하겠다고 위협하였다. 8월 20일 오후 3시 53분과 4시 15분 두 차례에 걸쳐 포격도발을 감행했으나 우리 군은 북한의 포격도발 이후 1시간 11분 만에 자위권적 차원에서 군사분계선 북쪽 500미터 지점에 155미리 포격사격으로 대응하였다. 박근혜 대통령은 청와대 위기관리상황실에서 긴급 NSC 상임위원회를 주재하였고 다음 날 8월 22일 제3야전군 사령부를 방문하여 '어제 우리 군의 즉각 대응사격은 북한의 도발에 대해 현장 지휘관 판단하에 가차 없이 단호하게 즉각적으로 대응하라고 지시한 바에 따라 평소의 원칙을 그대로 실행했다'고 격려하였다.[31] 이러한 우리 군의 조치에 대해 북한은 전선지대에 준전시상태를 선포하는 한편 "48시간 내 심리전 방송을 중단하고 방송수단을 전면 철거하지 않는다면 확전까지 예견한 강력한 군사행동을 개시하겠다"고 위협하였다.

다음 날 북측은 김양건 노동당 중앙위원회 비서 명의로 우리 국가안보실장과의 접촉을 제의하였으나, 우리 측은 황병서 총정치국장이 함께 나올 것을 요구하였다. 추가 협의과정을 통해 8월 22일 저녁 6시에 판문점 평화의 집에서 남북고위당국자접촉을 시작하였다. 우리 측은 김관진 국가안보실장과 홍용표 통일부 장관이, 북측은 황병서 총정치국장과 김양건 당 중앙위원회 비서가 참석하였다.[32] 접촉 내내 쌍방 간 의견이 대립했고 여러 차례 난관이 있어 예정시간보다 연장되었지만, 결국 북측이 먼저 지뢰도발사건에 대해 사과와 유감을 표명하였다. 남측은 비정상적인 사태가 발생하지 않는 한 군사분계선 일대에서 모든 확성기 방송을 8월 25일 12시부로 중단한다는 내용으로 공동보도문('8·25 합의')을 발표하였다. 아울러 남북은 남북관계 개선을 위한 당국회담을 개최하는 등 추석을 계기로 이산가족 상봉과 다양한 민간교류를 활성화하기로 하였다.

〈김관진 국가안보실장의 남북고위당국자접촉 결과 브리핑(2015. 8. 25)[33]〉

김관진 국가안보실장입니다. 먼저 최근 엄중한 정세가 지속되는 상황 속에서도 우리 정부를 믿고, 침착하게 이번 협상 과정을 지켜봐 주신 국민 여러분께 감사 말씀을 드립니다. 지난 사흘간 진행된 협상 과정에서 난관도 많이 있었습니다마는 인내심을 갖고 협의를 진행하여 다음과 같은 공동 보도문에 합의하였습니다. 그러면 남북고위당국자접촉 공동 보도문을 낭독하겠습니다.

- 남북고위당국자접촉이 2015년 8월 22일부터 24일까지 판문점에서 진행되었다. 접촉에는 남측의 김관진 국가안보실장과 홍용표 통일부 장관, 북측의 황병서 조선인민군 총정치국장과 김양건 조선노동당 중앙위원회 비서가 참가하였다. 쌍방은 접촉에서 최근 남북 사이에 고조된 군사적 긴장 상태를 해소하고, 남북관계를 발전시켜 나아가기 위한 문제들을 협의하고, 다음과 같이 합의하였다.
  첫째, 남과 북은 남북관계를 개선하기 위한 당국자회담을 서울 또는 평양에서 빠른 시일 내 개최하며 앞으로 여러 분야의 대화와 협상을 진행해 나가기로 하였다.
  둘째, 북측은 최근 군사분계선 비무장지대 남측 지역에서 발생한 지뢰 폭발로 남측 군인들이 부상을 당한 것에 대하여 유감을 표명하였다.
  셋째, 남측은 비정상적인 사태가 발생하지 않는 한 군사분계선 일대의 모든 확성기 방송을 8월 25일 12시부로 중단하기로 하였다.
  넷째, 북측은 준 전시상태를 해제하기로 하였다.
  다섯째, 남과 북은 올해 추석을 계기로 이산가족 상봉을 진행하고 앞으로 계속해 나가기로 하였으며 이를 위한 적십자실무접촉을 9월 초에 가지기로 하였다.
  여섯째, 남과 북은 다양한 분야에서의 민간교류를 활성화하기로 하였다.

2015년 8월 25일 판문점

이번 남북고위당국자접촉을 통해 당면 사태를 수습하고, 도발 행위에 대한 재발 방지 및 남북관계 발전의 계기를 마련하게 된 것은 매우 다행스러운 일입니다. 앞으로 쌍방의 합의사항을 성실히 이행하고, 대화와 협력을 통해 신뢰를 형성함으로써 우리 국민의 기대에 부응하는 새로운 남북관계를 만들어 나가는 계기가 되기를 기대합니다. **이번 회담에서 북한이 지뢰 도발에 대해 사과하고, 재발 방지와 긴장 완화를 위해 노력하겠다고 약속한 것은 매우 의미 있는 일입니다. 이번 합의는 북한이 위기를**

조성하면서 대북 확성기 방송 중단을 요구한 데 대해 정부가 이를 거부하고 일관된 원칙을 가지고 협상한 것에 대한 결과라고 생각합니다. 그동안 북한은 우리 국민들에게 불안과 위기를 조성하고 양보를 받아내 왔는데, 우리 정부에서는 그것이 절대로 통하지 않는다는 것을 북한도 확인하였을 것입니다. 긴장된 상황 속에서도 생활의 불편함을 감소하면서 정부를 신뢰하고, 협조해 주신 접경 지역 주민을 비롯한 국민 여러분께 거듭 감사드립니다.

이상입니다.

그럼에도 북한은 2016년 1월 6일 4차 핵실험을 감행하였다. 이에 대해 국가안보실은 긴급 NSC 상임위원회 회의를 개최하였다. 논의결과 북한의 연이은 핵·미사일 실험을 8·25 합의 3항의 '비정상적인 사태'로 규정하였다. 이에 따라 정부는 2016년 1월 8일 12시 부로 대북확성기 방송을 재개하였다. 북한은 이에 대응하여 2시간 후인 1월 8일 14시부터 대남방송을 시작하며, 대남 전단까지 살포하기 시작하였다. 이와 같은 상황에서 정부는 고성능의 신형 확성기 40대를 전방부대에 배치하는 등 대북 심리전 수행능력을 강화하기로 결정하였다.[34] 이러한 조치에도 북한은 2월 7일 장거리미사일 발사를 감행하였다. 이에 대해 2월 10일 김관진 국가안보실장 주재로 NSC 상임위원회 회의를 개최하여, 개성공단 가동을 전면 중단하기로 결정하였다.

2. 문재인 정부(2017. 5~)[35]

국정비전과 국가안보정책 결정체계

2017년 5월 10일 제19대 문재인 대통령이 취임하였다. 문재인 정부는 국민이 나라의 주인이 되고 정의가 바로 선 국가를 건설하기 위해 '국민의 나라 정의로운 대한민국'을 국가비전(국정비전)으로 설정하였다. 이를 위해 '국민이 주인인 정부, 더불어 잘사는 경제, 내 삶을 책임지는 국가, 고르게 발전하는 지역, 평화와 번영의 한반도'를 5대 국정목표로 설정하였다.[36] '평화와 번영의 한반도'를 외교·통일·국방을 아우르는 국가안보분야 국정목표로 선정하고,[37] 평양에서의 남북정상회담 개최 이후인 2018년 12월 『문재인 정부의 국가안보전략』을 공개하였다.

문재인 정부는 북한 핵과 미사일 시험이라는 안보위협 속에서 대통령직 인수위원회 없이 출범하였다.[38] 2017년 7월 26일 정부조직법을 일부 개정(법률 제14839호)하였다. (장관급)대통령경호실을 (차관급)대통령경호처로 개편하고, 국가보훈처를 장관급으로 격상하였다. 중소기업 육성과 과학기술 융합을 기반으로 미래 성장동력 확충을 위해 중소기업청을 중소벤처기업부로 승격시켰다. 국가재난에 대한 대응역량을 강화하고 안전에 대한 국가와 지방자치단체 간 유기적 연계가 가능하도록 국민안전처와 행정자치부를 통합하여 행정안전부로 재편하였다. 2017년 6월과 7월에 각각 경제부총리(겸 기획재정부)와 사회부총리(겸 교육부장관)를 설치하였다. 정보기관의 국내정치 개입 등을 차단하기 위해 국가정보원의 직무 범위를 개정한 국가정보원법을 2020년 12월 15일 전부개정(법률 제17646호)하였다.

국무회의, 국가안전보장회의, 민주평화통일자문회의는 유지하였다. 박근혜 정부에서 신설한 대통령 직속 통일준비위원회를 2017년 7월 4일 국무회의 의결을 통해 7월 11일 부로 폐지하였다. 김영삼 대통령 때부터 운영된 통일외교안보장관회의와 같은 별도의 대통령 협의기구를 운영하기 보다는 필요시 대통령 주재 NSC 상임위원회 회의를 운영하고 있다. 대통령 통일외교안보특보를 두었다. 문재인 정부는 박근혜 정부에서 신설된 (장관급)국가안보실을 유지하고 국가안보실 1·2차장제의 골격을 유지하였다는 점에서는 비슷하지만, 대통령비서실의 외교안보수석실을 폐지한 것은 노무현 정부의 보좌기관 편성과 맥을 같이 한다고 할 수 있다.

그러나 국가안보실 1·2차장 예하의 비서관실 편성에서는 정보-기획-조정-위기관리를 망라하는 노무현 정부의 체계와는 달리 문재인 정부의 국정방향에 부합되도록 비서관실 명칭을 부여했다. 국가안보실 소속 비서관실의 편성도 국가안보실 차장의 전문분야에 따라 탄력적으로 조정했다. 예를 들면 국방비서관의 명칭을 '국방개혁비서관'으로 하고 '평화군비통제', '평화기획'과 같은 비서관실 명칭을 사용하였다. NSC 사무처를 1차장 예하 안보전략비서관실에 두어 NSC 상임위원회 회의와 실무조정회의를 통해 제반 정책의 협의·조정업무를 관리하게 하였다.

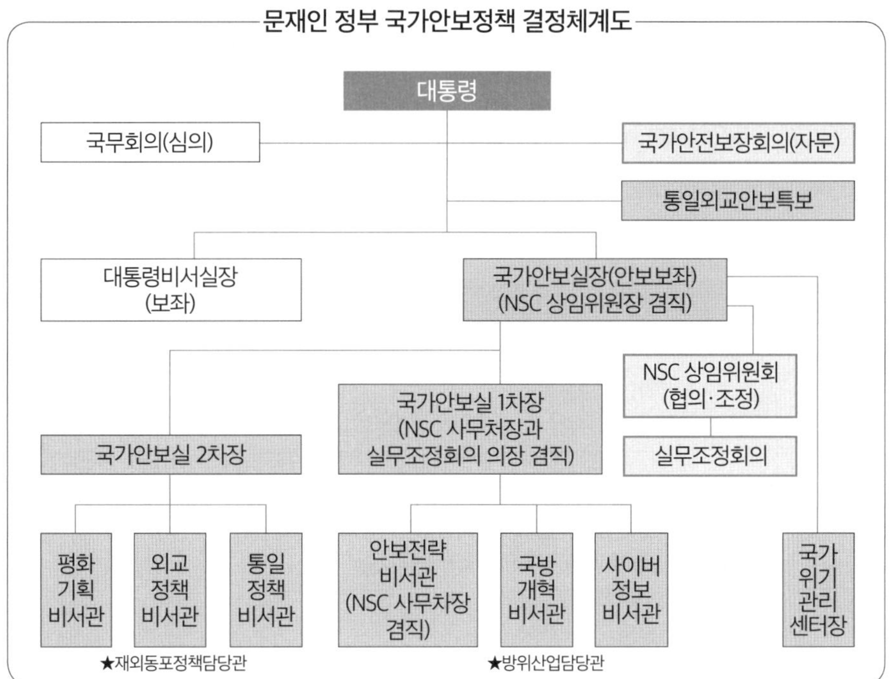

출처: 필자 정리(민주평화통일자문회의, 국가안보 관련 행정부처와 직속 정보기관은 생략)

문재인 정부도 대통령 주재 국가안전보장회의와 국가안보실장 주재의 NSC 상임위원회 회의를 운영하고 있다. 주로 계획되거나 중요한 안보현안에 대해서는 대통령 주재 국가안전보장회의를 운영하고, 긴급상황 발생 시 대통령 주재 NSC 상임위원회 회의 혹은 안보관계장관회의를 개최한다. 국가안보실장 주재의 NSC 상임위원회 회의는 매주 목요일을 기준으로 제반 안보사안을 협의·조정하고 있다. 이를 지원하기 위해 국가안보실 1차장 주재로 매주 화요일 차관급이 참가하는 실무조정회의를 운영하고 있다. 차이점이 있다면 박근혜 정부는 개최 여부에 대해 비공개를 원칙으로 하였던 반면, 문재인 정부에서는 거의 매주 개최 상황을 적극적으로 알리고 있는 점이다. 김영삼 정부부터 박근혜 정부까지 대통령 지시에 의거 설치된 대통령 주재 안보관계장관회의와 같은 협의기구는 문재인 정부에서는 잘 활용하지 않고, 필요시 대통령 주재 NSC 상임위원회 회의를 개최하고 있다. 문재인 정부도 박근혜 정부의 국가안보정책 결정체계와 거의 동일하게 대통령 주재 전체회의 위원 중 대통령을 직접 보좌하는 직책자가 많다. 대통령의 의도를 잘 아는 위원이 전체회의 위원 11명 중 4명(대통령비서실장, 국가안보실장, 국

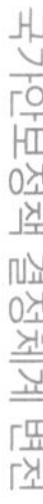

가안보실 1차장·2차장)이고, NSC 상임위원회는 국가안보실장을 포함하여 위원 9명 중 4명이다. 박근혜 정부와 마찬가지로 대통령 보좌기관이 중심이 되는 의사결정이 될 수밖에 없는 구조이다.

문재인 정부의 국가안보정책 결정기관 현황

구분	내용
심의기관	• 국무회의
대통령 자문기관	• 국가안전보장회의 * 의장: 대통령 * 사무처장: 국가안보실 1차장 * 위원(11명): 대통령, 국무총리, 외교부 장관, 통일부 장관, 국방부 장관, 국가정보원장, 행정안전부 장관, **대통령비서실장, 국가안보실장, 사무처장(국가안보실 1차장), 국가안보실 제2차장** * 필요시 합동참모회의 의장 참석 가능 • 민주평화통일자문회의 • 통일외교안보특보
대통령 보좌기관 (국가안보실)	• 대통령비서실 외교안보수석실 폐지(2017. 5. 11) • 국가안보실 예하에 1·2차장과 국가위기관리센터 설치 • 1차장 예하에 안보전략·국방개혁·평화군비통제비서관 * 안보전략·국방개혁·사이버정보비서관실로 조정(2019. 3) • 2차장 예하에 외교정책·통일정책·정보융합·사이버안보비서관 * 정보융합비서관과 사이버안보비서관실 통합(2018. 7) * 평화기획·외교정책·통일정책비서관실로 조정(2019. 3)
대통령 협의기구	• 대통령 주재 NSC 상임위원회 회의 * 종전의 통일외교안보장관회의 등과 같은 역할
장관급 협의·조정기구	• NSC 상임위원회 * 상임위원장: 국가안보실장 * 사무처장: 국가안보실 1차장, 사무차장: 안보전략비서관 * 위원(8명): 외교부 장관, 통일부 장관, 국방부 장관, 국가정보원장, 대통령비서실장, 사무처장(국가안보실 1차장), 국가안보실 2차장, 국무조정실장(필요시) * 회의 주기: 주 1회 • NSC 실무조정회의 * 의장: 사무처장(국가안보실 1차장), 위원: 관계부처 차관급
행정각부	• 외교부, 통일부, 국방부, 행정안전부
정보기관	• 대통령 소속 국가정보원
한미안보협력기구	• SCM, KIDD, 고위급 협의체, (실무협의체)한미워킹그룹
안보분야 남북대화기구	• 남북장성급회담, 남북군사실무회담

출처: 필자 정리

한미안보협력을 위한 SCM과 KIDD는 운영하고 있으나, 박근혜 정부에서 북한 비핵화를 추진하기 위해 신설한 외교·국방확장억제전략협의체(EDSCG)와 외교·국방방산기술전략협의체(DTSCG) 등 2+2 개념의 고위급협의체보다는 양국 국방부 중심의 협의체 운영으로 조정하였다.[39] 2021년 3월 18일 바이든 정부 출범 이후 차수가 연결되지 않은 한미 외교국방 2+2회의가 개최되었다. 2018년 4월 판문점에서의 남북정상회담 개최를 계기로 남북장성급회담과 남북군사실무회담을 개최하였다. 2018년 9월 18일부터 20일까지 평양에서 남북정상회담을 개최하고 9월 평양공동선언에 합의하면서 '9·19 군사합의'에 서명하였다.[40] 이러한 과정에서 안보분야 외에 고위급회담, 대북특사단 방북 등이 있었고 군사분야에서는 3차례의 남북장성급회담과 1차례 남북군사실무회담을 개최하였다.

국가안보정책 결정기관 종류

(1) 심의기관: 국무회의

국무회의는 정부의 권한에 속하는 중요한 정책을 심의하는 기관으로 유지하였다.

(2) 대통령 보좌기관: (장관급)대통령비서실, (장관급)국가안보실

1) 대통령비서실: 외교안보수석실 폐지

2017년 5월 11일과 30일 대통령비서실 직제를 개정(대통령령 제28036, 대통령령 제28083호)하여 박근혜 정부의 외교안보수석실을 폐지하고 (장관급)비서실장과 (장관급)정책실장을 두어 2실장 8수석 2보좌관 40비서관을 직제화 하였다. 초대 대통령비서실장은 임종석이었고 정책실장은 장하성이었다. 특히 노무현 정부에서 설치했던 국정상황실을 안전과 치안상황분야를 포함하여 재설치하였다.[41] 대통령 비서실의 국가안보 관련 조직은 국가안보실로 통합하였다.

문재인 정부 초반부(2017. 5) 대통령비서실 기구도[42]

2) 국가안보실 유지

박근혜 정부에서 설치한 국가안보실 직제를 일부개정(대통령령 제28047호, 2017. 5. 11)하여 국가안보실장 예하에 1·2차장과 8비서관으로 편성했으며 정원은 총 43명 규모로 하였다.[43] 초대 국가안보실장은 외교관료 출신인 정의용이었다. 국가안보실 1차장 예하에는 안보전략비서관·국방개혁비서관·평화군비통제비서관을 두었고, 2차장 예하에는 외교정책비서관·통일정책비서관·정보융합비서관·사이버안보비서관을 두었다. 위기관리센터는 재난과 질병 등의 상황까지도 관리한다는 의미로 '국가위기관리센터'로 명명하고 군과 경찰·해경 위주에서 행정안전부 및 환경부와 질병관리본부의 인원도 파견을 받아 운영하고 있다. 그리고 국가재난상황까지도 고려한다는 차원으로 대통령 직속 혹은 대통령비서실장 직속으로 격상하는 방안을 검토하였지만, 최종적으로는 국가안보실장 직속으로 두었다. 대신 제반위기에 대한 경고는 국가위기관리센터에서 하되 대응 및 조치는 소관 조직에서 하는 것으로 하였다.

국가안보실 1차장은 NSC 사무처장과 실무조정회의 의장을 겸직하도록 하고, 대통령비서실 외교안보수석을 국가안보실 2차장으로 변경하였다. 정책조정비서관실을 없애고 대신 안보전략비서관이 NSC 사무차장을 겸직하도록 하였다.

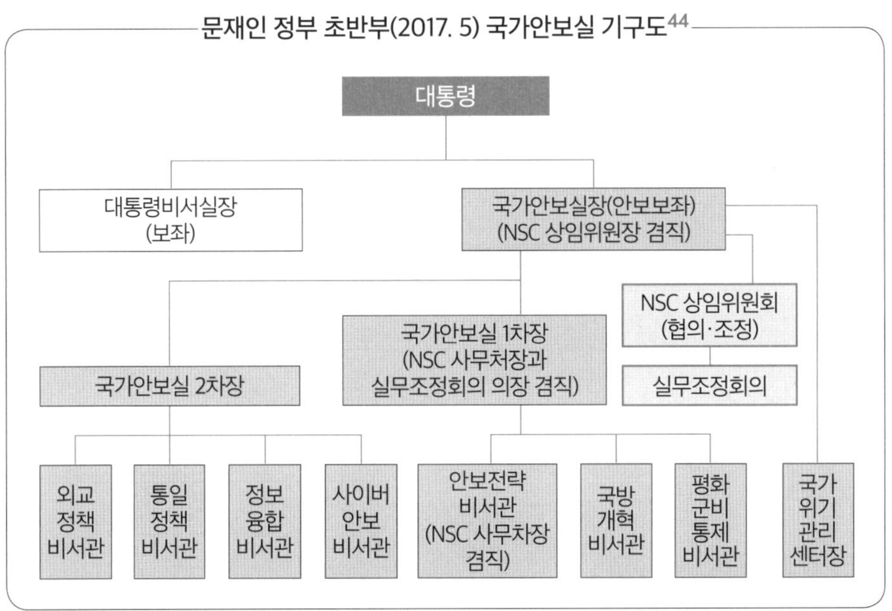

국가안전보장회의법(법률 제12224호, 2014. 1. 10) 개정 없이, 2017년 5월 11일과 5월 21일 국가안전보장회의 운영 등에 관한 규정만 일부 개정(대통령령 제28211호, 대통령령 제29770호)하였다. 국가안보실장이 NSC 상임위원장을 겸직하도록 하였다. 대통령비서실장을 포함한 상임위원 구성도 국민안전처와 대통령비서실 외교안보수석실 폐지에 따른 참석인원 변경 외에는 박근혜 정부와 거의 차이가 없었다. 2018년 8월 1일부로 국가안보실의 일부 비서관실을 조정(대통령령 제29077호)하였다. 2차장 소속의 정보융합비서관과 사이버안보비서관을 통합하여 사이버정보비서관으로 개편하고 외교정책비서관실에 재외동포담당관을 두었다.

3) 중·후반부(2019. 3. 5~2021. 1. 기준): 국가안보실 조직 일부 조정

2019년 3월 6일부로 국가안보실 2차 조직개편(대통령령 제29605호)이 있었다. 한미동맹의 안정적 관리 등 효율적인 업무 수행을 위한다는 명분으로 국가안보실의 북한 비핵화 관련 업무가 1차장 예하에서 2차장 예하로 이관되었다. 국가안보실 1차장 예하에 있었던 평화군비통제비서관실을 폐지하고, 2차장 예하에 한반도 비핵화 업무를 관장하는 평화기획비서관실을 신설하였다. 이에 따라 1차장 예하에는 안보전략·국방개혁·사이버정보비서관실을 두어 국방과 국가안전보장회의 관리 임무로 개편하였다. 2차장 예하에는 평화기획·외교정책·통일정책비서관실을 편성하였다. 2020년 1월 국방개혁비서관실에 방위산업담당관을 편성하였다.

문재인 정부 중·후반부(2021. 3) 국가안보실 기구도[45]

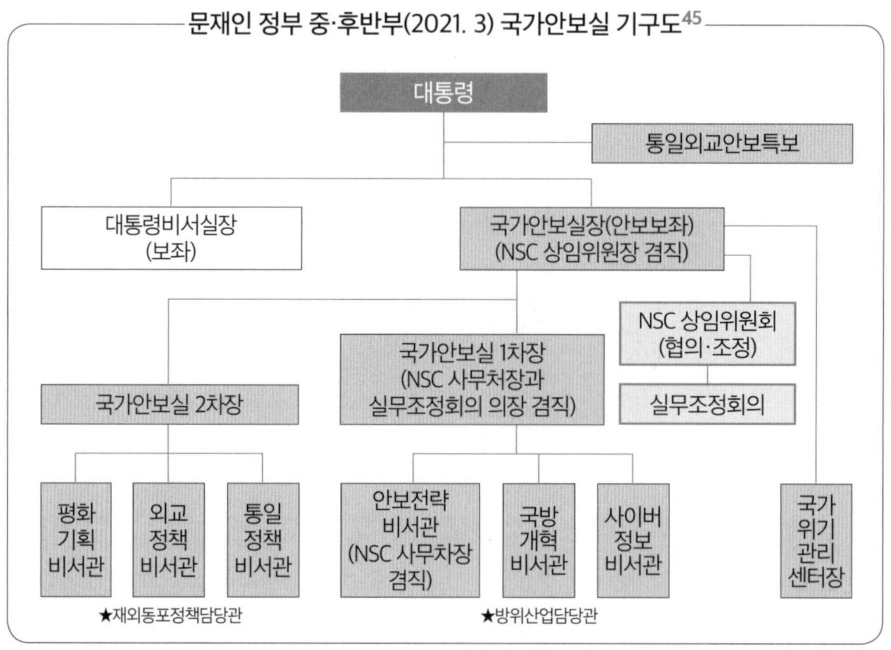

(3) 대통령 자문기관: 국가안전보장회의, 민주평화통일자문회의

1) 국가안전보장회의

문재인 정부는 2017년 5월 11일 국가안전보장회의 운영 등에 관한 규정을 개정(대통령령 제24425호)하여 국가안전보장회의 위원으로 행정안전부 장관, 대

통령비서실장, 국가안보실장, 국가안전보장회의의 사무처장과 국가안보실 2차장을 추가하였다. 대통령 주재 안보회의 시 위원이 참여하지 못할 경우 대리자는 배석만 할 수 있었는데, 규정을 개정해 대리자가 출석하여 직무를 수행할 수 있도록 하였다. 국가안보실장을 NSC 상임위원장으로 지정하고 국가안보실 1차장을 실무조정회의 의장으로 하는 체계는 박근혜 정부와 동일하다. 단지 NSC 사무차장을 정책조정비서관에서 안보전략비서관으로 변경하였다.

〈국가안전보장회의의 운영 등에 관한 규정 개정
(대통령령 제28211호, 2017. 5. 11)[46]〉

제1조(목적) 이 영은 『국가안전보장회의법』에서 위임된 사항과 그 시행에 필요한 사항을 규정함을 목적으로 한다.

제2조(위원) 『국가안전보장회의법』(이하 '법') 제2조제1항에 따라[47] **행정안전부 장관, 대통령비서실장, 국가안보실장, 국가안전보장회의사무처장(이하 '사무처장') 및 국가안보실 제2차장은 국가안전보장회의(이하 '안보회의')의 위원**이 된다.

제3조(회의 운영) ① 안보회의는 필요에 따라 안보회의 의장이 소집한다. ② 안보회의는 공개하지 아니한다. 다만, 의결로써 공개할 수 있다. ③ **안보회의의 위원이 안보회의에 참여하지 못할 불가피한 사유가 있는 때에는 위원이 속한 기관의 차관급 공무원이 안보회의에 대리로 출석하여 그 직무를 대행할 수 있다.**

제4조(의안) ① 의안(議案)은 심의사항과 보고사항으로 구분한다.

제5조(의사정족수 및 의결정족수) 안보회의는 재적위원 3분의 2 이상의 출석으로 개의하고, 출석위원 과반수의 찬성으로 의결한다.

제6조(회의록) ① 사무처장은 안보회의의 회의록을 작성하여 갖추어 두어야 한다. ② 안보회의의 회의록에는 사무처장이 서명 · 날인하여야 한다.

제7조(회의결과의 보고) 사무처장은 안보회의에서 의결된 사항과 소수의견을 안보회의의 회의록에 첨부하여 대통령에게 문서로 보고하고 그 부본(副本)을 위원에게 배부하여야 한다.

제8조(상임위원회의 구성 등) ① 법 제7조의2에 따라[48] 상임위원회는 위원장 1명과 7명의 위원으로 구성한다. ② 상임위원회의 위원장은 국가안보실장이 된다. ③ 상임위원회의 위원은 외교부 장관, 통일부 장관, 국방부 장관, 국가정보원장, 대통령비서실장, 사무처장 및 국가안보실의 제2차장이 된다. ④ 국무조정실장은 상임위원회에 출석하여 발언할 수 있다.

제11조(실무조정회의) ① 상임위원회의 운영을 효율적으로 지원하기 위하여 상임위

원회에 실무조정회의를 둔다. ②항 생략 ③ 실무조정회의의 의장은 사무처장이 되며, 위원은 협의 안건과 관련되는 행정기관의 차관급 공무원이 된다.

제12조(국가안전보장회의 사무처의 직무) 국가안전보장회의 사무처(이하 '사무처')는 안보회의의 운영과 관련된 다음 각 호의 직무를 수행한다.

1. 의안의 상정 및 심의에 관한 사항
2. 안보회의의 심의사항에 대한 이행상황의 점검
3. 의안의 심의 관련 조사·연구에 관한 사항
4. 그밖에 안보회의, 상임위원회 및 실무조정회의의 운영에 관한 사항

제13조(사무처장·사무차장) ① 사무처장은 국가안보실 제1차장이 겸임한다. ② 사무처장은 안보회의 의장의 명을 받아 안보회의의 운영과 관련된 사무를 수행하며, 소속 공무원을 지휘·감독한다. ③ **사무처장을 보좌하기 위하여 사무차장 1명을 두며, 사무차장은 국가안보실의 안보전략비서관이 겸임**한다.

제14조(하부조직)~제16조(운영세칙) * 내용 생략

문재인 정부에서는 박근혜 정부에 비해 주요 안보 관련 회의개최 공개횟수가 대폭 증가하였다. 대통령 주재 회의는 22회, 장관급 협의·조정기구 회의는 197회였다. 박근혜 정부에서는 평균 월 1회 정도 공개했지만 문재인 정부에서는 거의 매주 공개하고 있다.[49] 이러한 대통령 주재 회의나 장관급 협의·조정기구 회의 개최의 적극적인 공개는 시각과 입장에 따라 긍·부정적인 인식을 함께 주고 있다. 예를 들면 문 대통령은 취임 첫 해인 2017년엔 북한의 핵·미사일 도발에 대응해 7차례나 NSC 전체회의를 주재하는 등 적극적인 위기관리 모습을 보여주었다. 하지만 2018년 2월 평창 동계올림픽 이후 남북 대화국면을 거치면서 2020년 6월 개성 남북공동연락사무소 폭파시나 9월 북한의 해수부 공무원 피살 사건 발생 시 직접 회의를 주재하지 않았다는 언론의 문제 제기도 있었다.[50]

〈NSC 전체회의 문재인 대통령 모두 발언(2018. 6. 14)[51]〉

역사적인 북미정상회담이 성공적으로 열렸습니다. 마침내 한반도에 짙게 드리워진 냉전의 먹구름을 걷어내고 북핵 문제 해결과 항구적 평화를 향한 힘찬 발걸음을 본격적으로 내딛을 수 있게 되었습니다. 돌이켜보면 지난 한 해는 북한의 고강도 핵 실험과 15차례의 미사일 발사, 그에 따른 강도 높은 제재와 압박의 악순환, 북미 간의 거친 설전, 군사적 방법의 선택 가능성과 전쟁 위기설까지 한치 앞을 내다보기 어려

운 절체절명의 시기였습니다.

그러나, 우리는 어둠 속에서도 길을 열었습니다. 평창 올림픽을 시작으로 휴전선과 태평양을 쉴 새 없이 넘나들며 두 번의 남북정상회담과 『판문점선언』을 이끌어냈고, 역사상 최초의 북미정상회담에까지 이르게 되었습니다. 북미 두 정상의 만남과 공동성명 합의는 얼마 전까지만 해도 상상하기 어려운 일이었을 것입니다. 새로운 변화를 향한 두 정상의 과감하고 전략적인 결단이 아니었다면 결코 성사되기가 쉽지 않았을 것입니다. 어려운 선택을 결정한 트럼프 대통령과 김정은 위원장의 담대한 용기와 결단에 다시 한 번 경의를 표합니다.

이번 정상회담은 여러 측면에서 중대한 의미가 있습니다. 북한 정권 출범 이후 70년간 오로지 적대관계에 있던 북미 양국 정상이 최초로 만나, 새로운 북미관계 수립을 약속하고 한반도의 항구적인 평화체제 구축과 북한의 완전한 비핵화를 합의했습니다. 무엇보다 새로운 북미관계 수립을 통해 양국 간 지속되어 왔던 군사적 긴장과 적대관계를 청산하고 새로운 미래관계를 열어나가는 것이 북한의 완전한 비핵화와 한반도의 평화를 가져오는 유일한 길임을 함께 인식하였다는 점이 중요합니다. 이로써 **남북이 『판문점선언』에서 약속했던 완전한 비핵화와 한반도 평화번영의 목표에 대해 남북미 모두 확실한 공감대** 위에 서게 되었습니다. 또한 남북, 북미정상회담이 연이어 성공적으로 개최되고, 앞으로 계속적인 회담까지 합의함으로써, 남북관계와 북미관계가 선순환하며 발전할 수 있는 제도적인 틀이 갖추어지게 되었습니다.(중략)

그러나, 이제 시작일 뿐입니다. 확실한 방향은 설정되었으나 그 구체적 이행방안은 여전히 숙제로 남아 있습니다. 북미 정상의 결단이 신속하게 실행에 옮겨질 수 있도록 끈기 있게, 끊임없이 견인하고 독려해 나가야 할 것입니다. **북한은 비핵화 이행방안을 더 구체화하고 미국은 상응하는 포괄적 조치를 신속히 마련해 가면서 합의의 이행**을 속도 있게 해나가야 할 것입니다.

한반도 문제의 직접 당사자는 바로 우리입니다. 우리의 운명은 우리가 결정한다는 주인의식을 갖고 능동적이고 주도적인 노력을 지속해 나가야 할 것입니다. **핵 문제는 대한민국의 미래와 직결됩니다.** 우리가 나서서 중심적 역할을 수행해가면서, 한반도 평화 프로세스가 흔들림 없이 꾸준히 전진할 수 있도록 최선을 다해야 하겠습니다.(중략)

2) 민주평화통일자문회의

민주평화통일자문회의는 관련법 개정 없이 2019년 7월 30일 시행령만 일부 개정(대통령령 제3000호)하고 유지하였다. 국민이 자문위원으로 참여하는 방안을 마련하고, 여성 및 청년 위원의 추천비율을 명시하였다.

(4) 한미안보협력기구: SCM, KIDD, 고위급 협의체

1) SCM, KIDD

SCM은 2017년 10월 제49차 회의부터 2021년 5월 현재 제52차 회의까지 4차례였고, 문재인 정부가 종료되는 2022년 5월까지 두 차례 더 개최될 예정이다. 2017년 제49차 SCM에서는 주로 북한 핵·미사일 위협에 대비한 탄도미사일의 탄두중량 해제, 한미 확장억제전략 및 정책 협의, 조건에 기초한 전작권의 조기 전환, 사드체계의 군사적 효용성과 제3국(중국)을 지향하지 않을 것이라는 점을 강조하였다. 2018년 제50차 SCM에서는 전작권 전환과 병행하여 한미연합사령부의 국방부 영내 이전 준비상황을 점검하고, 전작권 전환 이후에 대비한 연합방위지침 등 4개의 전략문서에 서명하면서 한국군의 전시작전통제권을 한미연합사령부에서 한국 합참이 아닌 미래한미연합군사령부로 전환하는 데 합의하였다.[52] 2019년 제51차 SCM에서는 미래한미동맹 국방비전의 공동연구 성과 평가, 한미연합사의 평택 이전 추진상황 점검, 미래연합사의 기본운용능력(IOC) 검증 평가 확인, 방위비분담협상의 연내 타결 공감 등이 주요 의제였다.[53] 2020년 제52차 SCM에서는 한미연합사령부 본부의 평택 캠프 험프리스 이전과 전작권 전환과 관련해 협의하였다.

2) 고위급 협의체

문재인 정부가 출범한 초기에는 북한의 핵과 미사일 위협이 가중되고 있었다. 이러한 상황에서 2017년 7월 1일 제4차 외교·국방(2+2)장관회담에서 2016년 10월에 합의했던 외교·국방 확장억제전략협의체(EDSCG)를 정례화하기로 하였다. 그러나 2018년 한반도 안보상황을 고려해 확장억제와 관련한 외교·국방 확장억제전략협의체는 운영하지 않고 국방부의 KIDD에 통합된 확장억제전략위원회(DSC)만 운용하고 있다. 외교·국방장관 회담도 바이든 정부 출범 이후 2021년 3월에 차수를 부여하지 않고 개최되었다. 실무협의체인 한미워킹그룹을 2018년 11월에 출범시켜 남북협력, 대북제재 등 대북정책 현안을 조율하고 있다. 이는 여러 부처의 관여가 필요한 대북제재 문제를 일괄 논의할 수 있다는 장점이 있으나, 남북협력사업의 걸림돌이 되고 있다는 비판도 받고 있다.

(5) 안보분야 남북대화기구: 남북정상회담, 장성급군사회담, 군사실무회담

문재인 정부는 남북 간 도발과 제재, 다시 도발로 이어지는 악순환을 극복하기 위해 한반도의 항구적 평화 정착을 위한 근본적인 남북관계 발전 전략이 필요하다고 판단하였다. 2017년 7월 6일 문재인 대통령의 베를린 선언 이후, 국방부는 군사분계선 일대에서의 적대행위 중지 문제를 논의하기 위해 7월 17일 남북군사당국자회담 개최를 공개적으로 제안하였다. 2018년 4월 27일 판문점 남북정상회담 개최를 전후로, 남과 북은 상호 적대행위 중지의 상징적 조치로 비무장지대 확성기방송을 중단하고 관련 장비를 철거하였다.[54] 제8차 및 9차 남북장성급회담 등을 통해 판문점 선언의 다양한 군사분야 합의사항 이행을 위해 실제 조치를 담은 합의서(안)를 수차례의 문서교환방식을 통해 협의하였다. 이어 2018년 9월 18일부터 20일까지 평양에서 남북정상회담을 개최하였고, 9월 19일 남북 국방장관은 평양공동선언의 부속합의서로서 '판문점 선언 이행을 위한 군사분야 합의서'(이하 9·19 군사합의)를 체결하였다.[55] 평양공동선언 이후 제10차 남북장성급회담과 제40차 남북군사실무회담을 개최하여 합의서의 이행방안에 대해 협의하였다.[56]

그러나 북한이 2020년 6월 9일 12시부터 '남북간 모든 통신연락선 완전차단 차단'을 발표하고,[57] 6월 16일 14시 50분 개성 남북공동연락사무소 건물을 불법적으로 파괴한 이후 남북대화는 전면 중단된 상황이 계속되고 있다.[58]

미주

1. 국가안보실, 『희망의 새 시대 - 국가안보전략』 (서울: 국가안보실, 2014. 7), p.17.
2. 국가안보실, 『희망의 새 시대 - 국가안보전략』 (서울: 국가안보실, 2014. 7), pp.13~22.
3. "박 당선인, '튼튼한 안보가 가장 기초적인 복지'", 『SBS』 (2013. 1. 8)
4. 대통령령 제25751호(2014. 11. 19)에 의거 안전행정부가 행정자치부와 국민안전처로 분리되었다.
5. (중략)노 정부의 선례를 부정적으로 평가해 이명박 정부에서는 NSC 사무처를 해체해 기능을 분산시켰다. 그러나 이명박 정부에서도 모든 길이 청와대 내 특정참모로 통했다는 비판에도 직면해야 했다. 『문화일보』 (2013. 1. 8)
6. 법제처 국가법령정보센터, 국가안보실직제령 검색결과, 〈http://www.law.go.kr/〉, 2019. 3. 23.
7. 행정안전부 대통령기록관, 박근혜 대통령 검색결과, 〈http://www.pa.go.kr〉, 2021. 4. 20.
8. 법제처 국가법령정보센터, 국가안보실직제령 검색결과, 〈http://www.law.go.kr/〉, 2019. 3. 23.
9. 법제처 국가법령정보센터, 국가안보실직제령(대통령령 제24427호) 검색결과, 〈http://www.law.go.kr/〉, 2019. 3. 23.
10. 법제처 국가법령정보센터, 국가안보정책조정회의 운영에 관한 규정 검색결과, 〈http://www.law.go.kr/〉, 2019. 3. 23.
11. 민정특보, 안보특보, 홍보특보, 사회문화특보, 정무특보이다.
12. 법제처 국가법령정보센터, 국가안전보장회의법 검색결과, 〈http://www.law.go.kr/〉, 2019. 3. 23.
13. 법제처 국가법령정보센터, 국가안보실직제령 검색결과, 〈http://www.law.go.kr/〉, 2019. 3. 23.
14. 국가안전보장회의 운영 등에 관한 규정을 일부개정(대통령령 제25075호, 2014. 1. 10)하여 국가안전보장회의 사무처장(국가안보실 1차장)을 추가위원으로 지정하였다.
15. 법제처 국가법령정보센터, 국가안보실직제령 검색결과, 〈http://www.law.go.kr/〉, 2019. 3. 23.
16. 법제처 국가법령정보센터, 국가안전보장회의법 검색결과, 〈http://www.law.go.kr/〉, 2019. 3. 23.
17. 문화체육관광부, 『박근혜 정부 정책백서』 제7권 (서울: 삼화인쇄(주), 2017. 5), p.328.

18. 문화체육관광부, 『박근혜 정부 정책백서』 제7권 (서울: 삼화인쇄(주), 2017. 5), p.329.

19. 법제처 국가법령정보센터, 통일준비위원회 설치령 검색결과, 〈http://www.law.go.kr/〉, 2019. 3. 23.

20. 김영삼 정부에서 외교안보수석비서관을, 김영삼 정부~김대중 정부에서 주중한국대사를, 이명박 정부에서 통일부장관을 역임하였다.

21. 문화체육관광부, 『박근혜 정부 정책백서』 제7권 (서울: 삼화인쇄(주), 2017. 5), p.329.

22. "파워인터뷰 정종욱 통일준비위원회 부위원장", 『성균차이나브리프』 제2권 4호 (서울: 성균중국연구소, 2014), pp.12~13.

23. 문화체육관광부, 『박근혜 정부 정책백서』 제8권 (서울: 삼화인쇄(주), 2017. 5), pp.13~78.; 박근혜 정부 국가안전보장회의 등 검색결과(연합뉴스), 〈http://yonhapnews.co.kr/〉, 2019. 3. 28.

24. 청와대, "박근혜 대통령, 긴급 NSC 상임위 개최", 『청와대 보도자료』 (2015. 8. 20)

25. 청와대, "박근혜 대통령, 3군 사령부 순시 관련 브리핑", 『청와대 보도자료』 (2015. 8. 21)

26. 국방부 홈페이지 국방정책-한미안보협력(SCM 공동성명) 검색결과, 〈http://www.mnd.go.kr/〉, 2020. 4. 7.

27. 북한의 핵과 미사일 위협에 대응하는 탐지(Detect)·교란(Disrupt)·파괴(Destory)·방어(Dsfense)를 뜻한다. 국방홍보원, 『국방일보』 (서울: 국방홍보원, 2020. 7. 24)

28. 국방부, 『국방백서 2014』 (서울: 국방부, 2014. 12), pp.260~265.; 국방부, 『국방백서 2016』 (서울: 국방부, 2016. 12), pp.255~262.

29. 국방부 정책기획관실, 『남북군사회담자료집』 (국군인쇄창, 2017. 11. 7), p.211.

30. 국방부 정책기획관실, 『남북군사회담자료집』 (국군인쇄창, 2017. 11. 7), p.211.

31. "박근혜 대통령, '북한 추가도발에 철저하고 단호하게 대응하라'", 『연합뉴스』 (2015. 8. 21)

32. 국방부 정책기획관실, 『남북군사회담자료집』 (국군인쇄창, 2017. 11. 7), p.211.

33. 청와대, "김관진 국가안보실장 브리핑", 『청와대 보도자료』 (2015. 8. 25)

34. 문화체육관광부, 『박근혜 정부 정책백서』 제7권 (서울: 삼화인쇄(주), 2017. 5), p.61.

35. 문재인 정부는 2021년 5월 기준, 약 1년의 임기를 남기고 있다. 2021년 6월 이후에 추가된 내용은 추후 보완할 계획이다.

36. 국가안보실, 『문재인 정부의 국가안보전략』 (서울: 국가안보실, 2018. 12), pp.23~32.

37. 국가안보실, 『문재인 정부의 국가안보전략』 (서울: 국가안보실, 2018. 12), p.24.

38. 박근혜 전 대통령 탄핵으로 인해 앞당겨진 대통령 선거를 통해 2017년 5월 10일에 출범한 문재인 정부는 대통령직 인수위원회 운영기간 없이 바로 임기를 시작하였다.

39. 국방부, 『2020 국방백서』 (서울: 국방부, 2020. 12), pp.162~166.

40. 국방부, 『2018 국방백서』 (서울: 국방부, 2018. 12), p.211.

41. "9년 만에 부활한 靑 국정상황실...25명 매머드팀 구성", 『국민일보』 (2017. 6. 5)

42. 대한민국 청와대, 청와대 조직도 검색결과, 〈https://www1.president.go.kr〉, 2019. 9. 5.

43. 법제처 국가법령정보센터, 국가안전보장회의법 검색결과, 〈http://www.law.go.kr/〉, 2019. 3. 23.

44. 법제처 국가법령정보센터, 국가안보실 직제령 검색결과, 〈http://www.law.go.kr/〉, 2019. 3. 23.

45. 대한민국 청와대, 청와대 조직도 검색결과, 〈https://www1.president.go.kr〉, 2021. 3. 26.

46. 법제처 국가법령정보센터, 국가안전보장회의법 검색결과, 〈http://www.law.go.kr/〉, 2019. 3. 23.

47. 상임위원회는 위원 중에서 대통령령으로 정하는 자로 구성한다. 법제처 국가법령정보센터, 국가안전보장회의법(법률 제12224호, 2014. 1. 10) 검색결과, 〈http://www.law.go.kr/〉, 2019. 3. 23.

48. 1. 회의에서 위임한 사항을 처리하기 위하여 상임위원회를 둔다. 2. 상임위원회는 위원 중에서 대통령령으로 정하는 자로 구성한다. 3. 상임위원회 구성과 운영, 그 밖에 필요한 사항은 대통령령으로 정한다. 법제처 국가법령정보센터, 국가안전보장회의법(법률 제12224호, 2014. 1. 10) 검색결과, 〈http://www.law.go.kr/〉, 2019. 3. 23.

49. 문재인 정부 국가안전보장회의 등 검색 결과(연합뉴스), 〈http://yonhapnews.co.kr/〉, 2021. 6. 30.

50. 문재인 대통령은 북한의 해수부 공무원 사살 사건과 관련해 국가안전보장회의(NSC) 회의를 주재하지 않았다. 문 대통령이 "충격적" "매우 유감"이라고 밝힐 만큼 중대한 국민안전 문제가 발생했는데도 정작 이 문제를 다루는 NSC 회의는 외면한 것이다. 북한의 만행이 일어난 지 이틀이 지난 24일 NSC가 소집됐지만, 그나마도 문 대통령이 주재한 전체회의가 아니라 서훈 국가안보실장이 주재한 상임위 회의였다. "NSC 점점 외면하는 文대통령", 『조선일보』 (2020. 9. 26)

51. "NSC 전체회의 문재인 대통령 모두 발언", 검색결과, 〈https://www.president.go.kr/〉, 2021. 5. 16.

52. ① 전작권 전환 이후 연합방위지침, ② '조건에 기초한 전작권 전환계획'(COTP) 수

정안, ③ 미래지휘구조 기록각서, ④ 한국 합참-유엔사-연합사 간 관계 관련 약정(TOR-R)이다. 『2018 국방백서』 (서울: 국방부, 2018. 12), p.125.

53. 국방부, 『2018 국방백서』 (서울: 국방부, 2018. 12), pp.271~280.

54. 국방부는 2018년 4월 23일 00시부터 비무장지대 일대 확성기 방송을 중단하고 5월 1일부터 4일까지 장비를 철거했으며, 북한군 역시 4월 24일 방송을 중단하고 5월 1일~2일 사이에 장비를 철거하였다. 국방부, 『2018 국방백서』 (서울: 국방부, 2018. 12), p.211.

55. 국방부, 『2018 국방백서』 (서울: 국방부, 2018. 12), pp.210~213.

56. 국방부, 『남북군사회담자료집』 (서울: 국방부, 2020. 5. 8), pp.230~240.

57. 남북 군 통신선은 2021년 7월 27일(서해지구)과 29일(동해지구)에 복원되었다가, 2주만인 8월 10일부터 한미연합훈련 개시에 반발하여 이틀째 군 통신선 정기통화에 응답하지 않고 있다. "북한, 연락사무소·군 통신선 정기통화 이틀째 무응답", 『연합뉴스』, 2021. 8. 11.

58. 국방부, 『2020 국방백서』 (서울: 국방부, 2020. 12), pp.308~318.

III

국가안보정책
결정체계
발전방향

7장

국가목표와 국가이익에 기반을 둔 국가안보전략 수립

1. 국가이익의 구체화, 상수화(常數化)

주권국가는 국가이익을 설정하고 이를 달성하기 위하여 국가전략을 개발하며 이에 따라 국가정책을 구상하고 시행한다. 이러한 의미에서 대한민국 국가이익이 구속력 있는 절차를 통해 정립되어야 안보정책 결정 및 집행과정에서 큰 이견 없이 국민적 공감을 이루어 낼 수 있다. 2004년 노무현 정부는 국가안보정책구상을 발간하면서 대한민국 국가이익을 ① 국가의 생존보장 ② 자유민주주의의 발전 ③ 경제의 번영과 복지의 실현 ④ 한반도 평화통일의 실현 ⑤ 세계평화에 기여하는 것으로 제시하였다. 이는 기존의 국가목표와 거의 동일한 수준이며, 이마저도 이명박 정부 이후 공식적으로 제시하지 않고 있다. 국가목표와 국가이익에 대한 국민적 합의가 절실한 상황인데, 북한이 국가안보의 주된 위협이라는 인식이 희박해지고 있다. 게다가 5년 임기로 새로 출범하는 정부마다 가시적 정책성과에 매달리면서 안보정책의 원칙과 정책 추진의 지속성을 어렵게 하고 있다.

미국도 탈 냉전기에 접어들면서 냉전기에 가능했던 국가와 국민 간의 일체적 정체성이 적의 부재로 와해되어 감에 따라 미국의 국가이익에 대한 합의 또한 어려워진 적이 있었다. 이러한 현상을 극복한 대표적인 사례가 2000년 7월 오바마 정부 시기 미국의 국가이익위원회(The Commission on America's National Interest)가 발표한 '미국의 국가이익 위계'이다. 이 위원회는 미국의 국가이익을 ① 사활적(Vital) ② 매우 중요한(extremely important) ③ 중요한(important) ④ 부차적(secondary) 이익으로 구분하였다. 그리고 각 이익별 4~10개의 세분화된 이익을 제시하였다. 중국도 1990년대를 기점으로 국가이익 개념을 사용하기 시작했고 이를 세분화시켜 '핵심이익'(core interest)으로 규정하고 핵심이익과 관련해서는 양보와 타협이 불가능하다는 강경한 입장을 보이고 있다.[1]

박병광은 『INSS 전략보고』에서 한국도 세계 10위권의 중견국으로서 한국의 '중요 국가이익'에 대한 개념을 규정하고 구체적 가이드라인을 수립하여야 한다는 점을 강조하고 있다. 그리고 국가이익을 중심으로 하는 외교적 원칙과 기준의 부재는 한국으로 하여금 임기응변식 대응의 유혹을 불러일으킬 것이며, 이는 강대국 사이의 제로-섬(zero-sum) 게임에 깊숙이 연루되는 위험에 빠질 수 있다는 점을 경고하고 있다.[2] 강진석은 2005년에 『전환기, 국가가치 구현을 위한 한국의 안보전략과 국방개혁』을 통해 국가이익분야를 존망의 이익, 핵심적 이익, 중요한 이익, 부차적 이익으로 구분하고 국가이익별 세부항목을 선정하여 제시한 바 있다.

한국이 장기적으로 달성해야 할 핵심 국가이익인 남북한 평화통일을 달성하기 위해서 외교력의 강화와 이를 위한 군사력의 확보, 그리고 경제적 번영에 우선순위를 두는 국가안보전략을 수립해야 한다. 이를 위해 국가차원에서 헌법에 기초하여 한국의 국가이익을 구체화하는 과정이 필요하다. 그리고 도출된 국가이익별 우선순위에 입각한 전략적 대응원칙을 정립하고, 일관된 대응원칙에 따라 국가정책을 시행해야 한다.

2. 국가안보전략 구상 절차

우선적으로 정권교체에 따라 국가안보전략과 안보정책의 근본이 훼손되지 않도록 국가이이과 국가목표를 상수화해야 한다. 국방부를 예를 들어 설명하면 『국가안보전략서』와 『국방기본정책서』 서문 등에 국가이익과 국가목표가 국가안보전략 및 정책수립의 근거가 된다는 점을 반드시 명시하고 내용과 의미를 상세히 기술해야 한다. 또한 1994년에 개정된 국방목표도 국가이익 및 국가목표를 기초로 설정하였음을 명확히 해야 한다.

국가안보전략 구상 절차(안)

<table>
<tr><th>구 분</th><th colspan="2">청와대</th><th colspan="2">부처(예: 국방부)</th></tr>
<tr><td>국가이익,
국가목표
(常數化)</td><td colspan="2">『국가안보전략서』에 국가이익과
국가목표가 국가안보전략수립의
근거가 된다는 점을 명시</td><td>국방목표
(常數化)</td><td>『국방기본정책서』와
『국방백서』에 국가이익과
국가목표가 국방목표 설정의
근거가 된다는 점을 명시</td></tr>
<tr><td rowspan="5">새로
출범한
정부별로
작성</td><td>국정비전</td><td>새 정부의 국정 슬로건</td><td rowspan="4">국방비전</td><td rowspan="4">국방목표와 새로 출범한
정부의 국정비전과
국가안보전략기조를
참고하여 설정</td></tr>
<tr><td>국정지표</td><td>국가안보분야
국정지표</td></tr>
<tr><td>국가안보
목표</td><td>국가안보분야
국정지표에 부합</td></tr>
<tr><td>국가안보
전략기조</td><td>국가안보목표에 부합</td></tr>
<tr><td>국가안보
전략과제</td><td>국가안보전략 기조에 부합</td><td>국방
정책기조</td><td>국가안보전략 과제
참고하여 설정</td></tr>
</table>

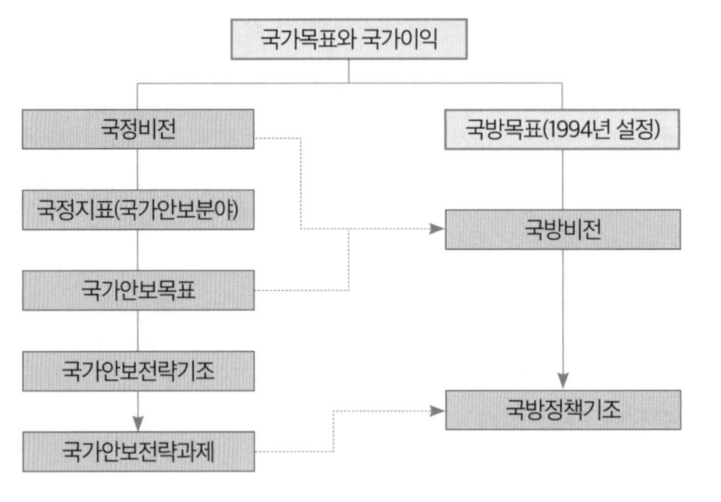

그리고 정부별로 국정비전-(국가안보분야)국정지표-국가안보목표-국가안보전략 기조 및 전략과제를 선정한다.[3] 이러한 과정을 거친 후 부처의 의견 수렴과 NSC 상임위원회 회의를 거쳐 대통령 결심 후 국가안보전략서를 발간하면, 정권교체에도 흔들림 없이 국가안보정책의 지속성을 어느 정도 확보할 수 있을 것이다. 또한 국방부도 국가목표와 국가이익에 근거를 둔 국방목표를 정하고, 정부의 국정비전 등을 참고하여 국방비전과 정책기조를 설정하는 절차를 적용하면 될 것이다.

미주

1. 이민규, "중국의 국가핵심이익 시기별 외연확대 특징과 구체적인 이슈", 『중소연구』 제41권 제1호 (서울: 한양대학교 중국문제연구소, 2017 봄)
2. 박병광, "미·중 패권경쟁과 우리의 대응방향", 『INSS 전략보고』 No. 67 (서울: 국가안보전략연구원, 2020. 2), p.12.
3. 정부별로 국가비전으로 명명한 경우도 있지만 국가목표와의 차별성을 위해 새로 출범한 정부의 비전이라는 의미에서 국정비전으로 명시하였다.

8장

국가 안보정책 결정체계별 발전방안

1. 국가 안보정책 결정기관

국무회의: NSC 상임위원회 논의 결과 보고, 비안보부처 국무위원과 정보 공유

정부 정책의 최고 심의기관인 국무회의에서 안보 관련 사안도 보고되도록 해야 한다. 과거와는 달리 NSC 상임위원회 회의결과 일부를 언론에 알리는 현실을 고려해 볼 때, 보안규정을 준수한 가운데 비안보부처 국무위원들도 정확한 국가 안보정책 추진상황을 이해할 수 있도록 해야 한다. 따라서 매주 개최되는 NSC 상임위원회 논의결과를 그 다음 주 국무회의에서 국가안보실장이 보고할 수 있도록 의사일정에 포함하는 것을 검토할 필요가 있다.

대통령 보좌기관: 대통령비서실 유지, 국가안보실 역할 강화

정부조직법에 설치근거를 마련한 대통령비서실과 국가안보실은 계속 유지하되, 국가안보실을 시대적 변화에 선제적으로 대응할 수 있는 조직으로 강화해야 한다. 한반도를 둘러싼 전략적 환경이 급격하게 변화하고 있다. 미중 간의 패권 경쟁이 신 냉전 양상으로 치달으며 장기화하고 있어, 한반도의 정교한 전략적 대응이 필요한 시점이다. 북한, 남중국해에 이어 아프간 사태 등의 파장이 한반도 정세에 미칠 영향에 대해 면밀하게 분석하고 준비해야 한다.

북한은 남북관계와 북미관계를 교착시키고 대내문제에 주력하고 있어 북한의 비핵화 문제 해결도 불확실한 상황이다. 또한 보건, 기후변화, 테러, 난민, 식량, 사이버, 인공지능(AI), 빅데이터, 우주 등 신 안보 위협의 증대도 국가안보 측면에서 더 이상 간과할 수 없다. 급격한 인구감소 추세에 직면하여 국방력 건설과 유지 문제도 해결책을 찾아야 한다. 이러한 상황에 대비하기 위해서는 냉정하게 안보상황을 인식하고, 전략적 균형감을 갖고 전략과 정책을 기획할 수 있도록 국가안보실 조직을 설계해야 한다.

국가안보실 조직 설계를 위해 몇 가지 고려해야 할 사항을 제시하면 다음과 같다. 첫째, 국가안보의 영역이 전통적인 국방·외교 분야를 넘어 무역·기술·이데올로기·펜데믹(Pandemic, 세계적으로 전염병이 대유행하는 상태) 등으로 확장하는 것을 고려해야 한다. 둘째, 이미 일상화되어 있는 주변국의 회색지대 분쟁(Gray Zone Conflict)[1]과 하이브리드전(Hybrid Warfare)[2] 양상에 대비할 수 있는 국가안보역량 구축이 시급하다. 셋째, 전 세계 선진국들의 전략적 중심축이 인도·태평양 지역으로 빠르게 전환되는 점을 위협적으로 바라봐야 한다. 미국은 현 전략환경을 9·11 테러 직후에 버금가는 중대한 상황으로 인식하고, 대중 전략경쟁에서 우위를 확보·유지하기 위해 미 NSC에 인도태평양지역조정관을 설치하여 인도·태평양 지역 전략을 총괄하도록 하고 있다.[3] 넷째, 선진국들이 국가적 역량을 집중하고 있는 'AI 기반 기술·전력발전'이 국가안보의 Game Changer로 대두되고 있는 점을 놓쳐서는 안 된다.[4] 특히 핵심역량이라 할 수 있는 국방부와 각 군, 국가정보기관이 기술경쟁에서 승리하도록 해야 한다. 다섯째, 새로운 미사일 시대(New Missile Strategy Era)가 도래하고 있는 점을 인식하고 안보영역에서의 우주역량 발전을 위해 사활적 노력을 경주해야 한다. 이러한 안보환경 변화 추세에 부응할 수 있고 단기간 내 국가적 역량을 결집할 수 있도록 우선적 분야에 대한 전담비서관실을 설치하여 국가안보실을 편성해야 한다.

국가안보정책 결정체계도(안)

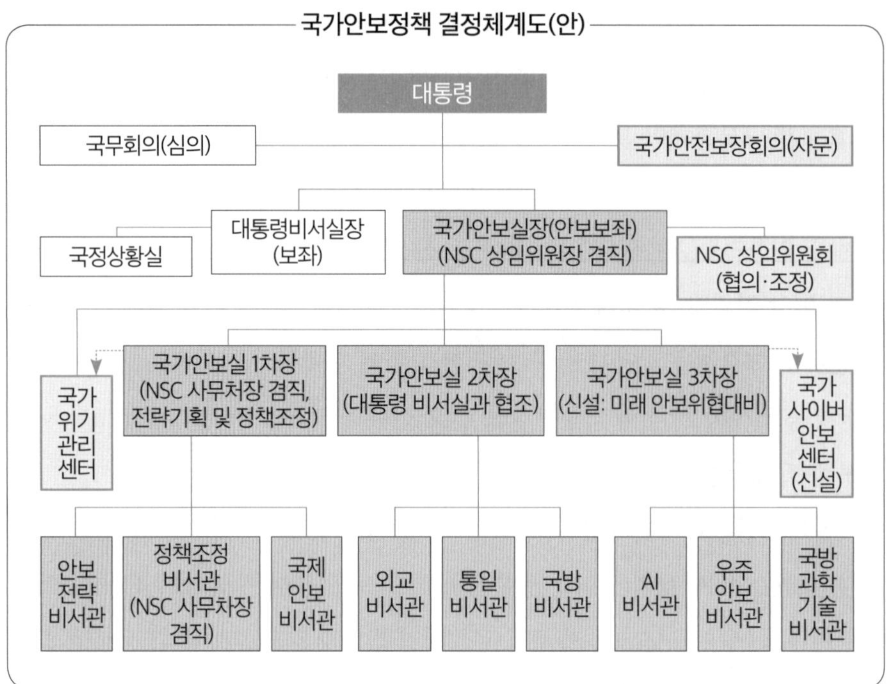

* 민주평화통일자문회의, 안보관련 행정부처와 직속 정보기관은 생략

대통령의 안보보좌 역할을 수행하는 국가안보실장은 장관급으로 하고 NSC 상임위원장을 겸직한다. 예하에 1·2·3차장(3차장 신설)을 두고 국가위기관리센터와 국가사이버안보센터(신설)를 지휘한다. 국가안보실 1차장실은 전략기획 및 정책조정에 중점을 두어 편성한다. 1차장은 NSC 사무처장을 겸직하고 NSC 실무조정회의와 안보정세평가회의를 주관한다. 예하에 안보전략비서관실·정책조정비서관실·국제안보비서관실을 둔다. 그리고 1차장은 국가안보실장이 지휘하는 국가위기관리센터에 대한 통제임무를 병행한다. 안보전략비서관실은 전략환경 변화와 국민적 요구를 수렴하고, 국격에 부합하는 전략적 대응방향을 정립하며, 국방·외교적 노력을 통합하고 조정하는 역할을 수행한다. 정책조정비서관실은 NSC 사무차장을 겸직하여, NSC 실무조정회의·상임위원회 의제 관리 등을 통해 제반 안보현안에 대한 조정임무를 수행한다. 국제안보비서관실은 원자력, 기후변화, 재외국민보호, 테러 등 초국가·비군사 안보이슈를 국제기구 등과의 공조를 통해 관리한다.

2차장은 종전의 외교안보수석과 같은 역할로 예하에 외교·국방·통일비서관실을 편성하여 대통령비서실과 협력하고, 대통령의 안보 관련 국내외 행사를 보좌한다. 신설을 적극 검토해야 할 3차장은 미래 안보위협 중에서 핵심적인 분야에 중점 대비하는 임무를 수행한다. 예하에 AI 비서관실·우주안보비서관실·국방과학기술비서관실을 둔다. 그리고 국가안보실장이 지휘하는 국가사이버안보센터에 대한 통제임무를 병행한다. AI 비서관실은 국가 주도의 AI 역량을 국가안보의 최우선 과업으로 하여, 국가 AI전략을 수립하고 국방 AI체계를 발전시키도록 해야 한다. 우주안보비서관실은 국가우주전략을 수립하고 부처 간 정책을 조정하며, 선진국과의 우주협력을 통해 우주기반 체계·기술 및 전력발전을 주도해야 한다. 국방과학기술비서관실은 기술패권과 경쟁 시대에서 미래 국방과학기술을 확보하기 위해 국가적 역량을 집중해야 한다. 국방과학연구소(ADD)가 중심이 되어 '국방과학기술'의 연구개발을 가속화하고, 민·군협력을 통해 첨단 과학기술을 신속하게 군에 적용할 수 있도록 지원해야 한다.

국가안보정책 결정기관(안)

구 분	내 용
심의기관	• 국무회의 * **비안보부처 국무위원에게 NSC 상임위원회 논의 내용 설명**
대통령 자문기관	• 국가안전보장회의 * 의장: 대통령　* 사무처장: 국가안보실 1차장 * 위원(9명): 대통령, 국무총리, 외교부 장관, 통일부 장관, 국방부 장관, 국가정보원장, 행정안전부 장관, 대통령비서실장, 국가안보실장 * 필요시 합동참모회의 의장과 **비상기획위원장(신설)** 참석 가능 * **국가안보실 1·2·3 차장은 배석** • 민주평화통일자문회의
대통령 보좌기관 (대통령비서실, 국가안보실)	• 대통령비서실에 국정상황실 편성, 국가안보실 지원 • 국가안보실에 1·2·3차장실과 국가위기관리센터·국가사이버안보센터(신설) • 1차장 예하에 안보전략·정책조정·국제안보비서관 • 2차장 예하에 외교·국방·통일비서관 • **3차장 예하에 AI·우주안보·국방과학기술비서관**
대통령 협의기구	• 대통령 주재 안보관계장관회의 등

구분	내용
장관급 협의·조정기구	• NSC 상임위원회 * 상임위원장: 국가안보실장 * 사무처장: 국가안보실 1차장, 사무차장: 정책조정비서관 * 위원(8명): 외교부 장관, 통일부 장관, 국방부 장관, 국가정보원장, 대통령비서실장, 사무처장(국가안보실 1차장), 국무조정실장, (필요시) 합동참모회의 의장·의제 관련 부처 장관 *** 배석: 대통령비서실장, 국가안보실 1·2·3차장** *** 회의 주기: 격주(2주 1회)** • NSC 실무조정회의 * 의장: 국가안보실 1차장 * 위원: 외교부 1차관, 통일부 차관, 국방부 정책차관, 국가정보원 차장, 국무조정 차장 *** 배석: 국가안보실 2·3차장** *** 회의 주기: 격주(2주 1회)**
행정각부	• 외교부, 통일부, 국방부, 행정안전부 • **국무총리 예하 (장관급)비상기획위원회(재설치)**
정보기관	• 대통령 소속 국가정보원

대통령 자문기관 및 협의기구: 국가안전보장회의, 안보관계장관회의

헌법에 기초한 대통령 자문기관인 국가안전보장회의와 필요시 안보관계장관회의와 같은 대통령 협의기구는 그대로 유지하되, 정식위원 편성은 장관급과 차관급을 명확히 구분해야 한다. 차관급인 국가안보실 1·2·3차장을 배석자로 구분하여 부처 장관들의 권위를 보장함으로써, 대통령 보좌기관의 의도대로 정책이 결정되지 않도록 제도화해야 한다. 군의 사기와 전문성을 고려해 군사적인 의제 토의 시에는 합참의장을 위원으로 지정해야 한다. 또한 장관급이지만 대통령비서실장도 배석위원으로 하여 국가안보실장의 권위를 보장할 필요가 있다.

대통령 주재 국가안전보장회의 위원 구성(안)

구분	현행	개선
의장	대통령	
위원 (10명 → 7명)	국무총리, 외교부 장관, 통일부 장관, 국방부 장관, 국가정보원장, 행정안전부 장관, 대통령비서실장, 국가안보실장, NSC 사무처장(차관급), 국가안보실 2차장(차관급), (필요시)합참의장	국무총리, 외교부 장관, 통일부 장관, 국방부 장관, 국가정보원장, 행정안전부 장관, 국가안보실장, (필요시)합참의장과 비상기획위원장
배석 (0명 → 4명)	-	대통령비서실장, 국가안보실 1·2·3차장
사무처장	국가안보실 1차장	국가안보실 1차장

장관급 협의·조정기구: NSC 상임위원회

(1) NSC 상임위원회 위원 구성 개선

역대 정부는 제한된 대통령 임기 내에 대통령의 국정철학과 국정목표를 실현하기 위해 대통령 보좌조직이 행정부처를 강력하게 통제하는 방향으로 개편되어 왔다. 게다가 국내외 안보상황이 점점 복잡해지면서 김영삼 정부 이후부터는 대통령비서실 외교안보수석실 혹은 국가안보실이 대통령의 결심을 보좌하기 위한 국가안보정책 관련 협의 조정기구 운영도 담당하는 형태로 발전하였다. 이러한 체계는 효율성 측면에서는 도움이 되겠지만, 안보상황을 정치적 이해관계나 단편적인 시각에 따라 운영할 경우 최악의 상황으로 치달을 수도 있는 위험성이 있다.

어떤 의미에서는 대통령도 국가의 중요 정책을 구상하고 집행하는 하나의 조직이라 할 수 있다. 중요한 정책일수록 대통령이 균형 잡힌 판단을 할 수 있도록 행정각부가 역할을 할 수 있어야 국가정책 결정에 도움이 된다. 어떤 시스템이 최종결정권자인 대통령으로 하여금 가장 합리적인 결정을 내릴 수 있게 보좌할 수 있는지 냉정한 시각에서 접근해야 한다. 청와대의 통제와 조정 권한이 강할수록 각 부처의 자율성은 침해받을 수밖에 없다. 무엇보다도 각 부처의 전문성과 고유기능을 존중하면서, 국가안보라는 큰 틀에서 청와대가 조정 능력을 발휘하도록 하는 것이 매우 중요하다.

이를 위해 국가관은 물론 관련 부처가 인정할 수 있는 균형감과 능력을 갖춘 전문가가 국가안보실장과 국가안보실 1·2·3차장 임무를 수행하도록 해야 한다. 특히 대통령비서실장은 부처 장관의 인사에 영향을 주는 인사추천위원장을 겸직하는 것을 고려하여, NSC 상임위원으로 고정하기보다는 필요시 참석하는 배석위원으로 조정해야 한다. 나아가 장관급 협의·조정기구임을 고려해 장관급인 국가안보실장을 제외하고 차관급인 국가안보실 1·2·3차장도 배석위원으로 전환해야 한다.

국가안보실장 주재 NSC 상임위원회 위원 구성(안)

구 분	현 행	개 선
위원장	국가안보실장	
위원 (8명 → 5명)	외교부 장관, 통일부 장관, 국방부 장관, 국가정보원장, 대통령비서실장, 국무조정실장, NSC 사무처장(차관급) 국가안보실 2차장(차관급), (필요시)합참의장	외교부 장관, 통일부 장관, 국방부 장관, 국가정보원장, 국무조정실장, (필요시)합참의장 및 비상기획위원장
배석 (0명 → 4명)	-	대통령비서실장, 국가안보실 1·2·3차장(차관급)
사무처장	국가안보실 1차장	국가안보실 1차장

NSC 실무조정회의도 대통령 보좌기관이 과도하게 개입하지 않도록 국가안보실 1차장이 위원장 역할을 수행하되 정식위원은 외교부 차관, 국방부 정책차관(2차관제 신설시), 통일부 차관, 국무조정 차장, 국가정보원 차장으로 구성해야 한다. 대신 국가안보실 2·3차장은 배석위원으로 하되, 의제 관련 비서관 혹은 해당 부처 국장급도 배석위원으로 참석할 수 있도록 하여 실질적인 토의가 진행되도록 한다.

국가안보실 1차장 주재 NSC 실무조정회의 위원 구성(안)

구분	현행	개선
위원장	국가안보실 1차장(NSC 사무처장)	
위원 (6명 → 5명)	외교부 차관, 통일부 차관, 국방부 차관, 국가정보원 차장, 국무조정 차장, 국가안보실 2차장	외교부 차관, 통일부 차관, 국방부 정책차관, 국가정보원 차장, 국무조정 차장
배석 (0명 → 2명)	-	국가안보실 2·3차장, (필요시)의제 관련 비서관 혹은 부처 국장
사무차장	안보전략비서관	정책조정비서관

(2) NSC 상임위원회 회의 개최주기를 주 1회에서 격주제로 개선

안보 관련 부처 장관들은 매주 화요일 국무회의와 목요일 NSC 상임위원회 회의 등에 직접 참석하느라 시간 활용 면에서 제한을 받고 있다. 부처 차관들도 매주 목요일 차관회의와 매주 화요일 NSC 실무조정회의 참석으로 내실 있는 회의 준비를 못하고 국가안보실의 소집 지시에 피동적으로 응하는 측면이 있다. 이를 개선하기 위해 NSC 상임위원회 회의와 실무조정회의의 공식 개최시기를 주 1회에서 격주 1회로 개선해야 한다. 그리고 실무조정회의의 자격을 차관급에서 차관 혹은 차관보급으로 융통성을 줄 필요가 있다. 예를 들어 1·3주차는 NSC 실무조정회의를, 2·4주차는 NSC 상임위원회 회의를 개최하는 방식으로 개선하면 된다. 그리고 긴급 상황 발생 시 화상회의도 가능하다는 항목을 관련 회의규정에 포함하면, 상황에 따라 회의를 탄력적으로 운영할 수 있어 더 효율적이다.

NSC 상임위원회 회의 및 실무조정회의 개최 주기(안)

<table>
<tr><th colspan="2">구분</th><th colspan="2">화</th><th colspan="2">목</th></tr>
<tr><td rowspan="2">현행</td><td>NSC 회의</td><td colspan="2">NSC 실무조정회의(차관)</td><td colspan="2">NSC 상임위원회 회의(장관)</td></tr>
<tr><td>국무·차관회의</td><td colspan="2">국무회의</td><td colspan="2">차관회의</td></tr>
<tr><td rowspan="4">개선</td><td>1주차</td><td rowspan="4">국무회의
(장관)</td><td>NSC 실무조정회의</td><td rowspan="4">차관회의</td><td>×</td></tr>
<tr><td>2주차</td><td>×</td><td>NSC 상임위원회 회의</td></tr>
<tr><td>3주차</td><td>NSC 실무조정회의</td><td>×</td></tr>
<tr><td>4주차</td><td>×</td><td>NSC 상임위원회 회의</td></tr>
</table>

(3) 법규에 근거한 회의 결과 처리, 관련 부처 공유

관련 법령대로 NSC 상임위원회 회의결과(서면)를 정리할 때 반드시 소수의견과 부정적 의견도 가감 없이 포함하도록 해야 한다. 그렇지 않으면 NSC 상임위원회 결과를 보고 받는 대통령이 균형감을 유지하지 못하게 된다. 그리고 각 부처에 NSC 상임위원회 회의결과(회의록) 부본을 위원들에게 배부하는 법적 절차(국가안전보장회의 운영 등에 관한 규정 제7조)를 반드시 이행함으로써, 관련 정책 결정의 역사성과 투명성을 담보해야 한다.

(4) 안보회의 개최 결과 비공개 지침 준수

대통령 주재 회의나 NSC 상임위원회 회의 개최는 가급적 비공개로 한다는 원칙을 지킬 필요가 있다. 안보위기 발생 시와 같은 불가피한 상황이거나 전략적으로 필요한 상황일 때만 공개할 수 있도록 지침을 마련해야 한다. 매주 공개가 원칙인 것처럼 하면 회의를 위한 소집이 될 수밖에 없고, 공개를 하지 않으면 마치 일을 하지 않는 것처럼 보일 수 있다.

대통령비서실 국정상황실의 국가안보실 지원

국정상황실은 기본적으로 대통령의 과거·현재·장차 관심사항에 대한 상황을 관리하고 추적하며 이를 정확하게 확인하여 보고하는 임무를 수행한다. 병행하여 대통령 보좌기관들이 수행하는 역할과 기능이 대통령의 국정철학에 부합하는지를 확인하고 점검한다. 이때 국정상황실은 국정의 위험요소를 점검하고 각 보좌기관의 업무를 확인하여 균형을 잡는 역할을 해야 한다. 또한 국정상황실장은 대통령비서실 소속이지만, 국가안보에 참고할 사항 발생 시 관련 정보를 국가안보실장에게도 보고할 수 있는 체계를 갖추어야 대통령비서실과 국가안보실이 유기적인 업무체계를 갖출 수 있다.

국가안보실 국가위기관리센터의 지속 임무수행 보장

노무현 정부에서 위기관리센터가 설치된 이후 이명박 정부 출범초기를 제외하고는 정부 교체에도 불구하고 위기관리조직을 유지해 왔다. 대통령 중심제를 채택하고 있는 상황에서 정부 교체기는 매우 취약한 시기이다. 2003년 대구지하철 화재사고, 2008년 숭례문 화재사고, 2013년 북한의 3차 핵실험, 2017년 북한의 탄도미사일 발사 등과 같은 상황에서도 순조로운 위기관리를 할 수 있어야 한다. 게다가 청와대 위기관리조직은 정치적 성향이 없는 전문조직이라는 인식도 작용해서 이명박 정부-박근혜 정부-문재인 정부에서 위기관리조직은 거의 교체가 없었다. 따라서 정부조직법에 별도의 근거를 두어 정부교체 시에도 대통령비서실 혹은 국가안보실 직제 변경에도 변함없이 국가위기관리센터가 임무를 수행할 수 있도록 제도적으로 보장해야 한다. 국가위기관리센터에 24시간 상황팀과 정책팀, 정보관리팀을 두어 상황관리와 정책발전을 가능하게 해야 한다. 국가위기관리를 위한 법규 등 문서는 어느 정도 마련되어 있지만 규정과 매뉴얼만 가지고 위기관리를 하는 것은 아니기 때문이다. 매뉴얼을 가지고 운영하는 사람의 숙달된 능력이 재난상황을 포함한 안보위기 상황에서도 높은 대응능력을 갖출 수 있다는 점을 간과해서는 안 된다.

국가안보실 국가사이버안보센터 신설

현재의 '국가사이버안보센터'는 사이버 위협으로부터 국가 정보통신망을 보호하기 위해 2004년 2월 국가정보원에 설립되었다. 국내외 사이버 위협 대응체계는 공공부문은 국정원의 국가사이버안보센터가 담당하고 있다. 민간부문은 과학기술정보통신부 산하 한국인터넷진흥원의 '인터넷침해사고대응지원센터'가, 국방부문은 국방부 사이버작전사령부가 담당하고 있다. 청와대 차원에서는 2015년 국가안보실에 최초로 설치된 사이버안보비서관실(문재인 정부는 사이버정보비서관실)이 사이버 분야에 대한 보좌임무를 수행하고 있다. 그러나 사이버안보비서관실은 주로 담당기관 보고에 의존하는 한계가 있어서, 현장에서 발생하는 문제에 적시적으로 대응할 수 없다. 게다가 국가정보기관인 국가정보원이 국가차원의 사이버대응체계를 주도하는 것에 대한 관련기관과 국민적 우려로, 국가정보원에 소속된 국가사이버안보센터가 소극적으로 임무를 수행할 수밖에 없는 구조적 한계를 해결해야 한다. 이를 위해 국가안보실 예하에 '국가사이버안보센터'를 설치하고 공공부문과 국방부문, 민간부문의 사이버상황을 24시간 모니터링할 수 있는 상황팀과 정책발전을 위한 정책팀을 편성해야 한다. 그리고 국가사이버안보센터도 국가위기관리센터와 마찬가지로 정권 교체와 무관하게 지속적으로 임무를 수행할 수 있도록 제도적으로 보장해야 한다.

2. 국가 안보분야 행정부처

국가안보 관련 부처: 국방부 2차관제 적용 등

국가안보와 관련한 외교부, 국방부, 통일부의 기능은 유지하되 국가안보실의 재설계와 연계하여 보완해야 한다. 예를 들어 외교부는 현재 한반도 문제와 한미, 한일, 한중 관계에 중점을 두는 것으로부터 한국의 세계 및 지역전략을 외교적으로 뒷받침하고 환경 문제 등 새로운 안보이슈에도 대응할 수 있도록 재설계해야 한다.

국방부는 국가정책을 힘으로 뒷받침할 수 있도록 정예화된 과학기술군으로의 발전을 이루어내도록 해야 한다. 이를 위해 국방부의 업무 역량을 고려해 2명의 차관(예: 정책차관, 군정차관)을 두어 군정 분야와 안보정책 분야를 각각 관리하도록 한다. 군의 정예화를 위해 군의 해안경계 임무를 해경으로 전환하는 정책결정을 조기에 완료하는 등 군의 장기 발전을 저해하는 요소를 해결해야 한다. 군의 전투력 향상을 어렵게 하는 훈련장 이용, 비행장 이전 문제도 국가안보 차원에서 적극 지원하여 지역의 장기 민원이 되지 않게 해야 한다. 최근 이슈화되고 있는 모병제로의 전환, 여성의 국방 의무 참여, 복무기간 추가 단축과 같은 사항은 정치에 매몰되지 않도록 경계해야 한다. 국회에 중립적인 전문가 조직을 편성해 국가의 미래를 위해 연구하도록 하고, 정부와 군은 본연의 임무에 매진하도록 해야 한다.

통일부는 정권 교체와 무관하게 보다 더 정책기획 기능에 충실하도록 해야 한다. 남북회담은 주로 남북회담본부가 하도록 하고, 통일부는 시대 변화와 국민적 요구를 담아 장기적 차원에서의 남북통일방안을 수립하는 등 박근혜 정부의 통일준비위원회와 같은 역할을 할 수 있어야 한다. 아울러 통일부가 통일 관련 정책을 발전시키는 회의를 주도할 수 있도록 제도를 검토해야 한다.

국무총리 소속 (장관급)비상기획위원회 재설치 필요

이명박 정부 이전의 비상기획위원회는 국무총리 예하 (차관급)조직으로 평시부터 전시 또는 비상사태 시에 대비하여 충무계획 등을 보완하는 최소한의 정부기관이었다. 이명박 정부에서 행정안전부로 통합된 이후, 전문가들은 전시 또는 국가 비상사태 발생 시에 대비하는 정부 역할이 축소되었다고 주장하고 있다. 국가 비상사태 발생 시 군사작전을 효율적으로 지원하고 전시 정부 기능을 유지하며 국가자원의 신속한 동원을 보장하고 국민생활의 안정을 도모하려면 최소한 국무총리 소속 장관급 조직으로 재설치할 필요가 있다.

국가이익 차원에서 국가정보원의 직무 범위 재논의 필요

2020년 12월 15일 국회는 정보기관의 국내정치 개입을 차단하여 정치적 중립을 기관의 운영원칙으로 명확히 한다는 목적으로, 대통령 소속 국가정보원의 직무범위를 규정하는 국가정보원법을 전부개정(법률 제17646호)했다. 특히, 국가정보원의 직무범위를 기존의 '국외 정보 및 국내 보안정보...'에서 '국외 및 북한에 대한 정보...'로 개정하였다. 이러한 법 개정에 대해 국내정치 개입 금지 측면에서 동의하는 의견도 있다. 하지만, 직무범위 축소로 국가이익이 심하게 훼손될 수 있다는 주장에도 귀를 기울여 직무범위에 대해 재논의할 필요가 있다. 왜냐하면 현재와 같은 초글로벌, 초연결시대에서는 국가안보에 영향을 주는 국내외 정보의 경계를 명확하게 구분할 수 없기 때문이다. 국가안전보장회의법 제10조에 "국가정보원장은 국가안전보장에 관련된 국내외 정보를 수집·평가하여 회의에 보고함으로써 심의에 협조하여야 한다"고 되어 있는 점도 고려하여, 대통령에게 정확하고 적시적인 정보 보고가 이루어져야 한다. 이를 위해 정보기관의 임무수행이 적법하게 이루어질 수 있도록 지원해야 한다.

미주

1. '전쟁에는 못 미치나 정상적 상황이 아닌 분쟁의 속성에 관한 모호성, 국가 또는 비국가 행위자 간의 상호작용으로 나타나는 행위자들의 불투명성, 정책적·법적 구조에 관한 불확실성'의 특징을 가지고 있는 분쟁을 의미한다.
2. 재래식·비재래식, 기타 비군사적 수단이 혼합된 형태의 전쟁을 의미한다. 전통적 의미의 군사작전뿐만 아니라 경제적 압박, 사이버, 여론·심리전, 대리전, 테러, 사회 혼란 등 군사적·비군사적 수단이 혼재된 전쟁형태이다.
3. 미중이 대화와 외교로 갈등을 해결하던 시대는 끝났고 경쟁에 돌입했다고 커트 켐벨 미 백악관 국가안보회의(NSC) 인도태평양조정관이 말했다. "미 NSC 인도태평양 조정관 '미·중 관계, 이제부터 경쟁의 시대'", 『THE EPOCH TIMES』(2021. 6. 2).
4. 미국은 미 국방수권법에 의거 2018년 8월에 인공지능 국가안보위원회(National Security Commission on Artificial Intelligence)를 설립하였으며, 에릭 슈미트(Eric Emerson Schmidt) 전 구글 대표가 위원장으로 15명의 위원이 2년여의 연구를 통해 2021년 3월 1일 바이든 미 대통령과 의회에 보고하였다.

영어약어

A

ADD: Agency for Defense Development 국방과학연구소

ADMM-Plus: ASEAN Defense Ministers' Meeting-Plus 아세안확대국방장관회의

APACL: Asian Peoples Anti-Communist League 아시아민족반공연맹

C

CFA: Combined Field Army 한미연합야전사령부

CFC: Combined Forces Command 한미연합군사령부

CHOD: Chief of Defense 군 고위급

CMCC: Counter Missile Capability Committee 미사일대응능력위원회

COTWG: Condition-based OPCON Transition Working Group 전작권전환공동실무단

D

DSC: Deterrence Strategy Committee 억제전략위원회

DTICC: Defense Technology & Industrial Cooperation Committee 방산기술협력위원회

DTSCG: Defense Technology Strategy Cooperation Group 방산기술전략협의체

DTT: Defense Trilateral Talks 한미일 안보회의

E

EASI: East Asia Strategic Initiative 동아시아전략구상

EDPC: Extended Deterrence Policy Committee 확장억제정책위원회

EDSCG: Extended Deterrence Strategic and Consultation Group 확장억제전략협의체

F

FIR: Fight Information Region 비행정보구역

FMS: Foreign Military Sales 대외군사판매

FOTA: Future ROK-US Alliance Policy Initiatives 미래한미동맹정책구상

I

ICAO: International Civil Aviation Organization 국제민간항공기구

IOC: Initial Operational Capability 기본운용능력

J

JCC: Joint Communique Committee 공동성명위원회

JCS: Joint Chiefs of Staff 합동참모본부

K

KADIZ: Korea Air Defense Identification Zone 한국방공식별구역

KIDD: Korea-US Integrated Defense Dialogue 한미통합국방협의체

L

LCC: Logistics Cooperation Committee 군수협력위원회

LPP: Land Partnership Plan 연합토지관리계획

M

MC: Military Committee 군사위원회

MCM: Military Committee Meeting 군사위원회회의

MLSA: Mutual Logistics Support Agreement 상호군수지원협정

MTCR: Missile Technology Control Regime 미사일기술통제체제

N

NCA: National Command Authorities 국가통수기구

NCMA: National Command and Military Authorities 국가통수 및 군사지휘기구

NMG: New Missile Guidelines 새로운 미사일지침

NSC: National Security Council 국가안전보장회의

O

OPCON: Operational Control 작전통제

OPT: operation planning team 공동작전계획수립반

P

PRS: Policy Review Sub-committee 정책검토위원회

S

SAWG: Strategic Alliance Working Group 전략동맹공동실무단

SCM: Security Consultative Meeting 한미안보협의회의

SCC: Security Cooperation Committee 안보협력위원회

SIT: Special Investigation Team 군정위특별조사반

SMA: Special Measures Agreement 방위비분담 특별협정

SOFA: Status Of Forces Agreement 주둔군지위협정

SPI: Security Policy Initiative 안보정책구상

SPG: Strategic Planning Guidance 전략기획지침

T

TDS: Tailored Deterrence Strategy 맞춤형억제전략

TOR-Re: Terms of Reference-Relation 관련약정 수정안

U

UNC: United Nations Command 유엔군사령부

USFK: United State Forces, Korea 주한미군사령부

W

WHNS: Wartime Host Nation Support 전시주둔국지원협정

참고문헌

강준만, 『한국현대사산책: 1960년대편』 제1권 (서울: 인물과 사상사, 2006)

강진석, 『전환기, 국가가치 구현을 위한 한국의 안보전략과 국방개혁』 (고양: 평단, 2005. 9. 10)

권오성·서용석·허준영, 『역대정부의 국정기조 비교분석 연구』 (한국행정연구원, 2012. 9)

김교식, 『다큐멘터리 박정희 3권』 (서울: 평민사, 1990)

김용빈, "6·25전쟁 전후 이승만 정부의 위기관리 및 조치: 정부 수립 이후부터 서울 피탈 시까지를 중심으로", 『한국행정사학회지』 제33호 (서울: 한국행정사학회, 2013. 12)

김용삼, "최초 발굴 제1공화국 국무회의록", 『월간조선』 2017년 3월호 (서울: 월간조선, 2017)

김정렴, 『김정렴 회고록: 한국경제정책 30년사』 (서울: 중앙일보사, 1996)

김종대, 『노무현, 시대의 문턱을 넘다』 (서울: 나무와 숲, 2010. 2. 25)

김종필, 『김종필 증언록』 제1권 (서울: 미래앤, 2016. 2. 24)

김현일, "박관용 회고록-공멸 부른 현재 권력과 미래 후계자 갈등", 『시사저널』 1393호 (2016. 7. 1)

김호진, 『한국의 대통령과 리더십』 (서울: 청림출판, 2008. 5. 10)

김희철, 『비겁한 평화는 없다』 (서울: ㈜알에이치코리아, 2016. 12. 9)

노신영, 『노신영 회고록』 (서울: 고려서적, 2000. 7. 15)

노태우, 『노태우 회고록』 하권-전환기의 대전략 (서울: 조선뉴스프레스, 2011. 8. 15)

독고순·노훈, "『국방기본정책서』 발전을 위한 소고", 『주간국방논단』 제1485호 (서울: 국방연구원, 2012. 10. 21)

박병광, "미·중 패권경쟁과 우리의 대응방향", 『INSS 전략보고』 No. 67 (서울: 국가안보전략연구원, 2020. 2)

박영준, 『한국 국가안보 전략의 전개와 과제-한반도, 동아시아 그리고 평화』 (파주: 한울엠플러스, 2017. 3. 3)

박윤성·이미애, "정부조직법에 근거한 강력한 행정부의 대두와 대통령비서실의 역할: 제1공화국을 중심으로", 『한국행정사학지』 제27호 (서울: 한국행정사학회, 2010. 12)

박재하·정길호 공저, "국가안전보장회의의 활성화 방안 연구" 『국방정책연구』 제7호 (서울: 국방연구원, 1988. 12)

박중훈, “대통령비서실의 조직과 기능”, 『KIPA 연구보고서』 95-15 (서울: 한국행정연구원, 1996. 12)

박중훈, “역대 정부 조직개편에 대한 성찰과 전망”, 『KIPA 연구보고서』 2016-38 (서울: 한국행정연구원, 2016. 12. 31)

백기인, “국방정책 형성의 제도화 과정(1949~1970)”, 『국방연구』 제47권 2호 (서울: 국방대학교 안보문제연구소, 2004. 12)

안해균, “제2공화국의 행정체제분석-민주당정권 하의 정치행정과정”, 『행정논총』 18권 1호 (서울: 서울대학교 한국행정연구소, 1980)

이민규, “중국의 국가핵심이익 시기별 외연확대 특징과 구체적인 이슈”, 『중소연구』 제41권 제1호 (서울: 한양대학교 중국문제연구소, 2017 봄)

이수훈 편, 『조정기의 한미동맹: 2003~2008』 (서울: 경남대학교 극동문제연구소, 2009. 9. 8)

이태규, 『군사용어사전』 (서울: 일월서각, 2012. 5. 10)

전경만, “안보정책 결정 측면에서 본 국가이익”, 『국방논집』 제33호 (서울: 국방대학교, 1996)

전두환, 『전두환 회고록』 제2권-청와대 (파주: 자작나무숲, 2017. 3. 31)

전일욱, “박정희 정부의 중앙정부조직개편에 관한 동기와 목표”, 『한국행정사학지』 제41호 (서울: 한국행정사학회, 2017. 12)

정윤재, 『정치리더십과 한국 민주주의』 (파주: 나남출판, 2003)

조성훈, 『한미군사관계의 형성과 발전』 (서울: 국방부 군사편찬연구소, 2008)

한국행정연구원, 『대한민국 역대 정부 주요 정책과 국정운영』 제1권~제8권 (서울: 대영문화사, 2014. 12. 31)

한용섭, 『국방정책론』 (서울: 박영사, 2012. 8. 20)

함성득, 『대통령비서실장론』 (파주: 나남출판, 2002. 11. 5)

황진환 공저, 『新국가안보론』 (서울: 박영사, 2014. 3. 10)

홍순호, “제2공화국 대외정책의 이상과 현실”, 『한국민족운동사연구)』 제29권 (한국민족운동사학회, 2001)

황윤원, “새 정부의 국정기조와 정책 과제 분석”, 『한국인사행정학회보』 제6권 제2호 (한국인사행정학회, 2007. 12. 30)

국가안전보장회의 비상기획위원회, “안보정책결정체제의 발전방안연구” (1994. 6. 1)

국가안전보장회의 사무처, 『참여정부의 안보정책 구상-평화번영과 국가안보』 (서울: 세기문화사, 2004. 3. 1)

국가안보실, 『박근혜 정부의 국가안보전략-희망의 새 시대』 (서울: 국가안보실, 2014. 7)

국가안보실, 『문재인 정부의 국가안보전략』 (서울: 국가안보실, 2018. 12)

국무총리 비상기획위원회, 『연혁집』 (서울: 성진문화사, 2002. 5)

국방부, 『1966년도 국방기본시책』 (서울: 국방부 행정자료실, 관리번호 65/203, 1966)

국방부, 『한미동맹과 주한미군』 (서울: 오성기획인쇄사, 2003. 6. 5)

국방부, 『국방부사(1945~1950)』 제1편 (서울: 국방부 정훈국, 1954)

국방부, 『한국전쟁사 제1권(개정판)』 (서울: 전사편찬위원회, 1977)

국방군사연구소, 『국방정책 변천사(1945~1994)』 (서울: 군인공제회 제1인쇄사업소, 1995)

국방부 군사편찬연구소, 『한미군사관계사(1871~2002)』 (서울: 신오성기획인쇄사, 2002. 12. 27)

국방부 군사편찬연구소, 『국군과 대한민국 발전』 (국군인쇄창, 2015. 11. 30)

국방부 군사편찬연구소, 『국방 100년의 역사(1919~2018)』 (국군인쇄창, 2020. 6. 30)

국방부 대북정책관실, 『남북군사회담 자료집』 (국군인쇄창, 2020. 5. 8)

국방부 정책기획관실, 『남북군사회담 자료집』 (국군인쇄창, 2017. 11. 7)

국방부 홈페이지, 국방콘텐츠 국방백서 검색결과, 〈http://www.mnd.go.kr/〉

국방부 홈페이지, 국방정책-한미안보협력 검색결과, 〈http://www.mnd.go.kr/〉, 2020. 4. 7.

국방대학원, 『한반도 위기관리 전략과 제도의 발전방향』 (국군인쇄창, 1995)

국토통일원, 『남북대화백서』 (서울: 국토통일원 남북대화사무국, 1988)

국방홍보원, 『국방일보』 (서울: 국방홍보원, 2020. 7. 24)

국정홍보처, 『참여정부 5년의 기록』 (2008)

대한민국 공보처, “시정방침연설”, 『주보』 제1호 (서울: 공보처, 1949. 4. 6)

대한민국 공보처, “1954년 국방정책”, 『주보』 제100호 (서울: 공보처, 1955. 4. 7)

대한민국 정부, “제2공화국 대통령의 권한 해설”, 『지방행정』 제9권 83호 (대한지방행정공제회, 1960. 8)

대한민국 정부, “제2공화국 국무총리의 권한 해설”, 『지방행정』 제9권 83호 (대한지방행정공제회, 1960. 8)

법제처 국가법령정보센터, 법률 검색결과, 〈http://www.law.go.kr/〉

비상기획위원회, 『비상대비30년사』 (서울: 성진문화, 1999. 5. 21)

외교부. 『대한민국외교사료해제집』 1984(Ⅰ) (서울: ㈜미루기획, 2015. 12. 31)

통일부, 『남북대화』 제68호 (서울: 통일부, 2002)

통일부 남북회담본부, 남북회담통계 검색결과, 〈http://dialogue.unikorea.go.kr〉, 2020. 4. 29.

청와대, 『이명박 정부의 국가안보전략서-성숙한 세계국가』 (서울: 외교안보수석실, 2009. 3)

청와대, "박근혜 대통령, 긴급 NSC 상임위 개최", 『청와대 보도자료』 (2015. 8. 20)

청와대, "박근혜 대통령, 3군 사령부 순시 관련 브리핑", 『청와대 보도자료』 (2015. 8. 21)

청와대, "김관진 국가안보실장 브리핑", 『청와대 보도자료』 (2015. 8. 25)

청와대, 청와대 조직도 검색결과, 〈https://www1.president.go.kr〉

행정안전부 국가기록원, 관보 제 2,656호(1960. 8. 25) 검색결과, 〈http://www.archives.go.kr/〉

행정안전부 대통령기록관, 국무회의록 검색결과,(2001년 제20회) 〈http://www.pa.go.kr/〉

행정안전부 대통령기록관, 역대 대통령 검색결과, 〈http://www.pa.go.kr/〉

국가안전보장회의 등 검색 결과(연합뉴스) 〈http://yonhapnews.co.kr/〉

"국방부, '연평도 포격전' 공식 명칭 사용", 『국방일보』 (2021. 3. 31)

"김 대통령, 내일 새해 첫 안보회의 소집", 『연합뉴스』 (1999. 1. 3)

"김영삼 대통령, 통일안보정책점검 조정", 『KBS 뉴스』 (1994. 4. 8)

"남산의 부장들 HR의 복귀", 『동아일보』 (1991. 5. 3)

"문재인 대통령, NSC 전체회의 개최…북 강력 규탄", 『YTN』 (2017. 11. 29)

"박 당선인, '튼튼한 안보가 가장 기초적인 복지'", 『SBS』 (2013. 1. 8)

"北도발 정부대책 난맥…구체조치 없이 우왕좌왕", 『동아일보』 (2002. 7. 3)

"서훈의 NSC 상임위는 커지고 文대통령 전체회의는 사라졌다", 『조선일보』 (2021. 4. 24)

"외교·안보·위기관리 '총괄 조정' 컨트롤 타워로", 『문화일보』 (2013. 1. 8)

"제26화, 경무대사계(30) 고재봉 〈제자 윤석오〉", 『중앙일보』 (1972. 3. 9)

"제51차 SCM 공동성명", 『연합뉴스』 (2019. 11. 15)

"통일안보정책조정회의, 대북정책 재확인", 『MBC』 (1995. 1. 9)

“파워인터뷰 정종욱 통일준비위원회 부위원장”, 『성균차이나브리프』 제2권 4호 (서울: 성균중국연구소, 2014)

“한미일 안보협력 ‘복원’ 첫 단추…‘삼각 MD협력’ 이어지나”, 『데일리한국』 (2014. 12. 26)

“9년 만에 부활한 靑 국정상황실…25명 매머드팀 구성”, 『국민일보』 (2017. 6. 5)

“북한, 연락사무소·군 통신선 정기통화 이틀째 무응답”, 『연합뉴스』 (2021. 8. 11)

찾아보기

ㄷ

ㅁ·ㅂ·ㅅ

ㅇ

장 혁

주요 경력

- 육군대학교 한국전쟁사 교관
- 노무현 정부 대통령비서실 국정상황실 안보정책담당 행정관
- 육군본부 참모총장실 정책담당관
- 국방부 정책기획과장 및 방위정책과장
- 합동참모본부 전작권전환 추진단 기획팀장
- 국방부 정책기획관
  * 한미 전시작전통제권 전환 추진 한측 실무대표 등
- 박근혜 정부 대통령비서실 국방비서관
  * 한국-요르단 군사교류 한국 정부 대표
- 국가안보전략연구원(INSS) 자문연구위원
- 국방부 국방과학연구소(ADD) 전문위원
- 국방대학교(KNDU) 안보대학원 초빙교수
- 국방대학교 국가안보문제연구소(RINSA) 자문위원
- 한국안보정책연구소(INSP) 소장
- 국민대학교 정치대학원 겸임교수
- 육군대학 명예교수

학력

- 육군사관학교 39기 졸업(이학사)
- 경남대학교 행정대학원 졸업(북한학 석사)
- 경남대학교 대학원 졸업(정치외교학 박사)

주요저서 및 논문

- 효율적인 전쟁사 연구방법 고찰(육군대학, 『군사평론』 제309호, 1994)
- 통일에 대비하는 남북한 군사통합 방안 고찰(석사학위 논문, 1997)
- 참여정부와 이명박 정부의 전시작전통제권 전환정책 비교 연구(박사학위 논문, 2013)
- 북한 핵·미사일 위협과 우리의 대응방향(민주평화통일자문회의, 『통일시대』 제134호, 2017)
- 한미 『미사일지침』 변천과정 이해(국방과학연구소, 『국방과학기술 플러스+』, 2018) 등

2021년 8월 31일 초판 1쇄
2021년 12월 3일 3쇄

글 장혁
펴낸곳 ㈜늘품플러스
펴낸이 전미정
디자인 윤종욱 정진영
교정·교열 최효준 강찬휘
출판등록 2009년 12월 3일 제301-2009-230호
주소 서울 중구 퇴계로 243 평광빌딩 10층
전화 02-2275-5326
팩스 02-2275-5327
이메일 go5326@naver.com
홈페이지 www.npplus.co.kr
ISBN 979-11-88024-55-1 03340

정가 25,000원